Fools in the Shower Room

샤워실의 바보들

초판 1쇄 발행 | 2014년 4월 10일

지은이 | 안근모
발행인 | 정숙경
편집장 | 이원범
기획·편집 | 김은숙
표지디자인 | 강선욱
표지일러스트 | 김성규
본문디자인 | 김수미
마케팅 | 안오영

펴낸곳 | 어바웃어북 about a book
출판등록 | 2010년 12월 24일 제313-2010-377호
주소 | 서울시 마포구 서교동 394-25 동양한강트레벨 1507호
전화 | (편집팀) 070-4232-6071 (영업팀) 070-4233-6070
팩스 | 02-335-6078

ⓒ 안근모, 2014

ISBN | 978-89-97382-26-2   13320

* 이 책은 어바웃어북이 저작권자와의 계약에 따라 발행한 것이므로
  본사의 서면 허락 없이는 어떠한 형태나 수단으로도 책의 내용을 이용할 수 없습니다.
* 잘못된 책은 구입하신 서점에서 바꾸어 드립니다.
* 책값은 뒤표지에 있습니다.

Fools in the Shower Room

샤워실의 바보들

위기를 조장하는 이코노미스트들의 위험한 선택

안근모 지음

어바웃어북

> 머리말

'샤워실의 바보들', 그들은 누구인가?

우리가 어떤 결심을 하고 이를 행동에 옮기면 크게 세 가지 결과가 나타난다. 뜻한 바대로, 혹은 그 이상의 좋은 성과를 얻을 수 있다. 어쩌면 매우 운이 좋은 경우라고 할 것이다. 그러나 그 성과를 얻는 과정에서 크고 작은 부작용이 나타나기도 한다. 현실적으로 흔히 보게 되는 현상이다. 그러나 소기의 성과를 얻기는커녕 전혀 예기치 못했던 커다란 문제만을 야기하는 경우도 있다.

경제적 의사결정을 내리고 이를 행동에 옮기는 주체를 우리는 크게 정부, 기업, 가계 셋으로 나눈다. 기업과 가계를 '민간'으로 묶어 정부와 구분하기도 한다. 대개 민간은 탐욕스럽고 충동적인 주체로 간주한다. 이에 반해 정부는 합리적이고 공정한 주체로 여긴다. 이 경우 정부는 민간의 탐욕과 충동을 조절, 조정, 억제, 관리하는 주체가 된다.

우리가 어떠한 경제적 행위를 할 때는 정보와 지식에 의존하게 된다. 그리고 그 정보와 지식은 주로 뉴스와 생활 주변에서 듣고 본 일화들, 시장가격을 통해 획득한다. 하지만 그러한 정보와 지식은 매우 단편적이고 제한적이며 불완전한 것이어서 합리적 의사결정을 제약한다. 게다가 민간 경제 주체들은 탐욕스럽고 충동적이기 때문에 때때로 많은 문제를 일으킨다. 이에 반해 정부는 더욱 폭넓고 정확한 정보와 지식을 보유하고 있다. 정부는 합리적이고 공정하기 때문에 이러한 정보와 지식을 바탕으로 민간의 문제를 예방하고 바로잡을 것으로 우리는 기대하고 있다.

하지만 정부 역시 개인들로 구성되어 있으며, 정부의 여러 조직은 각각의 이해관계를 갖는 집단이다. 또한 정부의 지식과 정보 역시 제한돼 있어 완전하지 못하다. 이러한 정부는 때때로 시장 상황에 관한 객관적 정보를 담고 있는 '가격'을 직접 조정, 조작함으로써 민간의 행동을 인위적으로 변화시키려고까지 한다.

따라서 정부의 정책행위 역시 크고 작은 부작용을 일으킨다. 때에 따라서는 전혀 의도하지 않았고 예기치 못했던 커다란 문제를 야기하는 경우도 있다. 정부의 힘은 워낙 강력하기 때문에 잘못된 정책으로 인해 발생하는 부작용과 문제는 장기간에 걸쳐서 민간의 삶에 매우 광범위한 해악을 끼칠 수 있다.

이 책의 제목으로 사용한 '샤워실의 바보'fool in the shower room는 노벨경제학상 수상자인 밀턴 프리드먼 교수가 중앙은행의 과도한 경제조작을 비판하며 빗댄 표현이다. 완전고용을 이끌겠다며 온수 꼭지를 열어젖혔던 중앙은행이 뜨거운 물(인플레이션)에 화들짝 놀라 다시 냉수 꼭지를 급히 열어젖힘으로써 경기 침체와 실업을 일으킨다는 것이다.

금융위기 이후 주요국들의 정책과 경제를 기록한 이 책은 정부에 대한 이러한 비판적인 시각을 기반으로 하고 있다. 정부가 일으킨 문제를 정부가 해결하는 과정에서 정부는 더 많은 부작용을 발생시킬 수 있다는 가정을 전제로 하고 있다.

금융위기 이후 우리는 더욱 강력해진 정부 아래에서 살고 있다. 그리고 금융위기 이후, 적어도 경제에 관해서는, 정부란 곧 중앙은행을 의미해 왔다. 주요국 중앙은행들의 정책행위는 국경을 넘어 우리의 생활을 과거보다 더욱 광범위하게 '결정'하고 있다.

이 책은 독자들이 그들의 동기와 의도 및 수단을 정확하게 이해하고, 그들이 지금껏 행해온 정책의 산물들을 입체적으로 파악하며, 그들이 꾀하고 있는 미래의 성과와 의도하지 않은 부작용 및 문제의 발생 가능성을 조망하는 데 조금이라도 도움이 되고자 하는 뜻에서 쓰였다.

반복되는 위기는 정부와 중앙은행의 과잉이 낳은 '의도하지 않은 결과물'unintended consequences이다. 이 위기들은 정부가 모든 것을 알고 있고, 모든 것을 할 수 있으며, 모든 것을 해야만 한다는 과신과 과욕에서 비롯된다. 그러나 현실 세계에서 철인哲人은 존재하지 않는다.

　정부와 중앙은행 역시 개인들로 이루어진 집단이기에 탐욕스럽고 충동적일 수 있다. 금융위기를 전후해서 나타난 여러 문제는 그들에 대한 규제가 강화돼야 할 것임을 역설하고 있다. 하지만 이 책이 대안을 제시하는 데까지 진전하지는 못했음을 필자는 인정할 수밖에 없다. 그러한 한계에도 불구하고 만약 이 책을 통해 독자들이 정부, 특히 중앙은행에 대한 민주적 통제를 고민할 계기를 얻게 된다면, 그것은 필자가 의도한 바를 훨씬 뛰어넘는 큰 성과라 할 것이다.

　이 책에서 인용한 각종 통계와 어록語錄 등 기초자료는 가능한 최대한 관련 출처에서 직접 수집했으며, 때에 따라서는 공신력 있는 기관이 수록한 것을 인용했다. 그리고 이 기초자료에 관한 가공과 분석은 필자에 의해 이뤄졌다. 필자는 경제학을 체계적으로 배우지 못했으며, 이 책에서 기술한 논리들은 모두 지난 20년간 경제기자로 활동하며 체득한 것들이다. 이 책에 담긴 사실과 논리 및 분석기법에서 혹시라도 오류가 발견된다면 지적해 주시기를 바란다.

감사의 글

필자가 몸담고 있는 회사〈글로벌모니터〉는 "더 나은 미디어"를 꿈꾸는 동지同志들이 2012년에 모여 만든 국제경제 전문 분석 매체다. 우리 회사 김수헌 대표가 용기를 주지 않았더라면, 동료 선후배들의 조언과 묵인(?)이 없었더라면 이 책을 쓰는 작업은 불가능했을 것이다. 동지들의 후원에 깊이 감사드린다. 이 책의 모든 성과는 글로벌모니터의 것이며, 이 책의 결함은 오로지 필자의 것이다. 또한 이 책에 피력된 견해들은 글로벌모니터와 무관함을 밝혀 둔다.

이 책은 어바웃어북의 이원범 기획편집실장의 열정이 빚어낸 결실이다. '좋은 책'을 만들고자 하는 그의 일관된 신념에서 필자는 글로벌모니터와의 공통분모를 발견했으며, 크게 감동하였다. 김은숙 팀장은 미흡한 글을 쉽고 편하게 읽을 수 있도록 도와주셨다. 두 분을 비롯한 출판사의 전문가분들께도 진심으로 고맙다는 말씀을 드린다.

이 책은 한국언론재단의 저술지원으로 출판되었다. 취재 현장에서 축적한 지식을 체계적으로 재구성해 국민들과 공유하는 데 있어서 언론재단의 저술지원 사업은 작지 않은 경제적 동기를 제공해주었다. 여간 고마운 일이 아니다.

사랑하는 아내 이란길에게 꼭 감사의 마음을 전하고 싶다. 그녀는 필자의 가장 열렬한 애독자이자 비평가이며, 필자가 올바른 기자의 길을 갈 수 있도록 끊임없이 용기와 희망을 불어넣어 주는 영원한 동지이다. 필자가 오늘까지, 그리고 앞으로도 계속 취재하고 글을 쓸 수 있는 것은 말로 다 형언할 수 없는 그녀의 헌신 덕분이다. 아들딸에게도 고맙다는 말을 하고 싶다. 아들 정호는 이 책에 담긴 사실과 논리 및 글의 문맥을 꼼꼼히 점검해 줌으로써 완성도를 높여줬고, 딸 지연은 매일 자정에 출근하는 아빠를 항상 밝은 얼굴로 배웅하며 필자에게 무한한 에너지를 불어넣어 줬다.

2014년 3월 서울 용산 삼각지 사무실에서

차례

- **머리말** '샤워실의 바보들', 그들은 누구인가? 4
- **감사의 글** 8

Chapter 01 돈을 풀어라! 될 때까지 더 풀어라!

- 대공황 이후 처음으로 미국을 엄습한 'D'의 공포 16
- 제로금리의 함정에 빠지다 19
- 아직도 그는 헬리콥터에서 돈을 뿌리는 꿈을 꿀까? 22
- 블랙홀에 빠진 돈, 유동성 함정 22
- 일본에 대한 버냉키의 훈수, 아베노믹스의 씨앗을 뿌리다 27
- 버냉키의 이자율 패러독스 36

[Global Monitor Live Report] 연방준비제도는 결국 파산할 것인가? 37

Chapter 02 장기 저성장 시대의 개막······ "일본처럼 되면 끝장이다"

- 아기 울음소리와 함께 사라진 성장 47
- 불임(不妊)의 경제, 기업들은 왜 투자를 하지 않는가 53
- 과연 불경기의 끝은 도래할 것인가 57
- 경상수지 흑자의 함정 59
- 양적완화, 제로금리정책에 추가된 연료(added fuel) 61

Chapter 03 대분기(大分岐, the Great Divergence) ①
빈자 vs. 부자, 실물경제 디플레이션

- 디플레이션의 유령 64
- 사라진 초과수요······ "더 이상 빚만 지며 살 순 없다!" 68
- 사상 최악의 빈부격차 72
- 가난한 미국인의 상징인 된 '렌트 푸어' 75
- 디플레이션은 인플루엔자이다! 79

Chapter 04 대분기(大分岐, the Great Divergence) ②
실물 vs. 금융, 자산시장 인플레이션

- 금융시장으로만 몰려간 양적완화 82
- 초저금리 시대, '수익률 사냥'이 시작됐다 85
- 수익률 사냥을 부추기는 연준의 통화정책 88
- 토빈의 탄식, 채권이 된 주식 90
- 빚을 내서 자본을 없애는 기업들 94

  [Global Monitor Live Report] 유동성의 무한팽창 구조 100

Chapter 05 빚더미에 앉은 정부

- TARP, 대소동의 시작 108
- 국가부도 위협, 최고 신용등급을 걷어차다 112
- 경제 회복을 가로막는 재정정책 117
- '독립'적인 중앙은행의 실체 120
- 누가 미국 국채를 사줄 것인가 126
- 연준은 국채를 탕감해줄 수 없나 129

  [Global Monitor Live Report] '1조 달러 백금동전'과 '오바마본드' 133

Chapter 06 유로존의 독자노선…… '내부 재균형'

- 독이 된 축복…… 대수렴 경제의 후유증 142
- 무너져 내린 '수렴 경제' 신기루 147
- 유로에 얽힌 환율의 경제학 147
- 유로존 프로젝트의 구조적 문제 153
- "GREXIT" vs. "무엇이든 하겠다" 158
- 처방전으로 강요된 실업, 빛과 그림자 162

[Global Monitor Live Report] 유로존의 환율내전 168

Chapter 07 아베노믹스, '불가능한 삼위일체'에 도전하다

- '잃어버린 20년'과 아베노믹스의 돌풍 173
- 불가능한 삼위일체 178
- 아베겟돈의 공포 182
- 아베노믹스 신화의 이면 186
- 극단적 모험의 배경 194

[Global Monitor Live Report] 국가로서의 일본이 노벨경제학상을 수상한다는 시나리오 198

Chapter 08 재닛 옐런, 왕좌에 오르다

- 인플레이션은 인도주의 정책이다! 204
- Tapering, 돈 줄기가 가늘어지다 209
- "물가를 희생시켜서서라도"…… 전도(顚倒)된 폴 볼커 214
- "잃어버린 경제 기반의 회복"…… 명목GDP 타기팅 221
- 그린스펀의 유훈 223

[Global Monitor Live Report] 로머의 2013년 10월 25일 존스홉킨스대학 연설
－「금융위기 이후의 통화정책」 229

Chapter 09 인플레이션 기대심리를 부추겨라!

- 양적완화 없는 세상, 옐런이 직면한 도전 231
- 폐광에 화폐 파묻기 237
- 정부의 재정 지출 확대로 기업의 투자가 위축되는 구축효과 240
- 현찰에 세금을 매기자! 242
- 지하감옥에 갇힌 인플레이션을 방면하라! 246

Chapter 10 'Neo New Normal'
새로운 위기를 잉태한 화폐 실험들

- 세계 경제의 중심이 될 수도 있다는 이머징 국가의 착각 256
- 글로벌 불균형의 새로운 국면 260
- 선진국으로 수출되는 이머징 국가의 디플레이션 264
- 미국식 인플레이션과 강요된 고혈압 268
- 집값이 폭등하던 2002년, 한국은행에서는 무슨 일이 있었나 274
- 3조 달러의 인플레이션 종잣돈 276
- 새로운 위기를 잉태한 화폐 실험들 282
- 경기 부양정책의 효과를 배가시키려면 야성적 충동을 자극하라! 285

* * *

- **Epilogue.** 중앙은행의 무지(無知)가 불러올 의도하지 않은 결과 286
- **Appendix.** 지상중계 294
  무제한 양적완화를 예고한 벤 버냉키의 잭슨홀 연설
  (원문, 번역문, 해설, 용어풀이 수록)

Chapter 01 **돈을 풀어라!**
될 때까지 더 풀어라!

2002년 11월 8일, 미국 일리노이주 시카고대학. 노벨 경제학상 수상자인 밀턴 프리드먼 교수의 90회 생일을 기념하는 콘퍼런스가 열렸다. 당시 미국 연방준비제도^{Fed}의 이사직을 맡고 있던 벤 버냉키가 연단에 섰다. 프리드먼 교수의 업적과 그 역사적 의미를 조목조목 찬양한 뒤 버냉키는 이렇게 축사를 마무리했다.

"제 지위를 약간 남용해서, 우리 연방준비제도를 공식적으로 대표해서 말씀드리고자 합니다. 대공황에 관해서, 당신이 옳았습니다. 연준이 잘못을 저질렀습니다. 죄송합니다. 하지만 당신 덕분에, 우리는 다시는 그런 일을 저지르지 않을 것입니다."

프리드먼 교수가 안나 슈워츠 박사와 함께 쓴 『미국화폐사$^{\text{A Monetary History of the United States, 1867~1960}}$』에 따르면 연준은 1929년 증시 붕괴 이후 통화량이 급감하는 시기에, 그리고 1930년 이후 대규모 예금 인출 사태와 은행 도산 악순환 과정에서도 소극적인 통화 공급정책을 고수함으로써 결국 대공황을 야기하고 말았다. 예를 들어 1929년 12월에서 1930년 10월 사이에 연준은 국채 매입량(본원통화 공급량)을 1억 5000만 달러 늘리는 데 그쳤다. 만약 이 규모가 10억 달러에 달했더라면 사태가 전국적인 은행 위기로까지 치닫지는 않았을 것이라는 게 프리드먼 교수의 분석이었다.

주식시장 붕괴 이후 경제 주체들의 자신감이 추락하고 은행을 믿지 못한 예금자들이 자금을 대대적으로 인출하는 와중에도 중앙은행은 은행들에게 유동성을 충분히 공급하지 않았다. 유동성이 부족한 은행들은 예금 인출에 응하기 위해 채권을 비롯한 보유 자산을 헐값에 팔아 치워야 했고, 이로 인해 시장금리는 폭등했다. 이는 경제 주체들의 불안감과 은행 부실을 가중시켜 예금 인출 사태와 은행 도산 도미노를 불러왔다. 자연히 실물경제에 대한 은행의 대출 공급이 중단됐다. 심지어 은행들은 기존 대출마저 앞다퉈 회수함으로써 실물경제는 더욱 침체되고 은행 부실과 도산, 예금 인출 사태는 심화됐다.

프리드먼 교수가 저서에서 말한 '국채 매입을 통한 통화 공급'은 오늘날의 '양적완화'QE : Quantitative Easing를 의미한다. 그리고 버냉키 이사는 당시 "또다시 그런 위기가 발생하면, 이번에는 적극적인 양적완화를 통해 공황을 막겠다"고 연준을 대표해 약속한 것이다.

대공황 이후 처음으로 미국을 엄습한 'D'의 공포

그리고 2주 뒤, 버냉키 이사는 워싱턴에서 열린 전국 경제학회에서 연설했다. 제목은 「이 땅에 다시는 디플레이션이 발생하지 않도록 하기 위해」Deflation : Making Sure "It" Doesn't Happen Here였다. 당시 전 세계는 대공황 이후 처음으로 디플레이션의 위험을 목도하고 있었다. 증시와 부동산 거품이 붕괴된 일본은 수년째 성장이 정체되고 물가가 하락하고 실업률이 상승하고 기업 도산이 증가하는 전형적인 디플레이션을 겪고 있었다.

이른바 '잃어버린 10년'이 일본 경제를 뒤흔들고 있는 상황에서 미국 역시 전례가 없던 경제 현상을 겪고 있었다. 2000년에 닷컴 버블이 붕괴되고 2001년에는 9·11 사태로 지정학적 위험까지 고조됐다. 물가상승률이 급격히 떨어지고 경제는 날로 위축되고 있었다. 그러나 당시 워싱턴 연설에서 버냉키 이사는 "미국에서는 심각한 디플레이션이 발생할 가능성이 극히 낮다"고 말했다. 그렇게 낙관하는 이유 중 하나로 그는 연준을 꼽았다. 그는 "연준은 무슨 수를 써서라도take whatever means 디플레이션을 막아낼 것임을 확신한다. 게다가 연준은 디플레이션이 발생하더라도 일시적이고 미약한 수준에 그칠 수 있도록 할 정책 수단을 충분히 보유하고 있다"고 말했다. 며칠 전 프리드먼 교수 앞에서 다짐한 의지를 재차 표명한 것이기도 했다.

그러나 중앙은행 고위 간부의 입에서 '디플레이션 가능성'이 거론됐다는 사실 자체만으로도 당시에는 놀라운 일이 아닐 수 없었다. 버냉키 이사 자신도 내심 디플레이션 공포를 느끼고 있음을 은연중에 토로했다. 그는 연설에서 "일본의 디플레이션은 그 누구도 미리 예견하지 못한 사태였고, 따라서 미국에 디플레이션이 없을 것이라고 단언한 나의 발언이 신중하지 못한 일이 될 수도 있다"고 말했다.

교수 출신답게 버냉키 이사는 당시 연설에서 디플레이션의 정의와 문제점을 친절하게 설명했다. 디플레이션이란 물가가 전반적이면서 지속적으로 하락하는 현상을 말한다. 여기에서 중요한 점은 '전반적인' 물가 하락이다. 경제가 정상적으로 굴러갈 때에도 가격이 하락하는 품목은 있기 마련이다. 대표적인 것이 전자제품이다. 하지만 거의 모든 제품과 서비스 가격이 동시에 계속해서 하락한다면 문제가 심각해진다. 경제 전반에 걸쳐 수요가 공급에 비해 부족해서 발생하는 현상이기 때문이다. 이때 기업 도산과 실업이 증가하게 되며 이는 수요를 더욱 위축시켜 물가 하락을 부채질한다.

1930년대 초의 미국처럼 물가가 해마다 10%씩 떨어지는 상황을 가정해 보자. 올해 1000달러로 1000단위의 물건을 살 수 있었다면, 같은 돈으로 내년에는 1100단위를 구매할 수 있게 된다. 따라서 올해 1000달러(물건 1000단위)를 빌린 채무자는, 설사 중앙은행이 명목이자율을 0%로 인하했다고 하더라도, 내년에 갚아야 하는 채무는 물건 1100단위로 증가하게 된다. 즉, 명목이자율이 0%인 경우에도 물가상승률이 마이너스 10%라면, 실질이자율은 무려 10%에 달하는 것이다.

이러한 상황에서는 중앙은행이 아무리 돈을 풀어봤자 대출과 수요는 증가할 수 없다. 실질 이자 부담이 너무 높아져 있기 때문이다. 사람들은 가격이 하락하는 실물을 보유하는 것보다 가치가 올라가는 현금을 더 선호하게 된다. 즉, 물건을 사서 소비하거나 공장을 짓고 기계설비에 투자하기보다는 현금을 쌓아두려는 경향을 보인다.

더욱 큰 문제는 이미 빚을 지고 있는 사람들에게 발생한다. 물가가 상승하던 시기에는 부채 원금의 실질가치가 해마다 줄어든다. 하지만, 디플레이션 상황에서는 반대로 원금 부담이 해마다 증가하게 된다. 가만히 있는데도 채무 부담이 이렇게 불어나게 되면 빚을 갚을 가능성은 갈수록 낮아진다. 소비자와 기업의 부도 및 파산이 속출하게 되고 은행은 부실해진다. 은행이 부실해지면 신규 대출이 위축되며 이는 가뜩이나 위축된 수요를 더욱 질식시킨다. 이렇게 디플레이션이 부채의 실질 부담을 증대시켜

악순환을 야기하는 현상을 '부채 디플레이션'이라고 부른다. 버냉키 이사가 연설할 당시 일본 경제는 명백한 부채 디플레이션 상태였다.

버냉키 이사가 '디플레이션'을 주제로 연설한 것은 남의 나

개인소비지출PCE 물가는 국내총생산GDP 산출 과정에서 쓰이는 지표로, 구성 항목의 종류나 구성 항목별 가중치 등에서 소비자물가CPI와 차이를 나타낸다. 가장 큰 차이는 '주거비' 항목이다. 소비자물가는 개인소비지출 물가에 비해 주거비의 가중치가 훨씬 높다. 따라서 주택 가격과 집세가 많이 오르는 시기에는 소비자물가상승률이 개인소비지출 물가에 비해 더 높게 나타난다.
미국의 중앙은행인 연방준비제도는 다른 중앙은행들과 달리 소비자물가가 아닌 개인소비지출 물가를 기준지표로 삼아 통화정책을 수립하고 있다.

라를 논하기 위함이 아니었다. 그는 당시 미국 역시 일본처럼 전락할지 모른다는 공포를 느끼고 있었다. 버냉키 이사의 연설이 있었던 그해(2002년) 3월, 미국 경제는 공식적으로 '리세션'recession(경기 침체)에 돌입한 상태였다. 연준이 기준지표로 삼고 있는 개인소비지출PCE 물가상승률*은 이미 2001년 9월부터 1%대로 추락하기 시작했고, 심지어 2002년 1월 들어서는 0%대로 진입해버렸다. 극히 드물기는 했지만, 과거에도 미국의 물가가 이렇게 낮았던 적은 있었다. 그러나 경기 침체기에 물가상승률이 0%대로 떨어진 적은 한 번도 없었다. 미국 역시 2년 전 주식시장이 대대적으로 붕괴하고 난 후였기에 모든 현상은 마치 10년 전의 일본을 연상케 했다.

제로금리의 함정에 빠지다

당시 버냉키 이사가 워싱턴 연단에 서기 며칠 전, 연준은 이러한 문제들에 대응하기 위해 기준금리를 1.25%로 0.50%포인트나 인하하는 공격적인 부양정책을 결정했다. 2000년 말 6.5%에 달했던 기준금리를

약 2년 사이에 5% 포인트 이상 낮춘 것이다. 그러나 미국 경제에는 개선 신호가 나타나지 않고 있었다. 그리고 연준 무기고의 실탄은 바닥을 드러내고 있었다. 중앙은행의 기준금리는 현실적으로 0% 이하로 내릴 수 없기 때문에 연준이 더 인하할 수 있는 금리의 여지는 이제 1.25% 포인트밖에 남지 않았다.

중앙은행이 정책금리를 마이너스로 인하하는 건 이론적으로만 가능하다. 현실적으로는 엄청난 부작용이 발생한다. 예를 들어 이자율이 마이너스 1%라고 가정해 보자. 이는 '금융'의 상식을 완전히 뒤바꾸게 된다. 돈을 빌리는 대가로 이자를 지급하는 대신에 채무자는 돈을 빌려주는 사람으로부터 거꾸로 이자를 받게 된다. 마치 보관료를 징수하는 것과 같다. 올해 1000달러를 빌린 사람은 내년에 990달러만 갚으면 된다. 채무자에게는 큰 혜택이 아닐 수 없다. 이 경우 돈을 빌리겠다는 사람은 늘어날 것이다. 그러나 돈을 빌려주는 입장에서는 사정이 다르다. 올해 1000달러를 예금했는데, 내년에는 990달러만 돌려받을 수 있다면 누구도 은행에 돈을 맡기려 하지 않을 것이다. 현금을 집에 쌓아 두는 게 훨씬 이득이기 때문이다. 이미 예금돼 있던 돈도 모두 현금으로 찾으려 할 것이다. 은행에는 돈이 남아있지 않을 것이며 은행 대출은 사라질 것이다. 기업들은 회사를 유지하고 확장하는 데 필요한 대출을 단 한 푼도 받을 수 없을 것이다. 경기를 부양하려고 금리를 마이너스로 내린 정책은 결국 실물경제를 극도로 침체시켜버릴 것이다. 이처럼 중앙은행이 명목이자율을 0% 이하로 내릴 수 없는 한계를 두고 '제로금리의 하한 문제'^{zero lower bound problem}라고 부른다.

그렇다면 실탄이 모두 소진돼 가는 연방준비제도는 가중되고 있는 디플레이션 압력에 어떻게 대응할 것인가. 기준금리를 0%로 내렸는데도 경

기 침체가 심화돼 결국 디플레이션 상태에 빠져든다면 미국 경제는 어떻게 될 것인가. 당시 미국 경제계에 몰아친 '일본화의 공포'는 연준의 실탄이 소진돼 가고 있는 상황과 맞물렸기에 더욱 현실감 있게 느껴졌다.

일본은 이미 그 사례를 여실히 보여주고 있었다. 일본의 중앙은행인 일본은행이 기준금리를 제로 수준으로 낮춘 뒤에도 수요는 살아나지 않았다. 명목금리는 0%였지만 물가가 하락하고 있었기 때문에 실질금리는 여전히 높았다. 빚을 내서 소비하고 투자하려는 경제 주체는 없었고 이미 빚을 지고 있는 사람들은 채무 부담이 날로 증가하고 있었다(22쪽, '블랙홀에 빠진 돈, 유동성 함정' 참조). 경제가 유동성 함정에 빠진 상태에서 일본은행은 무기력할 뿐이었다. 버냉키 이사의 연설이 있던 2002년까지 일본은행은 6년째 제로금리를 유지하고 있었다. 2001년 들어서는 양적완화정책을 통해 유동성 공급을 대폭 늘리기에 나섰지만, 오히려 마이너스로 추락해 버린 경제성장률은 살아날 기미를 보이지 않았다.

아직도 그는 헬리콥터에서 돈을 뿌리는 꿈을 꿀까?

당시 버냉키 이사의 워싱턴 연설은 이러한 속수무책의 상황에서 중앙은행과 정부가 할 수 있는 해법을 설명하고 있었다. 일본에서처럼 중앙은행의 기준금리가 이미 0%로 인하된 상황에서 경기를 추가로 부양하기 위해서는 어떠한 정책을 펼 수 있을 것인지, 버냉키 이사는 다섯 가지 방책을 제시했다. 이는 6년 뒤 금융위기가 발생한 상황에서 연준과 여타 주요국 중앙은행들이 시행한

블랙홀에 빠진 돈, 유동성 함정

'유동성 함정'이란 존 메이너드 케인스가 대공황 당시의 경험을 토대로 제기한 개념이다. 중앙은행이 돈을 아무리 풀어도 금리가 하락하지 않는 상황을 말한다.

통상 중앙은행이 화폐 발행을 늘리면 금리는 하락한다. 그러나 은행에 대한 불신이 극에 달해 예금 인출 사태가 발생한 경우에는 얘기가 달라진다. 은행은 고객들의 예  금 인출 요구에 응하기 위해 보유 채권을 매각해야 하며, 이 때문에 채권 가격은 하락(금리 상승)하게 된다. 은행이 대출해줄 돈이 부족하기 때문에 대출금리도 오르게 된다. 이때 중앙은행의 통화 공급이 예금 인출 규모에 못 미치는 경우에는 돈을 풀어도 금리가 하락하지 않는 현상이 발생한다.

금리가 제로 수준으로 대폭 떨어져 있는 상황에서도 유동성 함정이 발생한다. 은행의 예금과 대출금리는 마이너스가 될 수 없기 때문에, 이런 상황에서는 중앙은행의 화폐 발행에도 불구하고 금리는 더 이상 내려가지 않는다. 통상 중앙은행은 금리를 낮춰 경기를 부양하는 정책을 사용하지만 유동성 함정 상태에서는 이러한 정책이 작동하지 않게 된다.

다양한 '비전통적 통화부양책'의 모델이 됐다. 물론 당시 버냉키 이사는 자신조차 이러한 정책을 쓰는 날이 올 것이라고는 예상하지 못했을 것이다.

버냉키 이사가 제시한 첫 번째 해법은 이른바 '제로금리 포워드 가이던스' forward guidance 였다. 제로 수준인 현 기준금리를 앞으로 상당한 기간 동안 인상하지 않고 유지하겠다고 미리 약속해 두는 것이다. 예를 들어 앞으로 3년 동안 제로금리를 계속한다고 공표할 경우 3년 만기 시장이자율은 0% 부근으로 떨어지게 된다. 이렇게 하면 기준금리를 내리지 않고도 중장기 시장금리를 추가로 인하할 수 있으며, 그렇게 되면 경제에는 추가적인 부양 효과가 발생한다.

장기금리는 이론적으로 '해당 채권의 만기 때까지 예상되는 단기금리의 평균치(①)에다 기간 프리미엄(②)을 더한 값'에서 형성된다. 만약 중앙은행이 특정 기간 동안 일정 수준의 저금리를 유지하기로 약속한다면, 자연히 단기금리의 평균치(①) 값이 하락하게 된다. 또 이자율 변동 위험이 감소함에 따라 기간 프리미엄(②) 값도 함께 내려가게 된다. 따라서 이 경우 장기 시장금리(①+②)는 하락하게 된다. 기준금리를 가만히 놔두고도 시장의 기대를 변경함으로써 장기금리를 떨어뜨릴 수 있다.

그러나 이러한 정책 수단에는 한계가 있기 마련이다. 중앙은행이 제로금리를 약속한 기간만큼은 이자율이 큰 폭으로 하락하겠지만, 장기금리로 갈수록 인하 효과는 떨어진다. 예를 들어 연준이 '향후 3년간 제로금리'를 약속한다고 하자. 이 경우 3년 이내 만기되는 채권의 이자율에는 거의 100%의 영향이 미친다 하더라도, 5년 만기금리에 미치는 효과는 5분의 3, 10년 만기금리에는 10분의 3, 30년 만기금리에 미치는 인하 효과는 30분의 3에 불과하다.

그래서 버냉키 이사는 국채의 시장이자율에 아예 상한선을 부여하는 방안을 제시했다. 예를 들어 10년 만기 국채 수익률이 2%를 넘지 못하도록 하겠다고 시장에 공표, 약속하는 정책이다. 만약 1.95%이던 10년 만기금리가 2.0%에 도달한다면 시장 참여자들은 채권을 매입하려고 나설 것이다. 금리가 2%를 넘게 될 경우 중앙은행이 채권을 사들여 금리를 다시 떨어뜨릴 것이기 때문이다. 채권 가격은 이자율이 상승할수록 하락한다. 반대로 이자율이 하락할수록 채권 가격은 상승한다. 따라서 이자율이 특정 수준 이상으로 오르지 않도록 한다는 것은 채권 가격이 특정 수준 아래로 떨어지지 않도록 중앙은행이 보장한다는 것을 의미한다. 그러므로 현재 10년 만기 국채 수익률이 2.5%인 상황에서 중앙은행이 '2.0%'라는 목표금리를 제시하게 되면, 시장금리는 즉각 '2.0%'로 추락하게 된다. 중앙은행이 보장하는 가격보다 쌀 때 국채를 매입하는 것은 이익을 100% 보장받을 수 있는 거래가 되기 때문이다.

이러한 정책은 민간시장이 자율적으로 정하는 가격을 정부가 직접 조작한다는 문제를 야기한다. 시장의 수요와 공급을 왜곡시킴으로써 자원의 배분과 신용의 흐름을 파괴할 수 있다. 이자율이 인위적으로 대폭 떨어지는 경우 대출 수요가 증가하고 소비와 투자가 확대되는 효과가 발생하겠지만, 이는 부채를 지나친 수준으로 증대시키고 인플레이션을 야기하는 결과를 낳는다. 부채가 과도해지면 채무상환능력이 떨어지고, 인플레이션이 높아지면 채권자의 손실이 커진다. 결국 일정 시점에 가서는 돈을 빌려주겠다는 사람이 사라지게 되고, '빚을 내서 빚을 갚아오던' 채무자들은 원금 상환 압력에 몰리게 된다. 정상적인 시장에서는 자금의 수요와 공급의 변화에 따라 수시로 가격(금리)을 변동시킴으로써 균형을 찾아 나가지만, 중앙은행이 장기금리를 고정해버리면 이러한 자율적인 수급 조절이 불가능해진다. 양적완화정책이란 것도 연준이 인위적으로 장기 채권금리를 인하, 조작하는 면에서는 다를 바가 없다. 그러나 양적완화정책 아래에서도 장기 시장금리는 자금의 수요와 공급의 변화에 따라 수시로 등락하는 변동을 거치며 자율적으로 균형을 찾아 나가기 때문에 '금리 상한제'에 비해서는 부작용이 상대적으로 작다.

다만 '시장금리 상한제'는 시장의 자발적인 채권 매입을 유발한다는 면에서 양적완화에 비해 중앙은행의 비용이 적게 드는 장점이 있다. 연준으로서는 대규모로 채권을 사들이는데 따르는 부담을 피할 수 있는 것이다. 그래서인지 버냉키 이사는 이 방안에 대해 "비전통적 통화부양책 중에서 개인적으로 가장 선호하는 수단"이라고 말했다. 게다가 '성공적인' 전례도 있었다. 1951년 이전까지 약 10년에 걸쳐 연준은 미국 장기국채 수익률을 2.5% 선에서 유지하는 이자율 상한제를 시행한 적이 있다. 1945년 당시 전체 발행량의 7.0%이던 연준의 국채 보유 지분은 1951년 9.2%로 늘어나는 데 그쳤다.

더욱 강력한 조치로 버냉키 이사는 민간 채권의 금리를 직접적으로 인하하는 방안을 제시했다. 회사채나 기업어음[CP], 은행 대출채권, 모기지채권 등을 연준이 직접 사들이면 이들 이자율이 하락하게 되며, 소비자와 기업은 보다 직접적으로 금리 인하 효과를 누릴 수 있다는 아이디어다. 버냉키 이사는 "연준이 재할인 창구를 통해 이들 민간 채권을 담보로 거의 제로금리의 대출을 해 주면 된다"고 구체적인 절차까지 제안했다.

버냉키 이사가 내놓은 또 한 가지의 방책은 달러화 평가절하다. 달러화 가치가 하락하면 미국 기업들은 유로존에 비해 가격 경쟁력이 높아진다. 연준이 외환시장에서 달러를 팔고 유로화를 사들여 유로-달러 환율이 1.0달러에서 1.2달러로 상승한다고 가정(달러화 평가절하, 유로화 평가절상)하자. 5만 유로짜리 독일 자동차의 미국 판매 가격은 5만 달러에서 6만 달러로 20% 높아진다. 그러면 독일 자동차에 대한 미국인의 수요가 감소한다. 반면, 5만 유로(=5만 달러/1.0달러)하던 미국 자동차의 가격은 독일에서 4만 1700유로(=5만 달러/1.2달러)로 인하된다. 미국 자동차에 대한 독일인의 수요는 증가한다. 그러나 연준의 외환시장 개입은 말 그대로 '통화전쟁'을 촉발하게 된다. 상대방이 가만히 있을 리 없다. 연준의 외환시장 개입은 현실적으로는 불가능한 일이다.

그래서 버냉키 이사가 다섯 번째로 제시한 방책은 '현실적인 결론'이나 마찬가지였다. 바로 그 유명한 '헬리콥터에서 돈 뿌리기'다. 정부가 감세정책을 써서 소비와 투자를 진작시키고, 이 때문에 늘어나는 재정 부담을 상쇄하기 위해 연준은 미국 국채를 대대적으로 사들여 이자 부담을 줄여준다는 시나리오다. 버냉

키 이사는 당시 이 방책을 두고 "디플레이션 대응정책의 효과를 대폭 강화할 수 있는 수단"이라고 말했다. 버냉키 이사는 "정부가 민간의 자산을 사들이고, 연준은 정부의 자산 매입 자금을 지원하기 위해 국채를 사들이는 것도 한 방법"이라고 소개했다. 예를 들어 정부가 기금을 조성해 은행이 떠안은 담보물(주택 등)을 매입하고, 이 기금을 조성하기 위해 정부가 발행한 국채를 연준이 매입하는 식이다.

일본에 대한 버냉키의 훈수, 아베노믹스의 씨앗을 뿌리다

버냉키 이사가 제시한 다섯 가지 해법이 대단히 새로운 것은 아니었다. 그때까지 10년 동안 일본은 이미 대부분의 정책을 사용해 본 상태였다. 기준금리를 제로 수준으로 인하했으며, "디플레이션 우려가 완전히 불식될 때까지 제로금리를 유지하겠다"는 포워드 가이던스도 제공했다. 일본 정부는 사상 최대 규모의 경제회생정책을 가동하며 감세와 재정 지출을 대폭 확대했고, 2001년 들어서는 양적완화정책까지 시행했다. 그러나 일본 경제는 디플레이션에서 좀처럼 빠져나오지 못하고 있었다. 디플레이션에는 정말 백약이 무효라는 증거가 아닐까.

그러나 버냉키 이사의 생각은 달랐다. 그는 디플레이션을 벗어나지 못하는 일본 경제를 "정치적 제약political constraints이 발목을 잡은 결과"라고 진단했다. 일본 경제는 은행과 기업 부문에서 심각한 부실을 안고 있었고, 이 때문에 중앙은행이 돈을 아무리 풀어봐야 효과가 거의 나타나지 않게 됐다고 지적했다. 따라서 이 문제를 해결하기

위해서는 대대적인 구조조정과 경제 개혁이 필수적인데, 이는 불가피하게 단기적인 도산과 실업을 야기하게 된다. 자연히 일본의 정치인이나 기업인, 대중 누구도 이러한 고통을 원하지 않았다. 그래서 일본은 디플레이션 탈피정책이 먹히지 않는 구조가 계속 유지돼왔다는 것이다. 게다가 일본 정부 역시 막대한 빚더미에 올라앉아 있어서 공격적인 재정부양책에 선뜻 나서지 못했다고 버냉키 이사는 지적했다.

그리고 약 반년 뒤인 2003년 5월, 버냉키 이사는 도쿄에서 일본 정책 당국자들에게 일장 훈수를 뒀다. 「일본의 통화정책에 관한 소고小考」라는 제목의 연설에서 버냉키 이사는 일본은행에 대해 디플레이션 탈출을 위한 세 가지 정책 지침을 제안했다.

그는 당시 연설에서 먼저 일본은행의 '포워드 가이던스'에 문제를 제기했다. "디플레이션이 사라질 때까지 제로금리를 유지한다"는 정책이 자칫 "물가상승률이 마이너스를 벗어나면 금리를 인상하겠다"는 식으로 들리기 십상이라는 지적이다. 이는 또 한편으로 일본은행의 물가상승률 목표치가 '0%'에 불과한 것처럼 비칠 수도 있다. 물가상승률이 최소한 1%는 계속 유지돼야 진정한 의미의 물가안정에 부합하며, 그래야 실질금리를 마이너스로 만들어 부양 효과가 발생한다. 현재 일본은행의 포워드 가이던스를 보면 디플레이션 퇴치 이후에는 어떤 통화정책을 제공할지 불분명하다고 버냉키 이사는 말했다.

그렇다고 해서 버냉키 이사가 '물가상승률 목표치'를 설정하라고 제안한 것은 아니었다. 당시 많은 학자들은 일본은행에 대해 '높은 물가상승률 목표치'를 제시해 인플레이션 기대심리를 되살릴 것을 요구했다. 그러나 버냉키 이사는 일본의 상태가 그보다 더 심각하다는 판단을 내렸다. 지난 수년간 겪은 심각한 디플레이션을 감안할 때 '물가상승률' 목표제로는 부족하며, '물가 수준' 목표제가 더 나은 통화정책 전략이라고 제안했다. 버냉키 이사는 "최근 5년 동안 일본의 물가 수준은 누적적으로 최대 9%가량 하락했다"고 지적하면서 "물가안정이라는 것이 단지 미래의 물가가 안정적으로 움직이는 것뿐 아니라, 동시에 디플레이션 이전에 일반적이던 물가 수준을 되찾는 것까지 돼야만 한다"고 주장했다.

일본의 디플레이션을 두고 '유동성 함정' 논란이 한창이던 1990년대 후반 폴 크루그먼 당시 MIT대학 교수는 "일본은행이 15년간 4%의 물가상승률을 목표로 할 것임을 공표해야 한다"고 주장했다. 유동성 함정 상황에서는 실질균형이자율이 마이너스이다. 명목 기준금리를 0% 아래로 인하할 수 없는 상황에서 이를 극복하기 위해서는 인플레이션 기대심리를 유발해 실질이자율을 균형 수준 아래로 떨어뜨려야 한다는 것이다. 또 케네스 로고프 당시 프린스턴대학 교수는 "물가를 3년간 누적적으로 20% 인상하겠다는 목표를 공표해야 한다"고 제안했었다. 버냉키 이사의 주장은 로고프 교수의 주장에 더 가까웠다고 볼 수 있다.

물가상승률 목표제는 대부분의 중앙은행이 도입하고 있는 것과 같이 중앙은행의 통화정책 목표를 '물가상승률 몇 퍼센트' 식으로 설정하는 것이다. 이런 점에서 볼 때 오늘날 아베노믹스가 설정한 '물가상승률 목표 2%로의 상향'은 버냉키 해법에 비춰볼 때 부족하다. 버냉키 이사의 제안에 따르면, 일본은행은 소비자물가지수^{CPI}의 '상승률'이 아니라 CPI의 '특정 수준'을 목표로 제시해야 한다.

예를 들자면 다음과 같다. 2010년을 100으로 놓았을 때 2012년 10월 일본의 CPI는 99.6이다. 만약 2010년 이후 일본의 소비자물가가 연율 2%로 상승했을 경우 2012년 10월의 CPI는 4.04% 오른 104.04가 됐을 것이다. 그러나 디플레이션으로 인해 CPI '수준'은 오히려 2년 전보다 0.4% 낮아졌다. 만약 일본은행이 통화정책의 목표를 '2%의 소비자물가상승률'로 잡는 경우 2013년의 CPI 수준은 101.59만으로도 성공이다. 하지만 버냉키가 제안한 새로운 목표와 비교하면 4.53포인트나 부족하다. 2010년부터 매년 2%씩 오른 물가 수준을 통화정책의 목표로 삼게 되면 2013년의 물가지수는 106.12를 달성해야 하기 때문이다. 기준연도를 2010년이 아닌 2005년 혹은 2000년 등 더 과거로 미룰 경우 이 격차는 더욱 커질 것이며, 일본은행의 목표 또한 더욱 높아질 것이다. 자연히 통화정책의 강도 역시 훨씬 공격적이어야 할 것이다. 그래야만 버냉키 이사가 말한 진정한 의미의 물가안정 즉, "과거에 잃어버린 물가 수준의 회복"을 달성할 수 있을 것이다.

물가 수준 목표제에는 장점이 두 가지 더 있다. 먼저 경제 주체들의 반응이 달라진다. 경제 주체들에게는 "앞으로는 물가가 오르도록 하겠다"는 약속보다 "과거의 높았던 물가 수준을 회복하겠다"는 약속이 더욱 강력한 부양정책을 예고하는 것으로 들릴 것이다. 두 번째

장점은 일본은행에 특히 유효하다.

물가상승률 목표제는 일본은행의 소극적인 자세를 바로잡을 수 없다. 2%의 인플레이션 목표하에서는 1.5% 수준의 물가상승률 달성만으로도 '비교적 성공적'인 결과로 여겨지기 십상인데다, 이로 인해 2013년에 달성하지 못한 0.5%포인트의 격차는 다음 해에는 잊힐 것이기 때문이다. 반면, 물가 수준 목표제에서는 사정이 완전히 다르다. 2013년에 목표로 했던 물가 수준(106.12)을 달성하지 못

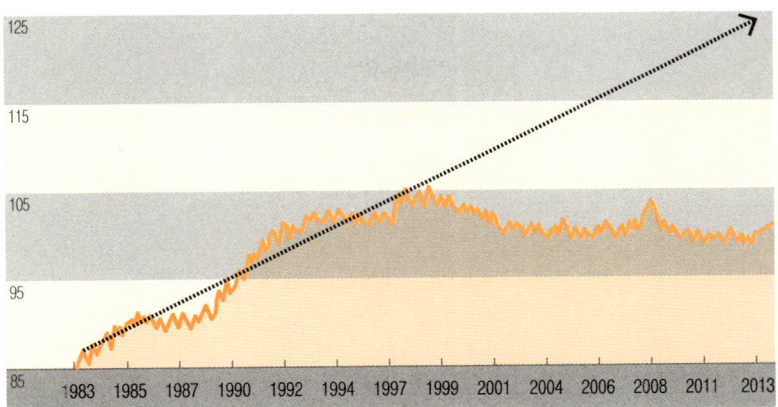

● 일본의 소비자물가지수 CPI

2013년 10월 기준 일본의 소비자물가지수는 101.1이었다. 1년 전과 비교한 물가상승률은 1.5%로 디플레이션 탈피를 위한 아베노믹스의 공격적 통화부양책이 어느 정도 효과를 내고 있음을 보여준다.

그러나 일본의 물가 수준은 여전히 1992년 봄, 21년 전 수준에 불과하다. 위 그래프에서 검은색 점선은 디플레이션이 없었을 경우를 가정한 정상적인 물가지수의 경로를 나타낸다. 버냉키 이사의 주장대로라면 일본의 물가지수는 현재 125가 돼 있어야 정상이라고 볼 수 있다. 따라서 버냉키 이사의 권고대로라면 일본은행은 단기간 안에 물가지수 수준을 125 이상으로 끌어올릴 것을 약속해야 한다. 이를 위해서는 물가를 지금보다 최소한 24%는 인상해야 한다. 연간 2%씩 물가를 인상하겠다는 아베노믹스로는 턱없이 부족한 셈이다. 출처 : 일본 통계청

하는 경우 일본은행은 미달성분을 그다음 해 2014년에는 벌충해야만 한다. 즉, 2013년에 소비자물가상승률이 1.5%에 그쳐 CPI가 101.1로 오르는 데 불과했다면, 2014년에는 물가상승률을 2.5%로 끌어올려야 전년에 달성하지 못한 수준까지 모두 만회할 수 있다. 만약 일본은행이 2014년 이후에도 지속해서 물가상승률을 끌어올리지 못한다면, 목표 물가 수준과 실제 물가 수준 간의 격차는 계속 벌어질 것이다. 이는 명백한 목표달성 실패로 여겨질 것이기에 일본은행은 과거와 같은 소극적인 자세를 버릴 수밖에 없을 것이다.

그렇다면 일본은행은 무슨 수로 물가를 그렇게 끌어올릴 수 있을까. 단순히 국채를 마구 사들이기만 하면 될까. 그래서 버냉키 이사는 일본은행에 "정부와 한몸이 돼라"고 말했다. '물가 수준 목표제'에 이은 두 번째 권고다.

버냉키 이사는 디플레이션 탈출법으로 팽창적 재정정책과 팽창적 통화정책의 조화를 주문했다. 물가가 상승하기 위해서는 총수요가 증가해야 하는데, 이는 재정정책의 도움이 필수적이기 때문이다. 즉 버냉키 이사는 일본은행이 국채를 거의 무이자로 사들여 정부가 팽창적 재정정책을 펼칠 수 있도록 재원을 제공할 것을 추천했다.

버냉키 이사의 제안에 따르면, 일본 정부는 먼저 감세정책을 취해야 한다. 과거에도 일본 정부는 감세정책을 도입한 적이 있다. 하지만 일본 국민들은 세금 감면으로 생긴 추가 소득을 소비하는 데 쓰기보다는 저축을 늘리는 데 사용했을 뿐이었다. 이로 인해 총수요 부양 효과는 발생하지 않았다. 감세로 인해 발생한 재정 적자와 국가부채 때문에 정부가 나중에는 다시 증세에 나설 것으로 우려했기 때문이다. 이른바 '리카도의 대등'Ricardian equivalence*이라는 문제가 발목을 잡은 것이다. 실제로 일본 정부는 1992년부터 1995년까지 매년 10조엔 이상의 재정 지출 확대정책을 펼쳤으며, 1996년에는 소득세를 인하하는 조치까지 취했다. 그러나 일본 정부는 1997년 들어 공공사업비를 축소하고 소득세 특별감면을 폐지했으며, 소비세율을 인상하는 등의 재정건전화정책으로 돌아섰다. 그동안 경기를 부양하느라 장기적으로 재정 적자가 누적된 탓이었다. 그 결과 1996년 5.1%로 뛰어올랐던 경제성장률은 1997년 들어 1.4%로 추락했고, 1998년에는 -2.8%로 곤두박질쳐버렸다.

하지만 정부의 감세 재원이 중앙은행의 지원으로 조달되며, 정부의 재정에는 새로운 부담을 주지 않으며, 그래서 미래에 세금을 인상할 필요도 없어진다면 경제 주체들의 반응은 달라진다. 중앙은행의 발권發券에 의한 감세는 소비자들의 가처분소득 증가를 '영구화'하는 것으로 인식될 것이라는 게 버냉키 이사의 설명이었다.

일본 정부는 감세와 동시에 대대적인 경제 구조조정에 나서야 한다고 버냉키 이사는 조언했다. 구조조정 과정에서 발생하는 각종 재정 소요는 모두 중앙은행의 발권으로 충당되기 때문에 역시 일본 정부의 부채 부담에는 영향을 미치지 않는다. 대신 일본 경제의 효율성

> **리카도의 대등** 리카도의 동등同等이라고도 부른다. 정부가 경기 부양을 위해 지출을 늘리더라도 소비자들이 지출을 줄일 것이기 때문에 부양 효과는 발생하지 않는다는 이론이다. 정부가 지출하기 위해서는 돈이 필요하다. 이 돈은 세금을 거둬들이거나 빚을 내서(국채 발행) 조달한다. 지금 빚을 내서 지출을 늘리더라도 나중에는 세금으로 갚아야 한다. 현재의 정부 지출 자원은 미래 소비자들의 호주머니에서 나오는 것이다. 따라서 소비자들은 나중에는 결국 세금을 더 많이 내야 할 것임을 예상하게 되고 현재의 지출을 줄이게 된다는 게 '리카도의 대등' 이론의 골자다. 이 이론에 따르면, 경기 부양을 위한 정부 지출 확대에도 불구하고 총수요는 늘어나지 않게 된다.

은 높아질 것이며, 이는 디플레이션에서 탈피하는 데 중요한 기여를 하게 될 것이라고 버냉키 이사는 말했다.

버냉키 이사는 일본은행의 재정 팽창정책 지원이 일본의 국가부채 문제를 해결하는데 오히려 도움을 줄 것이라고 주장했다. 정부의 부채 부담은 명목GDP와 비교한 상환 책임이 있는 빚의 규모로 산출된다. 그런데 재정 팽창으로 불어난 빚은 모두 일본은행이 인수하기 때문에 부채부담비율을 산정하는 데에는 포함되지 않는다는 게 버냉키의 설명이었다. 반면, 부양정책에 힘입어 분모에 해당하는 명목GDP는 대폭 확대될 것이기 때문에 결과적으로 국가채무비율(=정부의 실제 상환 책임 / 명목GDP)은 낮아질 것이라고 버냉키는 말했다.

그러나 국채를 매입하는 양적완화정책은 중앙은행의 대차대조표에 심각한 위험을 남기기 마련이다. 일본은행이 국채 매입에 소극적인 자세를 보여 온 것도 이 때문이다.

이런 우려는 지금 미국 연준 안팎에서도 강력하게 제기되고 있다. 부양정책이 성공해 시장금리가 대폭 상승하면 중앙은행이 보유하고 있는 국채의 가치는 크게 떨어지게 되며, 이로 인해 중앙은행은 대규모의 자본손실이 발생하게 된다. 자본이 소진된 중앙은행이 할 수 있는 일은 통화를 증발하거나 정부로부터 재정지원을 받는 것뿐이다.

전자는 인플레이션 기대심리를 촉발시키고, 후자는 중앙은행의 독립성을 훼손해 역시 인플레이션 기대심리를 자극하게 될 것이다. 재정적으로 독립성을 상실한 중앙은행은 정부가 정치적 필요에 따라 통화 증발을 요구하는데 선선히 응해 인플레이션을 유발할 수 있기 때문이다. 또한, 만약 중앙은행이 보유하고 있는 국채의 가치가 일정 수준 이하로까지 떨어져 흡수해야 할 본원통화량보다 부족해지는 상황이 발생한다면 중앙은행은 대차대조표를 줄이는 출구전략을 가동하기가 매우 어려워지며 이는 역시 인플레이션 기대심리를 촉발할 위험이 있다.

 이에 대한 버냉키의 해법은 단순했다. 일본은행과 정부가 고정금리와 변동금리를 교환하는 스와프계약을 맺으라는 것이다. 일본은행에 제시한 세 가지 디플레이션 해법 가운데 마지막이자 핵심에 해당하는 조항이다. 만약 금리가 본격적으로 상승할 위험이 보인다면 일본은행은 기존의 고정금리 국채를 변동금리 국채로 바꿔달라고 정부에 요구하면 된다. 물론 이렇게 할 경우 일본 정부의 이자 부담은 급격하게 증가할 것이다. 그러나 버냉키 이사는 문제가 없다고 말했다. 일본 정부의 이자 지급 증가는 일본은행의 이자수입^{seigniorage} 증가를 의미하는데, 일본은행은 어차피 이 이자수입을 정부에 되돌려 줄 것이기 때문에 정부 재정에 미치는 효과는 중립적이라고 설명했다.

 마치 중앙은행과 정부 간의 '결탁'$^{quid\ pro\ quo}$을 촉구하는 듯한 버냉키 이사의 제안은, 일반적인 중앙은행 제도의 관점에서 놓고 볼 때 매우 파격적이었다. 하지만 당시 연설 말미에서 버냉키 의장은 이렇게 말했다. "디플레이션이 지속되는 동안에는 과도한 통화 발행이라는 건 문제가 되지 않는다. 오히려 정부에 대한 중앙은행의 보다 협조적인 자세가 요구된다. 독립적인 주권국가들끼리도 공동의 목표를 위해서라면 서로 협력을 하는데, 같은 나라 안의 독립적인 기관들끼리 힘을 모으는 게 뭐가 문제인가."

주저하지 말고 돈을 풀어라. 정부가 얼마든지 쓸 수 있게. 모자라면 더 풀어라. 그게 중앙은행이 할 일이다. 버냉키의 메시지는 명쾌했다.

버냉키의 이자율 패러독스

"좋은 정책을 펼친 덕분에 경제는 강해질 것이다. 그 결과 시장금리도 지속해서 상승하게 될 것이다. 만약 우리가 조급하게 금리를 인상한다면, 경제 회복세를 망치게 될 것이다. 그러면 시장금리는 떨어질 것이고, 결국 우리는 장기간의 초저금리 환경을 맞게 될 것이다."

"저축자들에게 지속해서 높은 수익을 제공하는 가장 좋은 방법은 경제가 최대한으로 돌아갈 수 있도록 하는 것이다. 이건 다소 역설적이다. 시장금리가 올라가도록 하는 가장 좋은 방법은 저금리정책을 쓰는 것이다."

"시장금리가 어느 정도 올라갔다면, 그리고 그게 인플레이션 때문이 아니라 실질금리가 올라간 것이라면, 이는 강한 경제를 시사하는 것이다. 이런 금리 상승이라면 경제에도 이점이 있다."

— 벤 버냉키 미국 연방준비제도 의장, 2013년 2월 27일 미국 하원 금융서비스위원회 반기증언 중에서

미국 하원 금융서비스위원회 반기증언에 나선 벤 버냉키 연방준비제도 의장은 의원들과 이자율에 관한 흥미로운 토론을 벌였다. 이날 증언에서 금리에 관한 질의응답은 세 차례나 반복됐다.

미국 연방준비제도의 양적완화[QE]정책이 장기 시장금리를 인위적으로 끌어내리는데 목표를 두고 있음은 공지의 사실이다. 그럼 만약 연준이 지금 당장 QE를 중단하기로 한다면, 미국의 장기 시장금리는 어떻게 될까? 버냉키 의장의 답변은 "떨어질 것이다"에 가깝다.

Global Monitor Live Report

연방준비제도는 결국 파산할 것인가?

2012년 말 1.7%대로 거래를 마쳤던 미국 국채 10년 물 수익률이 2013년 초 1.97%로까지 수직상승한 적이 있다. 2.9%대이던 30년 물은 3.1%대로 솟아올랐다. 미국 정치권의 '재정절벽 회피' 합의(117쪽 참조)가 국채시장을 강타한 것이다. 이로 인해 만기 20년 이상의 미국 장기국채 가격은 새해 첫 3거래일 동안에만 무려 3% 이상 급락했다. 2012년 한 해 동안 벌어들인 수익을 단 사흘 만에 날려 먹은 것이다.

  이 사건은 국채시장에서 주식시장으로의 대대적인 자금 이동을 뜻하는 '대전환'the Great Rotation 논의에 기름을 부었을 뿐 아니라, 미국 연방준비제도의 향후 출구전략이 얼마나 위험한 것인지를 시장에 각성시켰다. "경기 회복 또는 인플레이션 기대심리로 미래에 장기 시장금리가 상승(장기채권 가격이 하락)하게 되면 연준이 천문학적인 자본손실을 입어 파산 지경에 이를 수도 있다"는 것이다. 과연 그럴까?

보유 채권 가격이 2%만 떨어져도 연준 금고는 바닥

  연준에 따르면, 2013년 1월 9일 기준 연준이 보유한 채권은 총

2조 6794억 달러에 달한다. 국채가 1조 6763억 달러, 연방기관 채권이 763억 달러, 모기지채권은 9267억 달러다. 연준이 양적완화를 재개한 결과 1년 전보다 859억 달러 증가했다.

보유 채권의 규모만 늘어난 게 아니라 평균 만기도 대폭 길어졌다. 2012년 말까지 이른바 '오퍼레이션 트위스트2'를 작동해 단기채권을 거의 다 매각하고 이 돈으로 장기채권을 매입했기 때문이다.

연준의 보유 채권 내역 발표에 따르면, 2013년 1월 9일 기준 국채의 경우 만기 5년 미만은 3836억 달러 수준에 불과했지만, 5년 이상은 약 1조 3000억 달러에 달했다. 이 중 10년 이상은 4266억 달러나 됐다. 모기지채권의 경우 10년 이상 만기로 9243억 달러를 보유했다. 보유 채권의 절반이 넘는 총 1조 3500억 달러가량을 10년 이상 장기채권으로 보유하고 있는 셈이다.

연준이 보유 채권 규모뿐 아니라 평균 만기까지 대폭 늘린 결과, 향후 금리 상승에 따른 손실 위험은 더욱 커지게 됐다. 만약 금리 상승으로 인해 보유 채권 가격이 10% 하락하는 경우 연준의 자본손실 규모는 2700억 달러에 달한다. 이는 현재 연준이 보유하고 있는 자본 547억 달러의 다섯 배에 육박하는 규모다. 이는 다

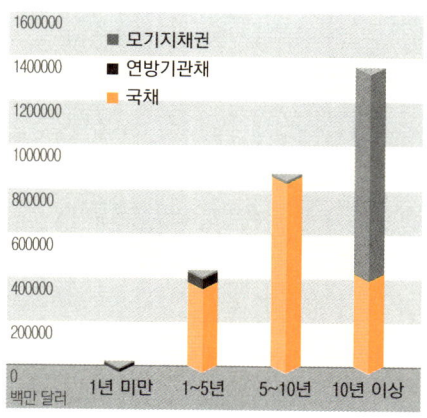

2013년 1월 9일 기준. 출처 : 미국 연방준비제도

시 말해 보유 채권 가격이 단 2%만 떨어져도 연준은 자본을 다 날리게 된다는 의미다. 연준이 만약 출구전략에 따라 보유 채권 매각에 나설 경우 시장금리는 더욱 빠르게 상승할 것이며 보유 채권의 자본손실 규모는 눈덩이처럼 불어날 것이다. 연준이 양적긴축에 나서지 못할 것이라는 일각의 주장도 여기에서 비롯된다.

금리 인상에 따른 연준의 재무제표 악화

연준 출구전략의 핵심축인 초과지급준비(초과지준) 예치금 금리 IOER 인상 역시 연준 장부에 부정적인 충격을 주게 된다. 이자지급비용이 증가하기 때문이다. 2012년 들어 9월 말까지 연준은 보유 채권을 통해 620억 달러의 이자수입을 거둬들였지만, 이자비용으로는 32억 달러만을 지출했다. 초과지준 예치금에 연 0.25%의 미미한 이자만을 지급하고 있기 때문에 588억 달러의 순이자수입(=이자수입-이자비용)을 얻을 수 있었다. 2011년에는 839억 달러, 2010년에는 799억 달러의 순이자수입을 챙겼다. 매년 지급하는 이자비용이 30억~40억 달러에 불과했기 때문이다.

● 미국 연준의 이자비용과 이자수입 (단위 : 억 달러)

	2012년(~9월 말)	2011년	2010년
이자수입	620.13	879.77	829.25
이자비용	(31.68)	(41.00)	(30.55)
순이자수입	588.45	838.77	798.70

연준은 이렇게 생긴 이익 대부분을 미국 재무부에 납입해 왔다. 연준의 자본으로 내부 적립한 이익은 극히 미미했으며, 연준 운영비용을 제외한 나머지 이익은 연방 재정수입으로 들어간 뒤 모두 소비돼 버렸다.

그러나 만약 연준이 초과지준 금리를 인상한다면 얘기가 달라진다. 이자수입은 변동이 없는 반면, 이자비용이 빠르게 증가하기 때문이다. 만약 연준이 IOER을 5%까지 인상한다면 연준은 손실을 보게 된다. 시장금리 상승에 따른 보유 채권의 자본손실은 별개다. 연준이 IOER을 가까운 시일 내에 5%로까지 끌어올릴 가능성은 낮지만, 보유 채권의 자본손실을 완충해줄 순이자수입이 줄어든다는 점은 예사롭지 않다.

연준이 양적완화를 통해 채권을 사들이면 그만큼의 현금(본원통화)이 시중으로 풀리게 된다. 이 돈은 대부분 은행예금 형태로 남게 된다. 이 때문에 은행의 지급준비금이 대폭 증가하게 된다. 지급준비금은 은행들이 연준에 맡겨 두는 예금이다. 양적완화로 인해 급증한 지급준비금은 법적으로 반드시 유보해 놓아야 하는 수준(필요지급준비금)을 훨씬 웃돌기 때문에 '초과지급준비 예치금'이라고 부른다.

연준은 이 초과지준 예치금에 대해 0.25%의 이자를 지급하고 있다. 만약 미국 경제가 회복될 경우 연준은 초과지준 예치금 금리부터 인상하는 출구전략을 세워놓고 있다. 초과지준 예치금은 은행들이 언제든지 빼내서 대출자금으로 사용할 수 있는 종잣돈이기 때문에 금리를 인상해 묶어 두지 않으면 경기 회복에 따라 대출이 급증하고 통화량이 팽창해 인플레이션을 야기할 수 있기 때문이다.

자본이 잠식된 연준, 파산을 면하기 위해 통화 증발

연준이 보유한 채권은 모두 매입 당시의 장부가격으로만 회계처리 된다. 시장가격 변동에 따른 자본손익은 회계에 반영하지 않는다. 보유 채권을 매각할 때 실현된 자본손익만 적용될 뿐이다. 어쨌든 연준은 미래 어느 시점에 가서는 출구전략의 일환으로 보유 채권을 매각해 초과유동성을 거둬들이는 출구전략에 나설 수 있다. 연준은 이때 본격적인 자본손실 위험에 노출될 것이다.

만약 채권 매각으로 인해 발생하는 자본손실이 순이자수입 규모를 능가하는 경우 연준은 적자를 기록하게 된다. 그리고 이 누적적자 규모가 자본금을 넘어서는 경우 위험은 현실이 된다. 연준이 보유하고 있는 자산은 부채 규모에 못 미치며, 따라서 연준이 자산을 모두 다 매각한다 해도 부채를 전액 상환 – 통화량을 줄이기 위해 초과지급준비금을 완전히 흡수 – 하는 것은 불가능해진다.

그리고 이때 연준의 수중에 남아 있는 자산 – 대부분이 채권이다 – 의 시장가격 역시도 장부가격에 훨씬 못 미친다. 따라서 연준의 실질 자본잠식 규모는 장부로 표시되는 것보다 월등히 많다는 것을 아는 시장은 연준의 통화 증발 필요액이 천문학적인 수준에 달할 것임을 깨닫게 될 것이다. 이는 달러화 가치의 안정성에 대한 근본적인 의구심을 야기하게 되며 인플레이션 기대심리에 불을 붙이게 된다.

이 같은 시나리오를 피하기 위해서는 통화 증발이 아닌 재무부의 연준 출자가 불가피하다. 그러나 이는 가뜩이나 허약한 미국 재정을 심각하게 위협할 것이며, 연준의 독립성에 심각한 상처를 안기게 될 것이다. 여기까지가 연준 파산 시나리오다.

연준, 회계의 마술로 불사不死의 힘을 얻게 되다

그러나 이런 시나리오는 2010년 12월 31일까지만 유효했다. 2011년 1월 1일부로 시행된 연준의 새로운 회계 규정에서는 불가능한 이야기다. 연준의 자본은 기술적으로 잠식될 수 없으며, 따라서 당연히 파산하거나 통화를 증발해야만 하거나, 재무부로부터 증자를 받아야 할 이유도 없다. 연준의 출구전략에는 어떠한 회계적 걸림돌도 존재하지 않는다는 뜻이다.

2011년 1월 1일 연준은 짤막한 보도자료를 발표했다.

"회계정책의 변경에 따라, 연준은 발생이익을 '일일 단위로' 자본적립 및 대對 정부 이익금 납입 채무에 반영하게 된다. 종전에는 이 같은 조정을 매 연말 결산 때 한 차례만 실시해 왔었다. 이익계정을 날마다 대정부 이익금 납입채무로 매칭시키는 이번 회계조정은 일할계산 방식으로 반영하는 연준의 여타 회계 공표 방식에도 부합할 것이다."

매우 간단한 변경이었지만, 연준 통화정책에 미치는 영향은 엄청났다.

예를 들어 연준이 특정 연도에 400억 달러의 순이자수입을 얻었지만 채권 매각 과정에서 1000억 달러의 자본손실이 발생했다면, 그 해 연준의 자본은 완전히 잠식된다(다음에 오는 표의 '종전 회계방식'). 이때에는 당연히 재무부에 넘겨줄 이익도 없다. 2010년까지의 회계방식에 따르면 이런 문제를 피할 수 없었다.

그러나 현행 회계방식에 따르면, 연준의 자본에는 아무런 충격이 발생하지 않는다. 채무로 계상되는 대 정부 납입금이 마이너스로 전

종전 회계방식	
순이자수입	400
비이자수입	0.5
운영비용	−1050
(자본손실)	−1000
(일반운영비)	−50
당기손익	−649.5
자본금	−149.5

현행 회계방식	
순이자수입	400
비이자수입	0.5
對 정부 채무	−350.5
운영비용	−50
(일반운영비)	−50
당기손익	0
자본금	500

(억 달러)

환되면서 재무부로부터 오히려 '받을 돈'이 생기게 되는 것이다. 순이자수입에서 채권 매각 손실을 제하고 난 결과다.

  물론 이 과정에서 재무부의 돈이 실제로 연준에 들어오는 것은 아니다. 그렇기 때문에 연준의 독립성 시비가 생길 우려도 없고, 재무부의 재정 부담을 걱정할 이유도 없다.

  연준에 대한 재무부의 채무, 재무부에 대한 연준의 채권은 무한정 지속된다. 향후 언젠가 채권 가격이 안정되고, 따라서 연준이 다시 순이익을 내면 그만큼씩 자동 상환되는 형식을 취하게 될 것이다. 이 과정을 반복해 연준의 대 정부 채무가 다시 플러스로 돌아서면 재무부로는 다시 연준의 이익금이 납입될 것이다. 그때가 언제가 될지, 그런 날이 올 수 있을지는 아무도 모른다. 다만 분명한 것은, 연준은 파산하지도, 자본금이 잠식되지도, 심지어는 적자를 내지도 않는다는 사실이다.

「글로벌모니터」 2013년 1월 21일

Chapter 02

장기 저성장 시대의 개막……
"일본처럼 되면 끝장이다"

2013년 10월 29일 미국 중앙은행의 통화정책 결정기구인 연방공개시장위원회^{FOMC} 정례회의에서는 잠시 탄식이 흘러나왔다. "경제 활동이 활발해지고 가계의 소득이 증가하려면 궁극적으로 생산성이 뛰어올라야 하는데, 낮은 생산성이 이제 새로운 일상^{norm}이 돼 버린 것 같다."

경기 회복세가 빨라질 것이라던 전망은 이번에도 보기 좋게 빗나가는 분위기였고, 성장의 발목을 잡는 요소들은 아직도 적지 않게 남아 있었다. 회의에 참석한 위원들은 여전히 경제에 대한 희망을 버리지 않았지만, 얼마 전까지만 해도 이웃 국회의사당의 여야 대립은 연방정부 운영을 중단시키고 국가부도마저 불사하겠다는 극단의 사태로 치닫고 있었다.

그리고 며칠 뒤, 미국 수도 워싱턴의 연방준비제도에 이웃한 국제통화기금^{IMF}에서 포럼이 열렸다. 이곳에서는 더욱 침울한 목소리가 울려 퍼졌다. "미국 경제가 '영구적인 불경기'$^{secular\ stagnation}$에 빠져버릴 수도 있다." 바로 얼마 전까지 가장 유력한 차기 연방준비제도 의장 후보로 꼽히던 로렌스 서머스 전 미국 재무장관의 말이었다.

미국 의회예산국^{CBO}이 2012년 11월에 발간한 보고서에 따르면, 금융위기 이후 3년 동안 진행된 경제 회복 속도는 제2차 세계대전 이후 경기 회복기에서 나타났던 평균치의 절반에도 못 미쳤다. 과거에는 경기 침체를 겪고 난 뒤 3년 동안 실질 국내총생산^{GDP}이 평균 15%가량 증가했었는데, 이번 회복기에는 6% 정도밖에 늘지 않았다.

금융위기의 후유증이 그만큼 컸던 것일까. 그럴 만도 한 것이, 거의 모든 경제 주체들의 씀씀이가 과거의 회복기와는 전혀 달랐다. 소비자들은 줄어든 일자리와 추락한 주택 가격, 턱밑까지 차오른 부채 부담 때문에 지갑을 쉽게 열지 않았다. 오히려 빚을 갚는 데 열중했을 뿐이다. 과거 회복기 때 늘 나타났던 주택건설 붐도 기대할 수 없었다. 이번 금융위기가 부동산 거품의 붕괴 탓이었음을 감안하면 지극히 자연스러운 현상이었다. 과거에는 정부의 대대적인 지출이 큰 힘이 됐지만, 이번에는 달랐다. 정부 지출은 줄어들고 세금은 인상됐다. 금융위기를 막느라 엄청난 빚을 져버린 미국 정부의 재정정책은 오히려 경제 성장의 발목을 잡았다.

그러나 이례적인 저성장의 배경을 분석한 미국 CBO의 진단은 방점이 달랐다. 금융위기로 인해 이렇게 주저앉은 총수요는 부진한 경기 회복세를 3분의 1밖에 설명하지 못한다는 것이다. 주된 원인은 "미국 경제의 잠재성장능력 저하"에 있었다. 이것이 전례가 없이 더

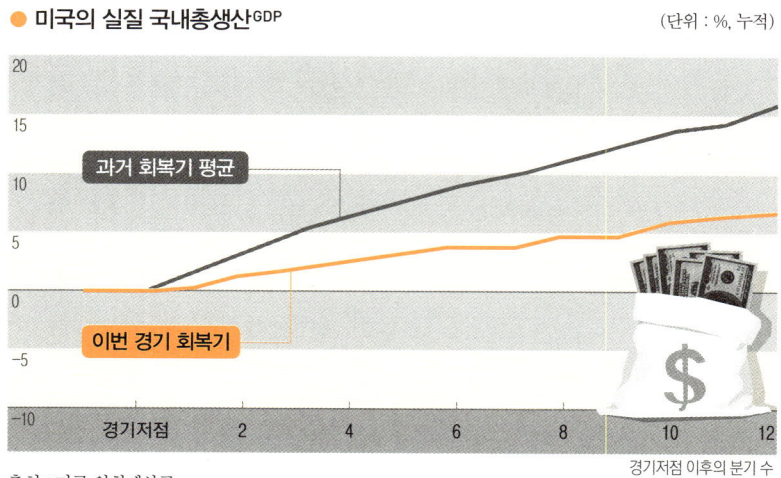

● 미국의 실질 국내총생산 GDP (단위 : %, 누적)

과거 회복기 평균

이번 경기 회복기

경기저점 2 4 6 8 10 12

경기저점 이후의 분기 수

출처 : 미국 의회예산국

딘 경기 회복세의 배경 중 3분의 2를 차지한다고 CBO는 분석했다.

현재 미국 경제는 잠재성장능력에도 못 미치고 있다. 실업률은 여전히 높고 공장가동률은 과거 평균치에 비해 매우 낮다. 하지만 노동력과 설비가 완전가동된다고 해도 미국 경제가 낼 수 있는 성장 속도는 과거에 비해 낮다는 게 CBO의 판단이다. 미국의 잠재성장능력이 크게 떨어져 있기 때문이다.

문제는 이러한 잠재성장능력의 저하가 금융위기 후유증으로 인한 일시적인 현상이 아니라는 데 있다. 이는 미국만의 문제가 아니다. 한국 경제 역시 미국과 똑같은 경로를 밟고 있다. '저성장'은 이미 금융위기 이전부터 빠른 속도로 뿌리를 내리고 있었다.

아기 울음소리와 함께 사라진 성장

한 나라의 잠재성장능력은 크게 세 가지 요소로 구성된다. 인구와 자본, 그리고 기술이다.

인구 증가는 노동력을 늘려 경제의 생산능력을 확대한다. 생산 설비를 의미하는 자본은 노동력과 결합해 역시 경제 성장능력을 규정한다. 그리고 기술 발전에 힘입은 생산성의 향상은 적은 노동력과 자본을 투입하고도 더 많은 산출을 이끌어 낸다.

이 세 가지 가운데 가장 강력한 요소는 인구, 특히 청장년 생산 노동력이다. 노동력이 빠른 속도로 증가하면 적은 비용을 들이고도 생산을 크게 늘릴 수 있기 때문에 경쟁력이 높아진다. 수요 측면에서도 인구의 증가는 매우 긴요하다. 인구가 급증하는 시기에는 식품과 의류뿐 아니라 주택, 사무실과 공장, 여가시설, 사회간접자본 등 모든 부문에 대한 수요가 팽창하기 때문이다.

제2차 세계대전 이후 나타난 베이비붐 덕에 미국의 노동가능인구(15~64세)는 한동안 급격한 증가세를 보였다. 1% 안팎 수준이던 증가율은 해마다 높아져 1970년대 초에는 3%에 육박했다. 이후 인구 증가 속도는 다시 둔화되기 시작했지만, 여성들의 사회 참여가 활발해진 덕에 경제활동인구의 급증세는 1970년대 말까지 이어졌다. 그러나 그게 정점이었다. 이후 미국의 노동력 증가 속도는 눈에 띄게 감소했다. 2000년 무렵 속도가 다시 빨라지는가 싶었지만 잠시 반짝하고 말았다.

2000년대 중반 들어 미국의 경제활동인구 증가율은 기록적인 속도로 떨어져갔다. 그리고 금융위기가 터졌다. 인구가 계속 늘기는 했

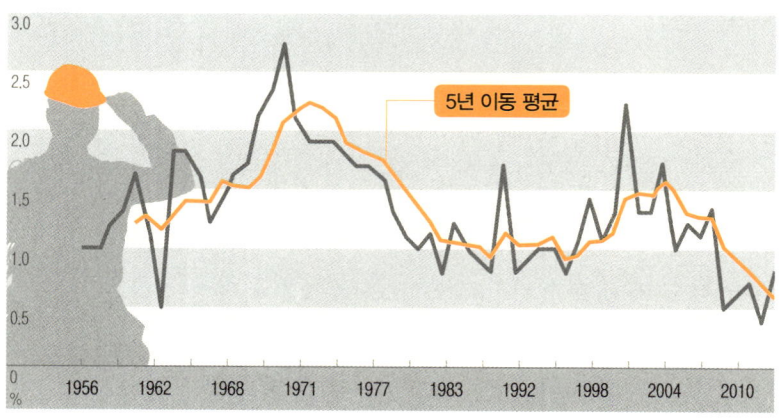

● 미국 노동가능인구 증가율(전년비)

미국의 노동가능인구(15~64세) 증가 속도는 1970년대 초와 2000년 두 번의 정점을 기록한 뒤 급격히 둔화해 지금은 제2차 세계대전 이래 최저치로 떨어졌다.
출처 : 미국 노동부, 글로벌모니터

지만 일자리 얻기가 어려워지면서 노동시장에서 퇴장하는 사람들이 기하급수적으로 늘어났다. 2013년 10월 들어 미국의 경제활동인구 수는 1년 전에 비해 0.5% 줄어들었다.

경기 회복기에 이렇게 경제활동인구가 줄어드는 현상은 전례가 없는 일이다. 경제가 반등하기 시작하면 구직을 포기했던 사람들도 다시 경제 활동을 하기 위해 노동시장으로 돌아온다. 경기 회복으로 일자리 구하기가 쉬워지기 때문이다. 그러나 미국의 경제활동참가율은 금융위기 이후 경기 회복기 내내 추락을 거듭해 왔을 뿐이다.

경기가 훨씬 빠른 속도로 살아난다면 상황은 달라질 수도 있을 것이다. 일자리 창출이 가속화되면서 노동력의 고용시장 이탈이 멈추고 구직을 포기했던 노동자들은 경제 활동을 재개할 것이다. 그러나 여기에는 한계가 있다. 미국 노동가능인구의 증가 속도가 이미 1%

● 한국 노동가능인구 증가율 추이 및 전망(전년비)

1970년대에만 해도 3%를 웃돌던 한국의 노동가능인구 증가율은 이후 급격히 낮아지기를 거듭해 지금은 미국과 비슷한 수준으로 떨어져 있다. 둔화 속도는 금융위기 이후 더욱 빨라지고 있다. 한국은 앞으로 3년쯤 뒤부터는 노동력이 감소하기 시작할 전망이다.

출처 : 통계청, 글로벌모니터

도 안 되는 수준으로 떨어져버렸기 때문이다.

이것이 미국 경제의 잠재성장능력을 급격히 둔화시킨 핵심 원인이다. 이 현상은 이미 10년 전부터 두드러지게 나타나기 시작했다. 그리고 이는 일본화日本化로 가는 첫걸음이다. 지금 미국의 노동가능인구 증가율은 1980년대 말에서 1990년대 초까지 일본의 모습과 매우 닮아있다. 일본의 초장기 침체를 의미하는 '잃어버린 20년'이 시작된 시기와 일치하는 것이다. 일본 역시 그 직전 거대한 거품 붕괴를 겪었다.

그리고 이는 한국의 모습이기도 하다. 통계청 추계에 따르면, 2013년 우리나라의 노동가능인구 증가율은 0.4%로 떨어져 있다. 대략 미국과 비슷한 수준이다. 2014년에는 0.3%대, 2016년에는 0.2%대로 증가 속도가 둔화된 뒤 2017년부터는 노동가능인구가 본격적

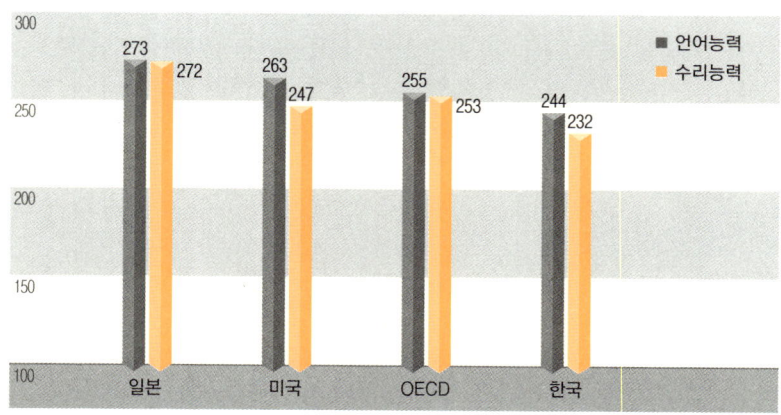

● OECD 국가의 55~65세 연령층 기술습득능력

출처: 경제협력개발기구OECD, 글로벌모니터

으로 감소하기 시작할 것이라는 게 통계청의 전망이다. 일본의 노동 가능인구는 1996년부터 줄어들기 시작했다. 우리나라의 인구 추세는 약 20년의 시차를 두고 일본을 뒤쫓고 있는 셈이다.

평균 수명이 길어지고 노년층의 육체적 능력이 향상되고 있는 점은 그나마 다행이다. 미국과 한국에서는 노년층의 경제활동참가율이 꾸준히 높아지면서 노동력 공급 둔화 추세를 완충해 주고 있다. 그러나 이는 어디까지나 양적인 측면에서만 긍정적일 뿐이다. 노년층과는 정반대로 청년층의 경제활동참가율은 빠른 속도로 떨어지고 있다. 수용할 만한 새 일자리가 부족해지자 청년들이 구직활동을 포기하고 있다. 이 때문에 경제활동인구에서 차지하는 노년층의 비중은 날로 높아지고 있고 청년층의 비중은 급감하고 있다. 이는 노동력의 질적 저하를 불가피하게 야기한다. 노년층은 노동숙련도가 매우 높은 대신 혁신능력이 크게 떨어지기 때문이다.

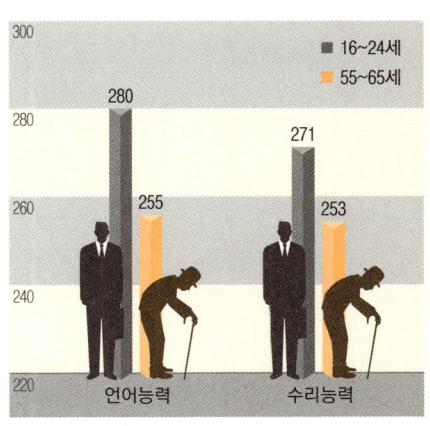

● OECD 국가의 연령별 기술습득능력

출처 : 경제협력개발기구OECD, 글로벌모니터

경제협력개발기구OECD 조사에 따르면, 회원국 55~65세 연령층의 언어능력은 16~24세 청년층보다 평균적으로 9%가량 낮았다. 수리능력에서도 역시 노년층은 청년층보다 7%가량 뒤처졌다. 따라서 노년층의 비중이 높은 경제일수록 새로운 노동지식과 기술을 습득하는데 큰 어려움을 겪을 가능성이 높다.

　노년층의 기술습득능력은 국가별로도 큰 차이를 보이고 있다. 똑같이 노령화돼 가는 경제라 하더라도 노령화가 경쟁력에 미치는 충격은 판이할 것임을 의미한다. OECD에 따르면 한국의 55~65세 연령층의 언어능력은 일본에 비해 11%, 미국보다는 7%, OECD 평균에는 4%나 뒤처지고 있다. 수리능력에서도 한국의 노년층은 일본보다 15%, 미국과 OECD 평균보다 각각 6% 및 8% 미달하고 있다. 그나마 16~24세 연령의 청년층에서는 한국의 언어 및 수리 능력이 미국이나 OECD 평균보다 월등히 높아 일본과 비슷한 '최고' 수준을 나타내고 있다. 문제는 이러한 청년들이 일자리에서 소외되고 있다는 점이다.

　현재 한국의 65세 이상 노령층은 전체 인구의 12.3%를 차지하고

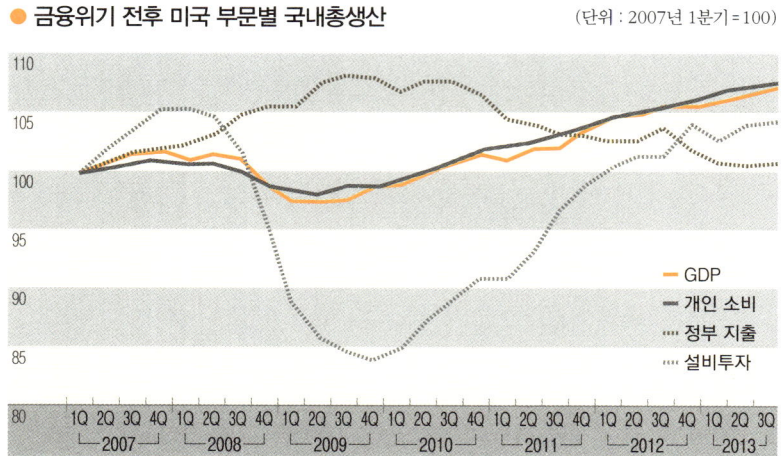

출처 : 미국 상무부, 글로벌모니터

있다. 14% 수준인 미국과 비슷하다. 통계청 추계에 따르면, 10년쯤 뒤에는 노령 인구의 비중이 5분의 1로 높아질 것이며, 20년쯤 뒤에는 지금의 일본과 비슷하게 4분의 1이 될 전망이다.

불임不妊의 경제, 기업들은 왜 투자를 하지 않는가

2009년 3분기부터 시작된 미국의 경기 회복기 동안 기업들의 설비투자는 큰 몫을 해냈다. 4년간 실질 국내총생산이 10% 증가하는 사이 설비투자는 무려 21%나 급증했다. 외형상으로는 기업들의 투자가 주도한 경기 회복세였다. 그러나 이는 착시에 불과하다.

금융위기 전 정점을 이뤘던 미국의 설비투자는 2008년 1분기부터 2009년 4분기까지 2년이 채 안 되는 기간에 무려 20%나 급감했다.

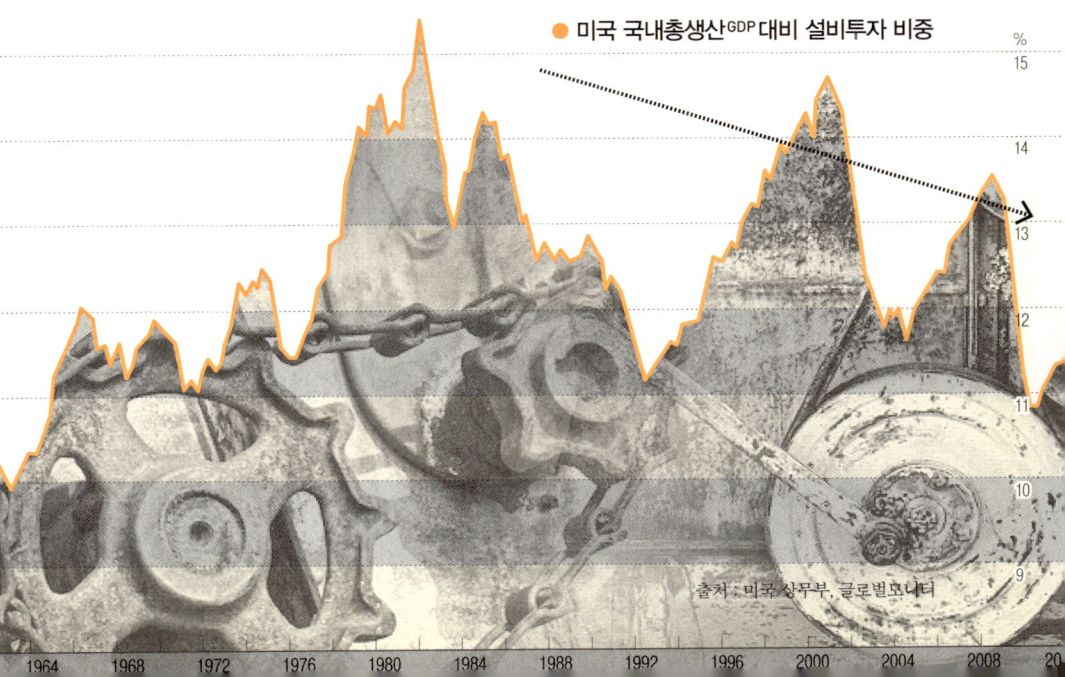

● 미국 국내총생산GDP 대비 설비투자 비중

출처: 미국 상무부, 글로벌모니터

이후 기업들의 투자가 반등했지만, 2013년 3분기 미국 설비투자의 실질 규모는 여전히 6년 전인 2007년 말 수준에도 못 미치고 있다.

금융위기 후 6년간의 극심한 투자 부진은 미국 노동인구 증가세의 급격한 둔화와 마찬가지의 충격을 미국 경제에 가했다. 현재 미국의 생산 설비는 6년 전인 2007년 말의 투자 규모를 그대로 유지하기만 했을 때에 비해 4조 달러나 덜 축적됐기 때문이다. CBO는 금융위기 이후 경제활동인구 증가 속도의 둔화와 기업들의 설비투자 부진이 각각 미국 경제 잠재성장능력 저하 원인의 3분의 1 이상씩을 차지한다고 진단했다.

그러나 미국 기업들의 투자 부진은 금융위기 이후에만 나타난 특이 현상이 아니다. 1980년대 초부터 기조적으로 진행됐다. 1981년 4분기 국내총생산의 15%를 넘었던 미국 기업들의 투자 비중은 이

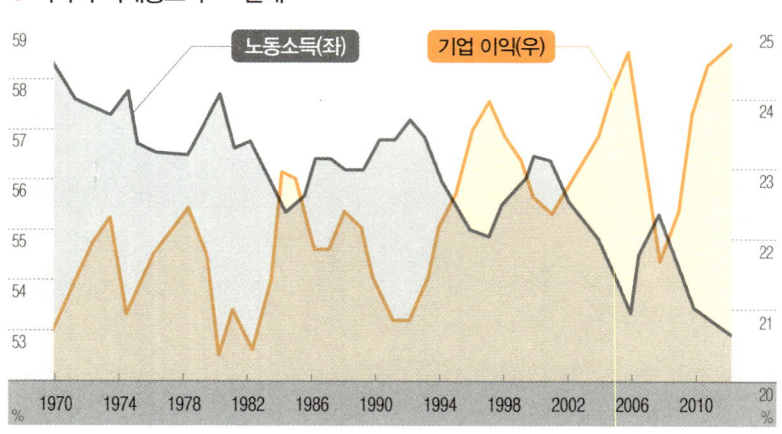

● 미국의 국내총소득^{GDI} 분배

출처 : 미국 상무부, 글로벌모니터

후 꾸준히 하락해 현재 12% 수준으로 떨어졌다. 투자가 부진해지면서 일자리 창출 속도도 크게 둔화됐다. 기업들의 투자가 자동화와 효율화에 집중되면서 고용 없는 성장은 더욱 심화됐다.

기업들은 왜 투자를 하지 않는 걸까. 세계화에 따른 해외로의 생산설비 이전이 큰 영향을 미친 가운데, 분배 구조 악화 역시 적지 않은 부메랑 효과를 낳았다. 생산 활동의 결과로 생긴 소득이 노동자에게는 더 적게, 기업에게는 더 많이 분배되는 추세가 지난 30년 동안 지속되면서 미국 가계의 소비능력이 저하됐다. 소비가 부진해진 결과 기업들은 투자를 늘려봐야 과거만큼 큰 이윤을 기대할 수 없게 됐다.

미국 상무부에 따르면, 1980년에만 해도 임금 등 노동자 보상으로 배분된 미국의 국내총소득GDI이 58%에 달했으나 2012년에는 53%밖에 되지 않았다. 1950년 이후 60여 년 동안 노동자들에게 분배된

● 미국 분배 구조 변화 후 누적된 결과

(단위 : 1993년 1분기=100)

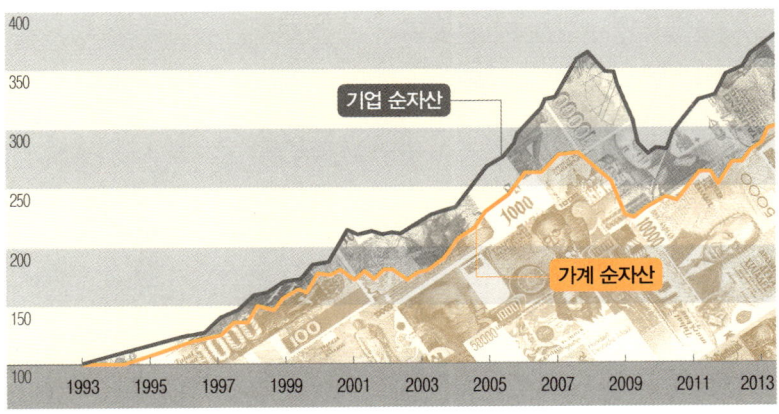

출처 : 미국 상무부, 글로벌모니터

소득이 이렇게 낮았던 적은 한 번도 없었다. 반면 기업 이익으로 배분된 몫은 1980년에는 20% 수준이었으나 2012년에는 25%로 높아졌다. 미국의 기업들에게 이렇게 많은 이익이 돌아간 것은 1960년대 중반 이후 약 50년 만에 처음이다. 이에 따라 지난 20년간 미국 기업의 순자산*은 3.8배 불어난 반면, 미국 가계의 순자산은 세 배 늘어나는 데 그쳤다.

순자산純資産이란 총자산에서 총부채를 뺀 개념이다. 즉, 순자산=총자산-총부채이다. 미국 가계의 순자산이 상대적으로 더디게 증가한 것은 소득 정체로 인한 저축 감소로 총자산이 더디게 축적됐을 뿐 아니라, 총부채가 빠르게 증가한 데에도 원인이 있다. 미국의 가계는 소득 저하에도 불구하고 과거와 같은 높은 소비 수준을 유지하기 위해 빚을 늘렸고, 이는 금융위기의 원인이 됐다.

미국의 분배 구조 악화에는 여러 가지 구조적 배경이 거론되고 있다. 노동가능인구 증가 속도의 둔화, 인터넷 혁명에 따른 생산성 향상으로 나타난 고용률의 급격한 하락, 금융위기 이후의 고실업, 노동조합 가입률 하락에 따른 임금교섭능력 악화, 고도화된 주식시장이

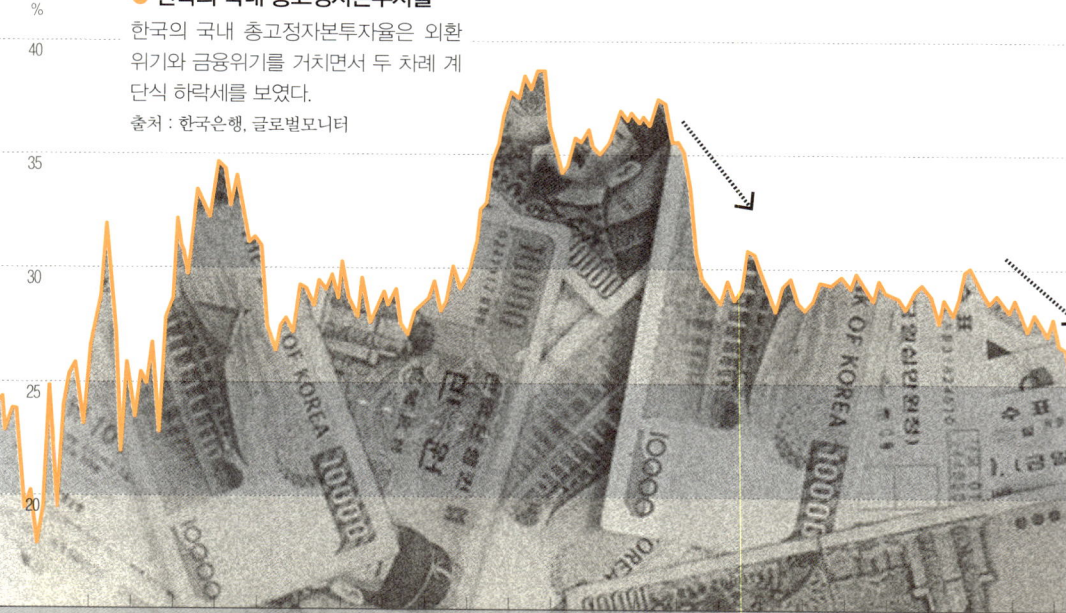

● **한국의 국내 총고정자본투자율**
한국의 국내 총고정자본투자율은 외환위기와 금융위기를 거치면서 두 차례 계단식 하락세를 보였다.
출처 : 한국은행, 글로벌모니터

기업 경영자에게 가하는 이윤 압박의 심화 등이다.

투자하지 않는 문제는 한국도 심각하다. 2013년 2분기 기준 한국의 총고정자본 형성은 전체 국민 처분가능소득의 26.3%에 불과했다. 우리나라가 공장이나 사무실, 생산 설비, 도로, 항만, 주택 등에 이렇게 적은 투자를 한 적은 1977년 이후로는 없었다.

이 같은 투자 부진 현상은 금융위기 이후 더욱 심각해지고 있다. 한국의 고정자본투자율은 2008년 초까지만 해도 30%에 육박하는 수준을 유지했으나, 그 뒤로는 급격한 하락 추세를 이어가고 있다.

소비를 많이 하는 바람에 투자할 돈이 부족해진 것은 아니다. 한국의 국민 처분가능소득에서 소비지출이 차지하는 비중(국민 소비성향)은 2000년 이후 줄곧 70%에 좀 못 미치는 수준에 머물러 있다. 이에 따라 국민 총저축률은 30%를 웃도는 수준을 유지하고 있다. 이렇게 많은 저축에도 불구하고 투자 비중을 빠르게 줄이다 보니 경상수지 흑자가 최근 들어 급격한 증가세를 보이고 있다. 그러나 한국의 흑자 경제는 소비와 투자가 실종된 어두운 현실의 반영에 불과할 뿐이다(59쪽 '경상수지 흑자의 함정' 참조).

과연 불경기의 끝은 도래할 것인가

미국 연방정부 운영 중단 사태와 국가부도 위협이 한바탕 휩쓸고 지나간 직후인 2013년 11월 8일, 미국 국회의사당 인근의 IMF 본부에서는 미국의 내로라하는 경제정책 전문가와 학자들이 모여 경제 현황을 논의하는 포럼이 열렸다. 벤 버냉키 연방준비제도 의장과 노벨 경제학상 수상자인 폴 크루그먼 프린스턴대학 교수, 최근까지 이스라엘 중앙은행 총재를 지낸 스탠리 피셔 박사 등이 자리를 함께했다. 피셔 박사는 과거 MIT대학에서 버냉키 의장과 마리오 드라기 유럽중앙은행ECB 총재를 가르쳤으며, 금융위기 이후 주요국 중앙은행들의 공격적 화폐발행정책의 이론적 배경을 제공한 인물이다.

이 자리에서 제기한 로렌스 서머스 전 미국 재무장관의 '영구적인 불경기' 주장은 큰 파문을 일으키며 두고두고 인구에 회자됐다. 서머스 전 장관 역시 피셔 박사로부터 경제학을 배웠다.

서머스 전 장관은 금융위기를 극복한 뒤 지난 4년 동안 경제 회복이 이뤄졌지만 미국 경제의 잠재성장능력은 과거의 추세에 비해 훨씬 낮은 수준에 머물러 있으며, 경제 회복 속도 역시 지나치게 더디다는 점을 지적했다. 그는 특히 일본의 사례를 들면서 자신이 느끼는 공포가 어디를 가리키고 있는지를 암시했다. 현재 일본의 경제 규모는 자신이 클린턴 행정부에서 일할 때 예상했던 것의 절반밖에 되지 않는 정도로 수축해 버렸는데, 그런 일본만 해도 거품 붕괴 이후 5년 동안은 지금의 미국보다 더 빠른 회복세를 보였었다고 탄식했다.

그러면서 그는 미국 경제에서 이미 금융위기 이전인 2000년대 중

스탠리 피셔 박사

로렌스 서머스 전 미국 재무장관

반부터 '이상한 문제'가 발견되고 있었다고 말했다. 주택경기가 맹렬하게 팽창하던 와중에도 설비가동률이 대폭 높아지거나, 실업률이 크게 하락하거나, 인플레이션이 발생하는 등의 불균형이 나타나지 않았다는 것이다. 즉 금융위기를 야기할 정도의 심각한 거품경제 속에서도 "미국의 총수요는 불충분했다"는 게 서머스의 주장이다.

경상수지 흑자의 함정

한 나라의 경상수지는 총저축에서 총투자를 뺀 개념이라고도 할 수 있다. 총투자 규모가 총저축 규모를 웃도는 나라는 경상수지가 적자를 나타낸다. 이 경우 부족한 투자 재원 조달을 위해 이 나라는 외채를 빌려야만 한다. 반면 총투자 규모가 총저축보다 적은 경우에는 지금의 한국처럼 경상수지가 흑자를 기록한다. 국내 투자에 쓰고도 이렇게 남은 저축은 국외로 투자된다. 총저축이 소득에서 소비를 뺀 것임을 감안하면, 과도한 경상수지 흑자는 부진한 소비와 투자의 결과라고도 볼 수 있다.

'고정자본 형성'이란 일반적으로 말하는 투자와 거의 같은 개념이다. 고정자본은 설비투자와 건설투자 및 지적재산 등에 대한 무형자산투자 등으로 나뉜다. '국내 총고정자본투자율'은 국민 처분가능소득에서 고정자본 형성에 쓰인 돈의 비중을 뜻한다. 즉, 투자율=투자/소득이다.

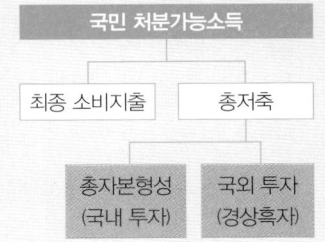

국민 처분가능소득(소득)
=최종 소비지출(소비) + 총저축
=최종 소비지출(소비) + 총자본형성(국내 투자) + 국외 투자(경상흑자)

총저축
=국민 처분가능소득(소득) - 최종 소비지출(소비)
=총 자본형성(국내 투자) + 국외 투자(경상흑자)

서머스는 이런 문제를 이자율을 통해 설명했다. 미국의 '실질균형금리'가 이미 2000년대 중반부터 마이너스 2~3%로 떨어져 있는 상태라는 것이다. 실질균형금리란 불황이나 경기 과열을 일으키지 않을 정도의 적정 이자율로 일반적으로 사용되는 명목금리에서 물가상승률을 뺀 개념이다. 미국의 실질균형금리가 정말 그렇게 낮은 수준으로 떨어져 있다면 여간 심각한 문제가 아닐 수 없다. 현재 미국의 명목 정책금리는 0%이며, 물가상승률은 1% 수준이기 때문에 실질정책금리는 마이너스 1%이다. 경제가 요구하는 실질균형금리(마이너스 2~3%)에 비해 훨씬 높고 매우 긴축적인 상태인 셈이다. 이를 바로잡으려면 기준금리를 인하해야 하지만 기준금리는 이미 더 이상 내릴 수 없는 0%에 도달해 있다. 어찌 손 쓸 도리가 없는 상황에서 긴축금리가 계속 제공될 수밖에 없는 것이다.

벤 버냉키 연방준비제도 의장은 그래서 '양적완화'[QE]를 통해 인플레이션을 끌어올리는 정책을 취해 왔다. 물가상승률을 2~3%로 높이면 명목 기준금리를 0%에서 더 내리지 않더라도 실질금리는 마이너스 2~3%로 떨어질 것이기 때문이다. 하지만 연준의 희망에도 불구하고 2013년 들어 미국의 물가상승률은 오히려 지속해서 낮아지는 현상을 보여 왔다. 실질금리가 오히려 높아지고 있는 것이다.

이것이 '잃어버린 20년' 동안 일본에서 목격된, 제로금리와 디플레이션이 야기한 유동성 함정이다. 이런 상황에서는 중앙은행이 아무리 돈을 풀어도 빚을 내서 소비하거나 투자할 사람은 늘어나지 않는다. 경제 주체들이 체감하는 실질이자율이 '균형' 수준에 비해 더 높기 때문이다. 이 와중에 연준은 양적완화정책마저 줄여 없애나가기로 방향을 잡았다. 양적완화로 인해 온갖 자산시장에서 거품이 발생하고, 시장에 풀린 통화가 걷잡을 수 없이 불어나고 있기 때문이다.

서머스 전 장관은 "명목 제로금리가 만성적이고 체계적으로 경제성장을 방해해 우리 경제를 잠재수준 아래로 끌어 잡는 이 상황을 앞으로 우리가 수년간 어떻게 관리해야 할 것인지를 생각해야 한다"고 말했다. 그리고 금융위기 이후를 지배하고 있는 정책 아젠다에 대해 문제를 제기했다. 과거에 비해 적은 통화부양책, 재정부양책, 부채, 자산시장 거품 등 오늘날의 정책 아젠다들이 미국 경제를 영구적인 불경기로 이끌고 있다는 것이다.

양적완화, 제로금리정책에 추가된 연료 added fuel

양적완화 quantitative easing 란 중앙은행의 전통적인 부양정책인 금리 인하와 달리 통화량 공급을 늘리는 방식으로 금융환경을 완화하는 정책을 말한다. 정책금리가 0%로 떨어져 더 이상 내릴 수 없는 환경에서 취하는 추가적인 부양 조치이다. 미국 연방준비제도에서 부여한 이 정책의 공식 명칭은 '대규모 자산매입정책' LSAP : Large-Scale Asset Purchase programs 이다.

연준이 양적완화정책을 통해 대규모로 사들이는 자산은 미국 국채와 모기지담보채권 MBS 이 대표적이다. 연준의 대규모 매입이 시행되면 이들 채권의 이자율은 하락(채권 가격 상승)하게 된다. 연준은 원래 하루짜리 초단기금리의 기준을 인하함으로써 중장기 시장금리에 간접적인 파급 효과를 미치는 정책을 사용하지만, 금융위기 이후에는 양적완화정책을 통해 시장의 중장기국채와 모기지 금리를 직접 인하하는 비전통적인 통화부양책을 사용해 왔다. 연준이 채권을 사들이는 만큼 시장에는 현금이 공급되는데, 이러한 초과 유동성 공급 역시 금융환경을 완화하는 역할을 한다.

Chapter 03

대분기 大分岐, the Great Divergence ①
빈자 vs. 부자,
실물경제 디플레이션

18세기 세계 경제는 역사적인 대분기大分岐, the Great Divergence 현상을 경험했다. 과학기술 발전과 산업혁명, 신대륙 발견을 앞세운 유럽이 약진하면서 중국과 인도, 중동 등 기존 아시아 강대국들과의 격차를 대대적으로 벌린 것이다. 그리고 21세기를 맞아 세계 경제는 다시 한 번 대대적으로 갈라지고 있다. '양극화'라고도 표현되는 이 대분기는 경제적으로는 자산시장의 인플레이션과 실물경제의 디플레이션으로, 사회적으로는 빈자와 부자로, 정치적으로는 좌파와 우파의 대립 양상으로 전개되고 있다.

2008년 말부터 지금까지 미국과 유로존, 영국, 일본 등 세계 4대 기축통화 국가의 중앙은행들은 모두 4조 달러가 넘는 돈을 시중에 쏟아 냈다. 그 결과 시중에 공급된 통화는 불과 5년 사이에 2.5배 가까이 폭증했다.

돈이 이렇게 한꺼번에 많이 풀리면 인플레이션이 발생한다는 것은 경제학의 상식이다. 그러나 인플레이션은 발생하지 않았다. 앞으로도 당분간은 전혀 예상되지 않고 있다. 오히려 중앙은행들은 물가가 너무 낮아서 걱정이다. 인플레이션은커녕, 자칫하다가는 디플레이션이 발생할 위험조차 엿보이고 있다(79쪽 '디플레이션은 인플루엔자이다!' 참조).

전 세계 모든 경제 주체들의 빚이 전례 없이 불어나 있는 지금 이 상황에서 디플레이션이 발생한다면 채무의 실질가치는 높아지고 부채 상환 부담은 커지게 된다. 이런 현상이 심화되면 빚을 갚을 수 없는 경제 주체들이 속출해 디플레이션 압력이 더욱 커지는 악순환에 빠져들게 된다.

주요국의 주가가 사상 최고치를 기록하고 주택 가격 역시 고공행진을 거듭하는 와중에 나타나고 있는 최근의 디플레이션 압력은 매우 역설적이고 낯설기까지 하다. 중앙은행들이 그동안 쏟아낸 돈이 실물경제보다는 금융경제로만 집중돼 나타나는 비대칭적인 현상이 이런 모순을 초래하고 만 것이다.

실물경제와 동떨어져 진행되고 있는 자산 가격의 상승세는 지속되기 어렵다. 둘 사이의 괴리가 벌어질수록 붕괴의 위험은 더욱 커진다. 벌어지고 있는 이 틈을 메우기 위해 중앙은행들은 실물경제의 인플레이션을 끌어올리려 하고 있다. 그러나 디플레이션을 피하기 위한 중앙은행들의 노력이 필사적일수록 세계 경제는 더욱 큰 위험에 노출될 수 있다. 금융위기가 발생한 지 만 5년이 지난 지금 세계 경제는 더욱더 낯선 통화정책의 실험실로 바뀌어 가는 중이다.

디플레이션의 유령

2013년 9월 18일 현지 시각으로 오후 2시, 전 세계가 미국 워싱턴의 연방준비제도에 이목을 집중했다. 제3차 양적완화를 시작한 지 만 1년 만에 처음으로 통화 증발通貨增發 규모를 줄일 것으로 예상됐기 때문이다.

미국의 중앙은행은 그동안 매달 시중에 850억 달러의 돈을 풀어 왔다. 미국 국채를 450억 달러, 모기지담보채권을 400억 달러씩 사들였다. 시장에서는 이 같은 통화 증발 규모를 750억 달러 수준으로 소폭 축소할 것이라고 기정사실화 해왔다. 벤 버냉키 연준 의장은 이미 서너 달 전부터 언질을 준 상태였다.

그러나 시장의 예상은 완전히 빗나갔다. 연준은 양적완화를 줄이지 않기로 결정했다. 앞으로도 당분간은 매달 850억 달러의 신규 통화를 계속 공급하겠다고 발표했다. 눈앞에 닥친 미국 정치권의 재정정책 충돌이 경제에 커다란 불확실성을 야기할 것으로 우려했기 때문이다. 미국 연방정부 기능의 일시 정지 shutdown가 예상되는 와중에 통화부양까지 줄이게 되면 경제는 더 큰 충격에 빠질지 모른다는 게 연준의 판단이었다.

경제와 고용의 회복 속도가 다시 주춤거리고 있는 점도 '동결' 결정의 배경이 됐다. 그리고 그 배경에는 또 다른 중요한 요소가 하나 더 있었다. 미국의 물가 상황에서 새로운 위험 신호를 감지한 것이다. 그동안의 저물가 현상은 주로 에너지 가격의 하락세가 크게 작용한 탓으로 연준은 판단했었다. 그러나 2013년 9월 들어서는 생각이 달라졌다. 유가가 다시 오르고 있는데도 불구하고 물가는 바닥을 기고 있었다. 연준의 통화정책 결정기구인 연방공개시장위원회 FOMC는 당시 성명서에서 "에너지 가격 변동에 의한 등락을 제외하고 보더라도 인플레이션은 목표보다 낮은 속도로 진행되고 있다"고 지적했다. 그러면서 "지속해서 2% 목표선을 밑도는 인플레이션은 경제 활동에 위험을 야기할 수 있다"고 우려했다.

2013년 10월 미국의 공식 물가지표인 '개인소비지출 PCE 물가지수'는 0.7%의 상승률을 기록했다. 디플레이션 태풍이 몰아치던 금융위기 당시를 제외하면, 미국의 물가상승률이 이렇게 낮게 떨어진 적은 거의 없었다. 지금처럼 물가가 바닥을 기었던 시기는 버냉키 의장이 (헬리콥터로 돈을 뿌려서라도 경기를 부양하겠다는) '헬리콥터 머니'설을 제기했던 2002년 초와 외환위기에 빠진 아시아 국가들이 헐값으로 수출품을 쏟아내던 1998년, 그리고 1960년대 초가 전부이다.

저물가 현상은 미국만의 고민이 아니다. 같은 달 한국의 소비자물가상승률도 0.7%로 떨어졌다. 1999년에도 이런 저물가 현상이 발생했으나 당시에는 외환위기로 인한 물가 폭등세 이후의 통계적 반작용 탓이었다. 사실상 1987년 초 이후 26년여 만에 처음으로 있는 현상이었다. 낮은 물가상승률이 1년 가까이 이어지고 있다는 점에서는 전례가 없는 일이다.

장바구니 물가에 시달리는 서민들의 체감과는 동떨어진 얘기일 것이다. 하지만 제품값 인상은 꿈도 꾸지 못하고 있는 대부분의 기

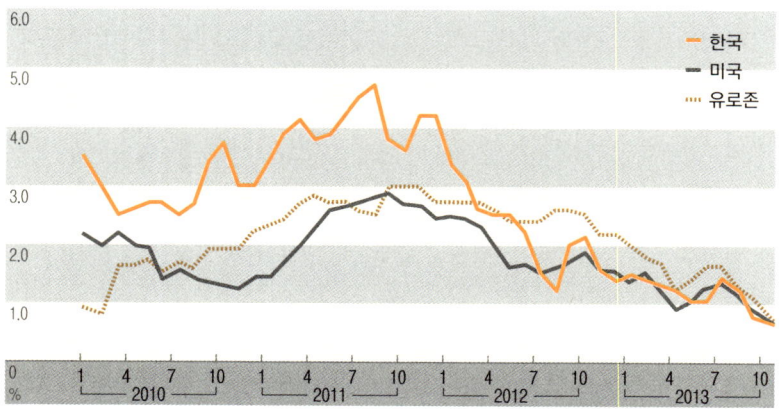

● 소비자물가상승률

주요국의 중앙은행들이 천문학적인 돈을 시중에 풀고 있는데도 불구하고 물가상승률은 동시에 0%를 향해 추락하고 있다.   출처 : 한국 통계청, 미국 상무부, 유럽 통계청

업들은 공감할 것이다. 2013년 10월 중 한국의 생산자물가지수는 2012년 같은 달에 비해 1.4%나 떨어졌다. 기업들이 받는 제품과 서비스의 도매가격은 17개월째 이렇게 하락 추세를 이어갔다. 사상 최장의 마이너스 행진을 나타냈던 1986~1987년 당시(14개월)를 능가하는 디플레이션 압력이다.

독일과 프랑스 등 유럽 17개 나라를 포괄하는 유로존의 소비자물가상승률도 같은 달에 0.7%로 떨어졌다. 이 역시 금융위기 때 당시를 제외하고는 전례가 없는 일이다.

소비자물가지수 상승률은 실제 물가 오름세보다 부풀려지는 경향을 보이는 것으로 알려져 있다. 물가지수의 구조적인 한계 때문이다. 사람들은 보통 물가가 많이 오른 품목의 소비 비중을 줄이고 대체재의 소비 비중을 늘린다. 그러나 물가지수를 산출할 때는 품목별 소비 가중치를 과거와 똑같이 적용한다. 이 때문에 소비자물가상승률은 실제 소비지출 비용의 증가율보다 과장되게 표현되는 것이다.

2009년 한국은행의 실무 보고서에 따르면, 우리나라 소비자물가상승률의 '상향 편의'upward bias는 0.71~1.16%p로 조사됐다. 이 같은 연구 결과를 적용하면, 2013년 10월의 우리나라 실제 소비자물가상승률은 마이너스(-0.46 ~ -0.01%)로 추락했다고 볼 수 있다.

물가지표가 부풀려지는 폭은 미국도 비슷하다. 1996년 상원 금융위원회 용역 조사에서 경제학자들은 미국의 소비자물가상승률이 실제보다 1.1%p 과장돼 있다고 분석했다. 1997년 샌프란시스코 연방준비은행 조사에서도 인플레이션 상향 편의는 0.5~1.5%p에 달하는 것으로 나타났다.

미국과 유로존의 소비자물가상승률 역시 실제로는 마이너스로 떨어져 있는 셈이다. 한국을 포함한 주요국들은 2013년 3~4월 무렵부터 이런 추세에 빠져들고 있다. 현 상태가 좀 더 지속되거나 심화되는 경우에는 '디플레이션 상황'이라고 부를 수 있게 된다. 생산자물가만 놓고 본다면 한국은 이미 디플레이션에 빠져 있다. 이런 상황에서 기업들이 고용을 늘리기는 어려울 것이다.

사라진 초과수요……
"더 이상 빚만 지며 살 순 없다!"

자유시장경제에서 가격은 수요와 공급에 의해 결정된다. 물가가 오르지 못하거나 떨어지는 현상은 공급에 비해 수요가 부진할 때 나타난다. 또는 수요에 비해 공급이 과도할 때 일어난다.

지금 전 세계의 생산 설비는 과거의 거품경제 즉, 빚을 내서 과소비하던 시절에 맞춰져 있다. 그러나 가계와 기업, 정부 등 수요자들은 과거만큼 많이 소비하지 못하고 있다. 이제는 빚이 너무 많아져서 초과수요를 일으키는데 한계가 있는 것이다.

2013년 6월 말 기준 미국 경제 주체들의 총부채는 명목국내총생산^{GDP}의 326% 수준을 기록했다. 2009년 9월 말의 335%에 비해 9%p 낮아졌다. 경제 규모가 커지는 속도에 비해 부채가 더디게 증가한 것이다. 이른바 디레버리징^{deleveraging} 즉, 부채 축소 과정을 진행 중이다.

가계 부문이 가장 대표적이다. 미국의 가계부채 총액은 13조 5500억 달러로 5년 전보다 약 1조 달러나 감소했다. 주택담보대출을 갚지 못하게 된 사람들이 은행에 집을 넘기면서 빚을 대거 상환한 것이다. 주^{state} 및 지방 정부의 부채도 2년이 채 되지 않는 기간 동안 4000억 달러가량 줄어들었다. 그나마 연방정부가 지난 5년 사이에 부채를 7조 3000억 달러나 늘려서 지출을 확대한 덕분에 디레버리징의 충격을 완충할 수 있었다.

한국은 부채와 총수요의 방정식에서 빛과 그림자를 동시에 안고 있다. 아직까지 빚이 계속 불어나고 있다는 점은 단기적인 총수요에 부정적이지 않다. 그러나 부채 수준이 지나치게 높아지고 있다는 점은 미래를 어둡게 한다.

한국은행에 따르면, 2013년 6월 말 기준 우리나라 정부와 공기업, 민간기업, 가계 등 경제 주체들의 부채는 총 3739조 원에 달했다.

● GDP 대비 총부채비율

미국은 GDP 대비 총부채비율이 서서히 낮아지고 있는 반면, 한국은 빠른 속도로 상승하면서 미국과의 격차를 좁혀나가고 있다.
출처 : 한국은행, 미국 연방준비제도, 글로벌모니터

우리나라 명목국내총생산의 약 세 배(285%)에 해당하는 규모이다. 2003년에만 해도 부채비율은 GDP의 215% 수준이었으나, 모든 경제 주체들이 빚을 빠르게 늘린 결과 부채비율이 10년 동안 70%p가량 상승한 것이다.

한국의 부채비율은 10년 전까지만 해도 미국보다 57%p나 낮았다. 그러나 지금은 금융위기 직전(2008년 6월 말)의 미국에 20%p 차이로 다가섰다. 특히 한국의 가계부채는 GDP의 90%를 넘어서 미국보다 9%p나 높아졌다. GDP 대비 가계부채비율은 2007년 초만 해도 미국보다 20%p 낮았으나 2011년 3분기 들어서 역전한 뒤 격차를 빠르게 벌려가고 있다. 더는 부채와 소비를 늘릴 수 없는 지점까지 와버린 것이다.

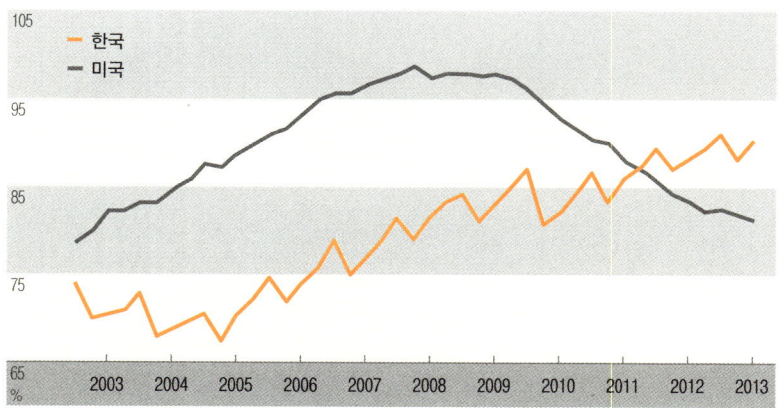

● GDP 대비 가계부채비율

금융위기 이후 미국의 가계부채비율은 빠른 속도로 떨어지고 있다. 집값이 대출금보다 낮은 수준으로 폭락하면서 미국 부실가계의 모기지 채무는 주택과 함께 은행으로 넘어갔고, 그 결과 부채비율은 대폭 떨어졌다. 그러나 한국의 가계부채비율은 쉼 없이 상승하면서 미국 수준을 넘어섰다. 한국의 현 가계부채비율은 금융위기 직전의 미국 수준에 육박하고 있다.

출처 : 한국은행, 미국 연방준비제도, 글로벌모니터

수요가 이렇듯 부진한 가운데 생산능력은 상대적으로 남아돌고 있다. 2013년 10월 미국의 설비가동률은 78.1%로 과거 40년간 평균치에 비해 2.1%p나 낮았다. 놀고 있는 설비가 비정상적으로 많다는 의미이다. 수요가 웬만큼 빠르게 증가하지 않는다면 공급 부족으로 인한 물가 상승은 나타나기 어려울 것이다.

노동력도 남아돌고 있다. 2013년 11월 미국의 실업률은 7.0%로 2008년 11월 이후 최저치를 기록했으나, 완전고용 상태로 간주하는 수준에 비해서는 여전히 2%p가량 높았다. 임금 상승에 따른 인플레이션 역시 기대하기 어렵다.

실업자가 여전히 넘치다 보니 소득은 정체돼 있다. 빚 줄이기에 여념이 없는 상황에서 소득조차 제대로 늘지 않으니 소비가 활기를 띠기 어렵다. 모자란 수요와 넘치는 공급이 악순환을 일으키는 것이다. 이는 물가가 오르지 못하는 또 다른 원인이기도 하다. 2013년 10월에 측정한 미국 개인의 1인당 실질 처분가능소득은 연간 3만 7000달러였다. 2007년 10월 이후 6년 동안 1160달러(3.2%)밖에 늘지 않았다. 실질소득이 1년에 0.5%씩 증가한 데 불과한 셈이니 생활수준이 전혀 향상되지 않았다고 해도 무방하다.

미국의 재정 지출 구조에도 한계가 있었다. 금융위기 이후 미국 정부는 천문학적인 빚을 내 지출을 늘렸지만, 수요와 경제 성장과 물가를 촉진하지는 못했다. 늘어난 지출 대부분은 실업자 구제 등 사회보장에 집중돼 경제를 수동적으로 방어하는 데 그쳤던 것이다. 경제 성장을 촉진할 수 있는 재정 지출의 비중은 오히려 줄었다. 미국 의회 예산국^{CBO}에 따르면, 2012년 비非 국방부문의 재량 재정 지출은 국내총생산의 3.8%에 불과했다. 2010년에만 해도 이 비중은 4.5%였다. 미국 의회가 연방정부의 재정 지출과 부채를 본격 통제한 뒤로는 (115쪽 참조) 법률로 이미 정해진 사회보장 등 경직성 지출 말고는 투자를 늘리기 어렵게 된 것이다.

사상 최악의 빈부격차

미국 경제의 분배 구조는 지난 수십 년간 악화일로를 걸어왔다. 금융위기 전까지만 해도 미국의 중산층은 소득이 줄어드는 와중에도 생활 수준을 유지하기 위해 빚을 늘렸다. 정부와 중앙은행이 이를 조장해 왔다. 이는 경제위기의 중요한 원인이 됐고 이제는 더 이상 부채와 과잉 소비를 하지 못하는 상황에 이르렀다. 위기 이후 빈부의 격차는 더욱 심화되고 소비경제의 중추인 중산층의 구매력은 더욱 빠른 속도로 줄어들고 있다. 이는 경제의 총수요가 쪼그라들어 디플레이션 압력이 심화되는 근본적인 요인이다.

미국 상무부 인구통계국에 따르면, 좁은 의미의 중산층에 해당하는 미국 중위中位, median 가구(소득 수준에 따라 전체 가구 수를 20%씩 다섯 집단으로 나누었을 때 한 가운데에 해당하는 그룹)의 연간 실질소득은 2012년에는 5만 1017달러에 그쳤다. 2008년부터 5년째 내리막길이다. 13년 전인 1999년보다도 9%나 줄어들었다. 17년 전인 1995년 또는 23년 전인 1989년 수준으로 되돌아간 것이다.

반면 부자들의 소득은 폭발적으로 증가했다. 버클리대학 이매뉴얼 사에즈 교수의 조사에 따르면, 2012년 미국 상위 10% 계층은 국가 전체 소득의 50% 이상을 차지했다. 정부가 관련 통계를 작성하기 시작한 1917년 이후로 이렇게 소득이 편중된 사례는 없었다. 다시 말해 1930년대 대공황 때에도 이렇게 심한 소득격차는 일어나지 않았다.

경제지표에는 항상 '평균average의 함정'이 숨어 있다. 2012년 미국 개인의 1인당 평균 실질 처분가능소득은 5년 전인 2007년에 비해 2.5% 증가했다. 더디긴 하지만 '증가'는 이어진 셈이다. 그러나 이는 어디까지나 '평균'에서만 그렇다. 같은 기간 동안 미국 중위가구의 실질소득은 8.3% 감소했다. 소득 증가분이 모두 상위계층으로만 몰림으로써 평균이 과장된 것이다.

미국 의회예산국이 별도로 조사한 결과를 보면, 1979년부터 2010년까지 31년 동안 미국 가구의 60%를 차지하는 중산층의 세후

● 미국 중위가구 연간 실질소득
중위가구의 연간 실질소득으로 측정한 미국 중산층의 생활 수준은 해마다 낮아져 1989년 수준으로 뒷걸음쳤다.
출처 : 미국 인구통계국Census Bureau

명목소득은 연평균 1.1% 증가한 데 그쳤다. 반면, 상위 2~20% 계층의 소득은 같은 기간 연평균 1.6% 늘어났다. 소득 증가 속도의 격차가 누적되면서 이 기간 중산층의 명목소득이 총 40% 증가한 반면, 상위계층의 소득은 64% 불어났다.

최상위 1%의 소득 증가 속도는 더욱 놀랍다. 2010년 이들 계층의 세후 소득은 1979년에 비해 201% 폭증했다. 그나마 금융위기 당시 주식과 부동산 등 온갖 자산 가격이 폭락하는 바람에 자본소득이 대폭 감소한 결과가 이 정도이다. 지난 31년 동안 최상위 1% 계층의 소득은 해마다 3.6%씩 늘었다. 중산층보다 세 배 이상 빠른 속도였다.

소득격차는 임금의 차이에서뿐 아니라 재산의 차이에서도 비롯된다. 미국 연방준비제도 발표에 따르면, 미국 가계의 순자산은 2013년 9월 말 기준 총 77조 3000억 달러로 집계됐다. 6월 말 이

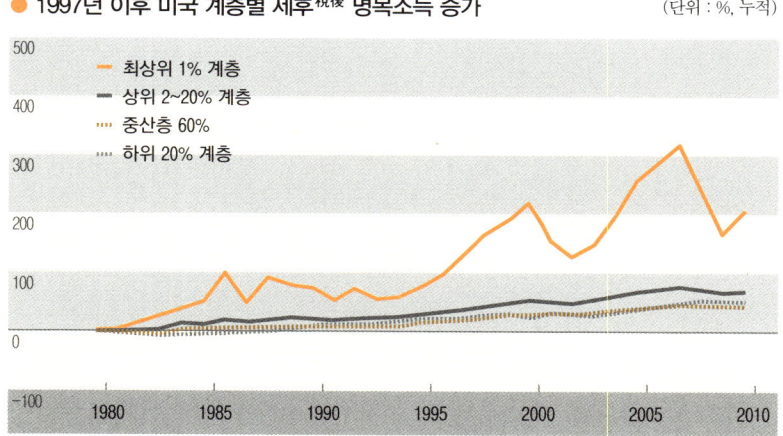

대대적으로 벌어지는 미국의 소득격차. 빈자와 부자의 대분기는 금융위기의 결과이자 원인이기도 하다.

출처 : 미국 의회예산국^{CBO}

후 석 달 사이에만 1조 9000억 달러나 늘어났다. 부채가 1200억 달러밖에 늘어나지 않은 반면, 자산은 2조 달러 이상 증가한 결과이다. 여기까지만 보면 매우 좋은 소식이다.

그러나 그 내역은 심상치가 않다. 석 달 사이 늘어난 순자산 가운데 3분의 1이 주식에서 발생했다. 양적완화와 같은 전대미문의 통화 부양책 덕분에 주가가 사상 최고치 행진을 펼치면서 미국 가계의 주식자산이 지난 3분기 동안에만 6400억 달러 증가한 것이다.

이 과실果實은 주로 부자들에게 돌아갔다. 미국 레비 경제연구소 Levy Economics Institute의 조사에 따르면, 최상위 1% 계층은 자산의 50% 이상을 주식으로 갖고 있는 반면, 전체 가구의 60%에 해당하는 중산층은 재산의 10%가량만을 주식으로 보유하고 있다. 미국의 중산층은 재산의 60% 이상을 주택으로 보유하고 있다. 최근 집값이 많이 올랐다지만 미국 가계의 주택자산은 여전히 2006년 말의 최고점에 비해 3조 달러나 줄어든 상태이다.

이 조사에 따르면, 미국 중산층은 연소득의 160%에 달하는 부채에 시달리고 있으며, 이는 대부분 주택을 구매하느라 생긴 빚이다. 반면 최상위 1%가 지고 있는 부채는 연소득의 40%에도 미치지 않는 수준에 불과하다.

가난한 미국인의 상징이 된 '렌트 푸어'

그나마 집이라도 한 채 갖고 있는 중산층들은 상대적으로 나은 편이다. 2013년 3분기 석 달 동안 미국 가계가 보유한 주택자산도 가치가

5000억 달러나 증가했기 때문이다. 그러나 주식도 집도 없는 사람들은 경기 부양의 혜택을 보지 못했다. 오히려 집세 부담만 커졌다. 집을 살 형편이 못 되면 세 들어 살면 된다지만 집세 낼 형편도 안 된다면 어디에서 살아야 할까.

미국 하버드대학 주택연구합동센터가 조사해 발표한 자료에 따르면, 남의 집에 세 들어 사는 가구 가운데 소득의 30% 이상을 집세로 지불하고 있는 비중이 전체 세입 가구의 절반을 넘는 2110만 가구에 달했다. 사상 최대치이다. 1960년에만 해도 이러한 렌트 푸어rent poor의 비중은 4분의 1 정도에 불과했다. 지금은 소득의 절반 이상을 집세로 내는 가구의 비중이 무려 28%(1130만 가구)에 달하고 있다.

소득은 줄어드는데 집세는 계속 오르는 게 문제이다. 2012년 미국 세입자들의 연평균 실질소득은 3만 2500달러에 불과했다. 3만

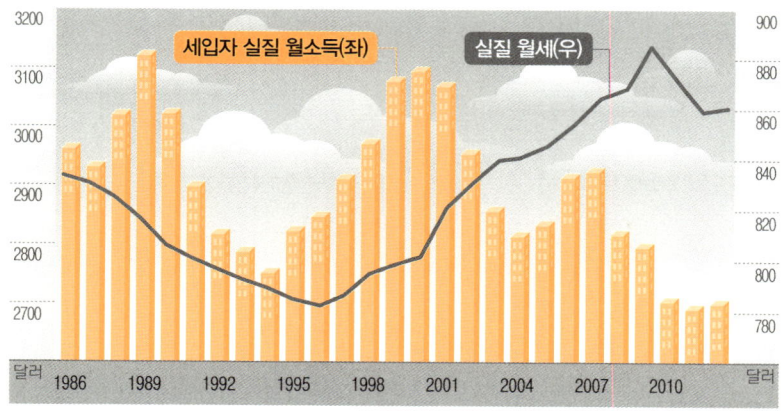

● 미국의 렌트 푸어

출처: 미국 하버드대학 주택연구합동센터

7500달러에 달했던 1989년 이후 23년 동안 13%나 줄어들었다. 반면 같은 기간 동안 물가 상승분을 제외한 실질 렌트 비용은 평균 820달러에서 860달러로 5.4% 상승했다.

금융위기 동안 가구소득이 격감한 가운데 집세는 거의 떨어지지 않으면서 이른바 렌트 푸어 문제가 사회적으로 크게 대두되었다. 소득의 절반 이상을 집세로 내는 '렌트 극빈' 가구의 수는 최근 4년 사이에만 250만 가구나 늘었다. 2000년 이후 늘어난 렌트 극빈 가운데 3분의 2가 금융위기 이후 생겨난 것이다.

하버드대학 주택연구합동센터 조사에 따르면, 연소득 1만 5000달러 이하인 최저 소득계층 가운데 70%가 소득의 절반 이상을 집세로 내고 있었다. 소득의 30% 이상을 집세로 내는 가구도 12%에 달했다. 최하위 계층의 83%가 감당하기 어려운 집세 부담을 지고 있다. 중위계층에 해당하는 연소득 3만~4만 5000달러 가구의 경우도 43%가 이러한 사정에 처한 렌트 푸어 내지는 렌트 극빈이었다.

얼마 되지도 않는 소득을 이렇게 집세로 쏟아 붓다 보니 자녀교육이나 여가생활은커녕 입에 풀칠하기도 어려워졌다. 집세로 절반 이상을 내는 최하위 계층의 경우 한 달 식비로 쓰는 돈이 220달러밖에 되지 않는다.

2013년 12월, 오바마 대통령은 거대한 화두를 던졌다. "점점 늘어나고 있는 미국의 소득격차는 이 시대를 대표하는 도전이다. 경제 구조 변화와 정부정책 때문에 계층 상승의 길이 막혔다. 미국 경제의 핵심이 되는 기본 전제가 망가졌다. 1970년 이후로 계속되고 있는 이러한 추세는 아메리칸 드림을 근본적으로 위협하고 있다."

오바마 대통령의 발언은 집권 2기 행정부의 핵심 의제이자 2014년 중간선거를 위한 캐치프레이즈이다. 앞으로 미국 정가에서는 '빈부격차' 문제가 더욱 자주 거론될 것으로 보인다. 그만큼 문제가 심각하다는 방증이기도 하다.

오바마 대통령 취임 이후 주가가 두 배 이상 오르고 실업률은 대폭 떨어졌지만, 빈곤율은 15%에 달했다(2012년 기준). 빈곤율이 11.3%에 불과했던 2000년에 비해 '가난한 미국인'의 비율이 50%가량이나 높아진 것이다.

오바마 대통령은 "경제 성장을 촉진하고 생산성을 높여야만 빈부격차를 해소할 수 있다"면서, 교육 프로그램을 늘리고, 사회간접자본 지출을 확대하며, 고용을 창출할 수 있는 투자사업을 벌이겠다고 밝혔다. 최저임금을 인상하는 한편으로 금융위기 때 임시로 도입한 실업급여 연장 프로그램을 계속 시행하는 방안도 의회에 촉구하고 있다.

하지만 이런 대책들은 빈부격차 문제를 잠정적으로 보완할 뿐이다. 미국 정치권은 근본적인 해법은 제시하지 못한 채 정쟁에만 몰두하고 있다. 심화되는 빈부격차와 빈곤의 문제를 기성 제도로 해결하지 못하다 보니 사회적, 정치적 갈등과 체제 불안이 격화되고 있다. 이는 미국뿐 아니라 한국을 비롯한 전 세계에서 나타나는 현상이기도 하다.

디플레이션은 인플루엔자이다!

'디플레이션' deflation 은 인플레이션과 반대로 물가가 지속해서 하락하는 현상을 의미한다. 인플레이션과 디플레이션 모두 경제에 해를 끼치는 현상이지만, 디플레이션의 악영향이 더욱 충격적이며 치유도 어렵다는 게 일반적인 평가이다.

물론 지난 19세기 후반(1869~1896년)의 미국에서처럼 기술혁신에 따른 생산성 향상으로 소비자물가가 연평균 1.8% 하락한 반면 실질GDP는 연 3.8%의 고성장을 지속하는 이른바 '좋은 디플레이션' benign deflation 현상이 없지는 않았지만, 이런 경우는 극히 예외적이다. 대표적인 악성 디플레이션은 1930년대에 발발한 세계 대공황이다. 1930~1933년 기간 중 소비자물가와 실질GDP는 각각 25% 및 29% 하락했다. 주가와 부동산 거품이 꺼지면서 물가 하락과 경기 침체가 지속된 일본의 '잃어버린 20년'도 디플레이션의 대표적인 사례로 꼽힌다.

디플레이션이 경제에 미치는 영향은 크게 세 가지로 나눌 수 있다. 먼저 실질금리 상승 효과이다. 물가와 달리 명목금리는 마이너스로 떨어질 수 없기 때문에, 명목금리가 0%라고 하더라도 실질금리는 물가 하락폭에 해당하는 만큼 플러스를 기록하게 된다. 명목금리는 낮지만 실질금리는 높아진다. 이로 인해 투자는 위축되고 생산은 감소하게 된다. 이는 결국 실질 채무 부담을 증가시키는 충격을 일으킨다. 명목부채의 실질 상환 부담이 커지면서 채무불이행 위험이 증가하고 이는 은행 부실과 신용경색 등으로 이어지는 악순환을 야기한다. 반대로 인플레이션은 빚쟁이에게 이익을 준다.

디플레이션은 실질임금을 상승시키는 효과도 발생한다. 임금은 하방경직성이 강하기 때문에 물가가 하락한 폭보다 작게 떨어진다. 실질임금이 상승함에 따라 기업은 고용과 생산을 줄일 수밖에 없으며, 결국 실물경제에 악순환을 초래한다.

디플레이션의 원인으로는 주가와 부동산 가격 등 자산 가격의 붕괴 (1930년대 대공황 및 1990년대 이후 일본) 과잉 설비 및 공급 등을 들 수 있다. 한 나라의 디플레이션은 무역, 생산 이전, 경기순환의 동조화 등의 경로를 통해 국제적으로 파급되기도 한다. 마치 인플루엔자처럼 국경을 넘어 전 세계로 전염되기도 하는 것이다.

Chapter 04

대분기 大分岐, the Great Divergence ②
실물 vs. 금융,
자산시장 인플레이션

2013년 말, 뉴욕 금융시장에는 어김없이 '산타클로스 랠리'가 찾아왔다. 미국 최우량 기업 30개 사의 주가로 산출되는 다우존스산업지수와 미국 대기업 500개의 주가를 나타내는 S&P500지수는 사상 최고치 경신 행진을 거듭한 끝에 한 해 거래를 마쳤다. IT 기업들이 주로 속해 있는 나스닥지수는 2000년 9월 거품 붕괴 이후 13년 3개월 만에 최고치를 기록했다. 모든 것이 희망적이었다. 새해에는 주가가 더 오를 것이라는 낙관이 주식시장을 지배했다. 뉴욕 증시를 대표하는 S&P500지수는 2013년 한 해 동안에만 30%나 올랐다. 1997년 이후 16년 만에 최고의 한 해였다.

젖과 꿀이 흐른 곳은 주식시장만이 아니었다. 2013년은 회사채시장에도 역사적인 해였다. 한 해 동안 총 3조 달러가 넘는 회사채가 발행되면서 사상 두 번째 기록을 세웠다. 이자를 한 푼이라도 더 받으려는 투자자들이 몰려들면서 회사채시장의 향연이 끊이지 않았다. 회사채 가격이 사상 최고 수준(회사채금리 사상 최저 수준)으로 비싸지기는 했지만, 국채보다는 이자율이 여전히 훨씬 높았기 때문이다. 미국의 새집 매매가격도 평균 34만 달러를 넘어서 사상 최고치를 경신했다.

제2차 세계대전 이후 가장 지지부진한 경기 회복세와 그로 인한 디플레이션 압력이 지속하고 있는 와중에서도 자산시장에서는 어떻게 이런 기가 막힌 인플레이션이 펼쳐질 수 있었을까. 실물경제의 디플레이션과 자산시장의 인플레이션, 실물과 금융의 대대적인 분기는 금융위기 이후 '뉴 노멀'new normal의 전형典型이다. 그리고 그 뒤에서는 중앙은행, 연방준비제도의 천문학적 화폐발행정책이 작용하고 있다.

금융시장으로만 몰려간 양적완화

전 세계 중앙은행들이 유례없이 많은 돈을 동시에 쏟아냈는데도 불구하고 오히려 디플레이션 압력이 심화되고 있는 최근의 현상은 아이러니하다. 그러면 그 많은 돈은 도대체 어디로 갔을까?

미국의 초대형 은행 JP모건의 실적 보고서에 그 실마리가 있다. 2013년 3분기 중 JP모건의 순이자마진$^{NIM\ :\ Net\ Interest\ Margin}$은 2.18%에 불과했다. 전 분기에 비해 0.02%포인트 줄었다. 은행은 예금을 받은 돈으로 대출해서 이익을 낸다. 순이자마진이란 은행이 대출 이

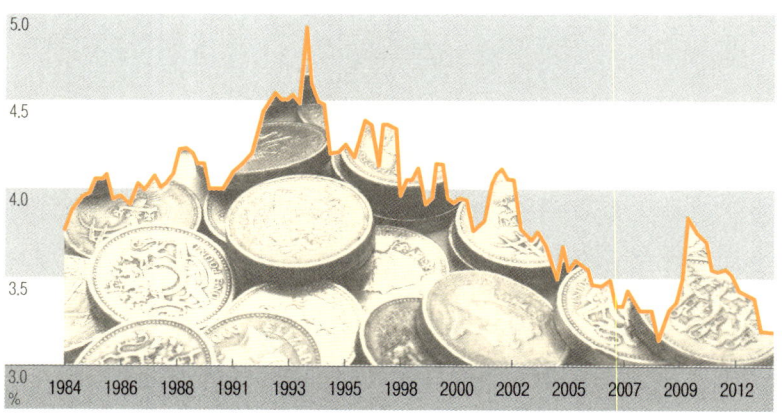

● 미국 은행들의 순이자마진

미국 은행들의 순이자마진은 사상 최저 수준이다. 따라서 미국 은행들이 대출을 통해 얻을 수 있는 이윤율도 사상 최저 수준이다. 순이자마진이 이렇게 떨어진 것 역시 제로금리정책의 결과다. 연준이 기준금리를 0% 수준으로 인하함에 따라 예금의 이자율도 0% 수준으로 하락했다. 문제는 예금이자율을 0% 아래로 즉, 마이너스로는 내릴 수 없다는 데 있다. 예금이자율을 마이너스로 내릴 경우 예금이 모두 빠져나가버릴 것이기 때문이다. 예금금리를 더 이상 내릴 수 없는 상황에서도 대출금리는 시장금리와 함께 계속 낮아짐에 따라 순이자마진도 지속적으로 축소될 수밖에 없었다.   출처 : 미국 연방금융기관검사협의회 Federal Financial Institutions Examination Council

자로 번 돈으로 예금 이자를 내 주고 남은 돈, 즉, 대출과 예금의 금리 차이를 말한다. 이 마진이 낮아진다는 것은 대출해서 남겨 먹을 수 있는 돈이 점점 작아진다는 뜻이다. 2010년에만 해도 순이자마진은 3%를 넘었었다. 그러나 그 뒤로 쉼 없이 낮아지고 있다. 은행 입장에서는 대출 공급을 늘릴 유인이 줄어드는 것을 의미한다.

게다가 기업과 가계의 대출 수요도 위축되어 있다. 빚이 이미 너무 많아서 부담이 큰데다 경기 회복세도 신통치 않기 때문이다. 돈을 빌리겠다고 나서는 사람도 적지는 않지만, 신용을 믿기가 어려운 경우가 허다하다. 이래저래 은행으로서는 대출보다 더 높은 수익을 내는 곳으로 돈을 굴릴 수밖에 없다. 은행들이 '수익률 사냥'hunt for yield 으로 내몰린 것이다.

2013년 3분기 말 기준 JP모건에 예치된 예금은 1조 2810억 달러에 달했다. 2011년 말보다 1530억 달러 증가했다. 그러나 같은 기간 동안 대출금은 50억 달러 늘어난 데 그쳤다. 3분기 말 JP모건의 대출금 잔액은 7290억 달러로 2008년 9월 말보다 오히려 320억 달러 줄어들었다.

사정이 이렇다 보니 대출금을 초과하는 예금이 5520억 달러에 달했다. 2011년 말에 비해서 1480억 달러나 불어났다. JP모건은 이 돈을 주로 주식이나 채권 등 금융상품에 투자했다. 금융자산시장은 초호황을 누리고 실물경제는 계속 죽을 쑬 수밖에 없다. 경제 회복 속도가 지지부진한 상황에서도 미국의 주가지수가 사상 최고치 경신 행진을 펼쳐 온 비결이다.

은행의 예금은 대출금 증가에 맞춰 늘어난다고 경제학 교과서가

가르쳐 왔다. 그러나 JP모건의 예금은 금융위기 이후 대출금이 감소한 와중에도 대폭 증가했다. JP모건의 사례는 미국 은행시스템에 일반화된 현상이다. 아래 그래프는 미국 상업은행 전체의 예금과 대출 잔액의 추이를 보여준다. 금융위기 이전까지만 해도 예금과 대출은 거의 같은 액수로 나란히 증가했다. 그러나 금융위기 이후로 이런 교과서적인 추세가 사라졌다.

연준에 따르면, 2013년 9월 말 기준 미국 상업은행의 예금 잔액은 9조 6000억 달러로 2008년 말보다 2조 3000억 달러 증가했다. 그러나 대출금 잔액은 7조 3000억 달러로 390억 달러 늘어난 데 그쳤다. 대출을 초과하는 잉여예금은 그 사이에 2조 2500억 달러 폭증했다.

그렇다면 이 예금은 도대체 어디에서 온 것일까. 출처는 단 한 곳, 바로 미국의 중앙은행인 연방준비제도다. 연준이 양적완화를 통해

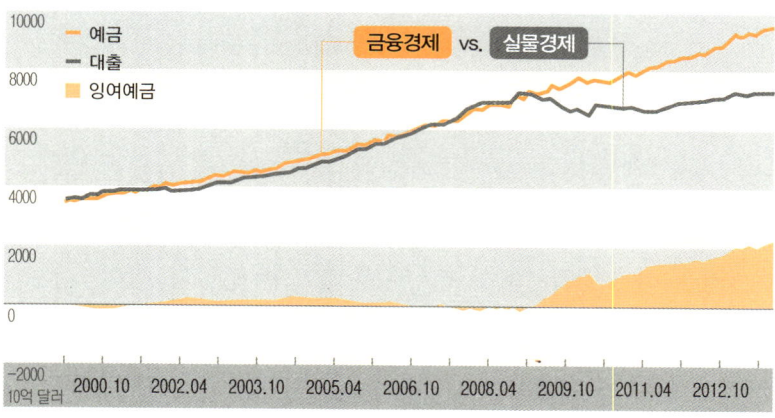

● 미국 상업은행의 예금 및 대출

출처 : 미국 연방준비제도

채권을 사들이면 민간 경제 주체들이 보유한 채권은 줄어들게 된다. 대신 민간이 보유한 현금은 늘어난다. 이것이 급격한 예금 증가로 이어진 것이다.

이렇게 불어난 예금이 대출이 아닌 투자로 쏠리면서 이른바 메인스트리트 Main st.(=실물경제)와 월스트리트 Wall st.(=자산시장) 간의 괴리가 벌어져가고 있다. 중앙은행이 그렇게 많은 돈을 풀었는데도 실물경제에서는 오히려 디플레이션 압력이 커지는 이유를, 금융위기 이후 더욱 빠르게 확대되고 있는 빈부격차의 근원을 바로 이 그래프가 단 한 장의 이미지로 설명하고 있다.

초저금리 시대, '수익률 사냥'이 시작됐다

2013년 말 기준 미국 은행의 1년 만기 정기예금금리는 평균 0.09%에 불과하다. 예금금리가 이렇게 낮았던 적은 미국 역사상 단 한 번도 없었다. 연방준비제도가 기준금리를 5년째 0% 수준으로 묶어둔 탓이다. 은행 이자로는 재산이 전혀 증식되지 않자 예금자들도 다른 선택을 할 수밖에 없게 됐다. 만기가 더 긴 채권에 투자하는 것이 한 방법이었다. 일반적으로 채권은 만기가 길어질수록 이자율이 높아지기 때문이다. 그러나 이마저도 여의치 않았다. 연준이 양적완화를 통해 장기채권의 이자율까지 기록적으로 낮게 끌어내린 탓이다.

그래서 예금자들은 다음 대안을 선택했다. 좀 더 위험한 금융자산에 투자하는 것이다. 더 높은 금융수익을 사냥하기 위해 자금이 대대적으로 이동하는 이른바 '수익률 사냥' 행진이 펼쳐졌다. 그 결과 주식과 회사채, 장기국채, 주택 등 은행예금보다 만기가 더 길거나 위험도가 더 높은 자산의 가격은 거의 예외 없이 모두 급등했다. 2008년 말 이후 연준이 쉼 없이 부양정책을 몰아붙인 결과다.

대표적인 자산 중 하나가 '투자부적격 회사채'다. 투자부적격 회사채란 부도 위험이 커 일반적인 금융기관이나 회사채 펀드는 투자하기를 꺼리는 기업의 채권이다. 그래서 이들 회사채를 두고 '정크본

● 미국의 예금금리와 회사채 수익률

은행 예금금리는 중앙은행의 정책금리 수준에 따라 등락한다. 중앙은행이 금리를 내리면 은행 예금금리가 하락하고 회사채 수익률도 시차를 두고 함께 떨어진다. 은행예금보다 더 높은 이자를 얻기 위해 회사채를 사는 사람이 늘어나기 때문이다. 회사채의 수익률이 하락했다는 것은 회사채 가격이 올랐다는 것을 의미한다. 반대로 중앙은행이 금리를 인상하면 예금금리가 올라가고 회사채 수익률은 시차를 두고 상승(회사채 가격 하락)한다. 예금금리가 충분히 높아서 굳이 위험한 회사채를 사지 않아도 되기 때문이다.   출처 : 미국 연방준비제도

드'junk bond라고도 부른다. 신용평가회사 스탠더드앤드푸어스S&P의 기준으로는 신용등급이 'BBB' 미만인 경우, 무디스의 기준으로는 'Baa' 아래인 채권이 여기에 해당한다. 이들 채권은 위

험도가 높아서 많은 이자를 지급한다. 그래서 이 채권의 장점만을 그럴듯하게 부각해 '고수익 채권'high yield이라는 명칭도 붙여졌다. 투자부적격 회사채는 금융시장의 낙관이 팽배한 시기에는 '하이일드'라고 불렸다가 시장이 침체에 빠진 때에는 '정크'라고 지칭된다.

    미국 초대형 은행 뱅크오브아메리카의 증권 자회사 메릴린치가 집계한 데 따르면, 2013년 말 기준 미국 하이일드 회사채의 실효 수익률은 5.87%였다. 몇 달 전 5% 수준으로까지 하락해 사상 최저치를 기록했다가 큰 폭으로 뛰어올랐으나, 다시 하락하는 추세로 돌아섰다. 같은 만기의 국채보다 수익률이 3%포인트가량 높은 수준이다. 국채에 비해 웃돈처럼 붙여지는 이자율(하이일드 회사채 스프레드)은 2007년 이후 가장 낮은, 역사적으로도 지극히 미미한 수준이지만, 여전히 매력적이다. 이만한 수익률을 제공하는 상품을 다른 곳에서 구하기는 매우 어렵기 때문이다.

    사람들의 수익률 사냥은 더욱 위험한 양상으로까지 전개됐다. 이자를 거의 물지 않는 초단기로 돈을 빌린 뒤 상대적으로 많은 이자를 주는 장기채권을 사들이는 투자가 횡행한 것이다. 예를 들어 1주일짜리 자금을 0.2%에 빌려 수익률이 4%인 30년 만기 모기지채권을 사는 식이다. 자신의 돈은 한 푼도 들이지 않은 채 연 3.8%의 높

은 수익을 낼 수 있다. '캐리 트레이드'carry trade라고도 불리는 이러한 투기적 행위는 중앙은행이 금리를 인상하는 경우 큰 위험에 처할 수 있다. 초단기금리가 뛰어오르면서 자금 조달 비용이 증가하는 반면, 투자한 채권의 가격은 내려가기 때문이다. 하지만 크게 걱정할 필요가 없었다. 연준은 '적어도 2년간은 금리를 인상하지 않는다'는 이른바 포워드 가이던스를 반복해서 약속해 왔기 때문이다.

이러한 투기 행위는 2008년처럼 금융시장이 급격히 경색되는 경우에도 큰 위기를 불러올 수 있다. 빌린 투자자금을 일주일마다 돌려 막는 게 불가능해지기 때문이다. 이런 상황이 발생한다면 투자한 장

수익률 사냥을 부추기는 연준의 통화정책

2013년 2월, 연준의 제레미 스타인 이사는 「신용시장의 과열 : 근원과 측정 방법, 그리고 정책 대응」이란 제목의 연설을 통해 시장에서 일고 있는 다양하고 광범위하며 강력한 거품 징후들을 일일이 열거하면서, 특히 '과도한 만기 불일치' 행위를 가장 심각한 시스템 위협 요소로 꼽았다.

위험상품에 과도하게 투자하는 행위는 대체로 그 자체로 위험이 한정되고 말겠지만, '초단기 초저금리로 자금을 조달해 만기가 길거나 유동성이 낮은 상대적 고수익 자산에 투자하는 행위'는 향후 금융환경이 돌변하는 경우 시장 시스템 전반에 연쇄적인 파문을 일으킬 수 있다고 그는 지적했다.

그는 이런 행위를 부추기는 배경으로 '연준의 현행 통화정책'을 지목했다. 이 같은 문제의식은 이후 연준의 양적완화 축소·종료 결정에 중요한 배경으로 작용하게 됐다.

기채권을 헐값에 팔아 치워 만기가 된 자금을 갚아야 한다. 투자자는 막대한 손실을 보게 된다. 이마저도 여의치 않으면 부도를 낼 수밖에 없다. 그러나 이 역시도 걱정할 필요가 없다. 연준이 매달 엄청난 양의 통화를 시장에 공급하고 있기 때문이다. 연준의 양적완화 즉, 장기채권 매입정책은 이러한 위험 투자 대상의 가격을 보증해주는 역할까지 한다.

수익률 사냥은 주식시장에도 폭풍처럼 몰아쳤다. 미국의 주식가격을 사상 최고치로 끌어올린 핵심 동력은 수익률을 갈구하는 투자자들의 밀물 같은 유동성이었다. 그 원리는 간단했다.

A라는 기업을 예로 들어보자. 주당 100달러에 거래되는 이 회사의 주식은 총 1000만 주 발행돼 있다. 따라서 이 회사의 시가총액으로 표현되는 시장가치는 10억 달러(=100달러 × 1000만 주)다. 이 회사의 한 해 순이익은 1억 달러다. 주식시장에서 말하는 '주가이익배율'PER은 따라서 10배(=시가총액 10억 달러 / 연간 순이익 1억 달러)이다. 이는 달리 말해 A기업의 가치가 매년 1억 달러씩 늘어난다는 것을 의미한다. 따라서 지금 이 회사 주식을 산다면 해마다 투자원금의 가치를 10%씩 불릴 수 있다는 것을 뜻한다. 즉, 이 회사 주식의 수익률은 연 10%에 달한다. 요즘 같은 시대에 연 10%의 수익률을 내는 투자가 어디에 있겠는가. 게다가 이 회사는 뉴욕 증시에 상장된 미국의 내로라하는 대기업이 아닌가. 자연히 주식시장으로 자금이 몰려든다. 경기가 지지부진하고 회사의 이익이 연간 1억 달러 수준에 머물러 있다 하더라도 주가는 계속 오른다.

이 회사 주가가 200달러로 두 배나 오른다고 하더라도 이 주식의 수익률은 여전히 5%(=주당 순이익 10달러 / 주가 200달러)에 달하기 때문에 채권 투자보다는 나은 편이다. 이것이 2013년 뉴욕 증시를 끌어올린 논리였다. 2012년 말 13.7배 수준이던 S&P500의 PER은 2013년 말 17배 수준으로 뛰어올랐다. S&P500 주식의 평균 수익률이 7.3%에서 5.9%로 낮아졌지만, 10년 만기 국채 수익률 3%에 비해서는 두 배 가까이 높은 수익률이다.

**토빈의 탄식,
채권이 된 주식**

저금리가 주식시장을 끌어올리는 원리는 더욱 다양하고 복잡하다. 연간 10억 달러의 순이익을 내는 기업 B가 있다. 이 기업의 순자산은 100억 달러이지만, 시장에서 거래되는 회사의 가치 즉, 시가총액은 150억 달러다. 만약 이 회사가 시가총액의 10%에 해당하는 15억 달러를 증자(增資)해 설비를 15% 증설하면 이익 역시 11.5억 달러로 15% 증가한다. 순자산의 1.5배(PBR, 주가순자산배율)가 적용되는 시가총액은 증자분보다 많은 22.5억(=15억×1.5배) 달러로 증가하게 된다(표1). 따라서 주주들은 증자에 반대할 이유가 없으며, 회사는 설비투자에 나서게 된다. 이것이 노벨 경제학상 수상자 제임스 토빈이 1960년대에 소개한 '토빈의 q' 이론이다.

제임스 토빈

● 표1
(단위 : 억 달러)

	시가총액	순자산	순이익	주식의 수익률 (%)	PER (배)
종전	150	100	10	6.70	15
증자 후	172.5	115	11.5	6.70	15
변동	22.5	15	1.5	0.00	0

'토빈의 q'는 기업의 시장가치(시가총액)를 실물자본 대체 비용(순자산)으로 나눈 비율이다. 주식시장에서 말하는 PBR(주가순자산배율)과 같은 개념이다. 위에서 예를 든 B기업의 '토빈의 q' 또는 PBR은 1.5배이다.

금리를 인하하거나 양적완화를 하는 등의 중앙은행의 부양정책은 이 '토빈의 q'를 끌어올리는 데 중요한 목표를 두고 있다. 통화완화정책으로 주가가 오르면 B기업의 시가총액도 순자산의 1배에서 1.5배로 상승하게 된다. 토빈의 q가 이렇게 1에서 1.5로 상승하면 기업들의 설비투자가 B기업의 사례와 같이 증가할 것이다. 이른바 '주식가격 경로를 통한 통화정책의 파급 효과'다. 그러나 이 이론을 전제로 한 통화부양책에는 맹점이 있다. 기업이 자산을 늘리는 것과 똑같은 비율, 또는 그 이상으로 이익이 증가하지 않는 환경에서는 잘 먹히지 않기 때문이다.

● 표2
(단위 : 억 달러)

	시가총액	순자산	순이익	주식의 수익률 (%)	PER (배)
종전	150	100	10	6.70	15
증자 후	172.5	115	10.5	6.10	16.4
변동	22.5	15	0.5	−0.60	1.4

만약 B기업이 설비를 15%(15억 달러) 증설하더라도 순이익이 5%(0.5억 달러)만 늘어나는 데 그친다면 어떻게 될까. 매출 부진 때문에 기존 설비조차도 놀리고 있는 지금 같은 상황에서는 흔히 볼 수 있는 사례일 것이다. 그렇다면 두 가지를 가정할 수 있다. 먼저 주식시장이 기업의 순자산을 중심으로 기업가치를 산정하는 경우라면, 시가총액은 전술한 대로 순자산 증가분보다 1.5배 더 많은 만큼 증가하게 된다. 하지만 이 경우 주식의 수익률(=순이익 / 시가총액)은 〈표2〉에서처럼 6.7%에서 6.1%로 떨어지게 된다. PBR은 1.5배로 변동이 없겠지만, PER은 15배에서 16.4배로 높아지게 된다. 주식의 시장가격이 증자로 인해 고평가(실제 이익 수준보다 주가가 비싸진 상태)된다는 뜻이다.

요즘처럼 주식시장이 기업의 이익 수준을 우선시해 기업가치를 산정한다면, 〈표3〉에서처럼 시가총액은 7.5억 달러 증가하는 데 그친다. 시장이 종전과 똑같은 이윤율(6.7%) 및 PER(15배)을 요구한 결과다. 이처럼 증자분의 절반만이 시장가치에 더해진다는 것은 지분가치의 희석을 의미한다. 따라서 이런 상황에서는 증자와 신규 설비투자를 주주들에게 설득하기 어렵다.

● 표3
(단위 : 억 달러)

	시가총액	순자산	순이익	주식의 수익률 (%)	PER (배)
종전	150	100	10	6.70	15
증자 후	157.5	115	10.5	6.70	15
변동	7.5	15	0.5	0.00	0

토빈 박사의 1960년대와 달리 한국은 현재 앞의 사례에서처럼 자본(설비투자)의 한계 이윤이 체감하는 시대를 살고 있다. 미국의 연준과 같은 중앙은행이 초저금리정책으로 주가를 부양하더라도 설비투자는 기대한 만큼 증가하지 않는다.

2013년 3분기 중 S&P500 기업들 가운데 시장의 기대치를 웃도는 순이익을 달성한 회사는 73%에 달했다. 그러나 매출 실적이 시장 예상치를 능가한 경우는 52%에 불과했다. 전체의 48%에 해당하는 기업들은 기대한 만큼의 매출을 달성하지 못했다. 순이익은 어떻게든 쥐어짜 냈지만, 매출만큼은 잔뜩 낮춰진 시장의 눈높이를 감당하기 버거웠던 것이다.

● 표4 (단위 : 억 달러)

	시가총액	순자산	순이익	주식의 수익률 (%)	PER (배)
종전	150	100	10	6.70	15
증자 후	142.5	90	9.5	6.70	15
변동	−7.5	10	−0.5	0.00	0

이렇게 총수요와 기업 매출이 시장의 예상보다 더 심하게 위축돼 있는 상황에서는 오히려 생산량과 설비, 자산과 고용을 줄이는 것이 합리적이다. 만약 앞에서 사례로 든 B기업이 자산을 10%(10억 달러) 줄이더라도 이익이 5%(0.5억 달러) 감소하는 데 불과하다면, 감자減資를 할 유인이 생긴다. 자산 매각을 통해 얻은 자금 10억 달러를 감자를 통해 주주들에게 돌려주더라도 〈표4〉에서 보듯이 시가총액은 7.5억 달러만 감소할 뿐이기 때문이다. 굳이 감자하지 않더라도 놀

고 있는 설비를 아예 없애 버리는 게 기업이나 주주에게는 더 이득이다. 2013년 4월 다우지수 구성 종목인 보잉은 "수요 감소를 반영해 747 여객기 생산을 월평균 2대에서 1.75대로 줄이겠다"고 발표했다. 이 소식으로 보잉의 주가는 2% 가까이 급등했다. '주가가 오르면 설비투자가 증가한다'는 이론은 작동하지 않고 있다. 오히려 주가를 올리기 위해 기업들은 설비와 생산을 줄이고 있다.

빚을 내서 자본을 없애는 기업들

실제로 미국 주식시장에서는 자본을 늘려 설비투자를 확대하기보다는, 정반대로 빚을 내서 자본을 소각하는 경향이 만연했다. 2013년 4월 30일 세계에서 현금을 가장 많이 가진 기업인 애플이 회사채시장에서 무려 170억 달러의 돈을 빌렸다. 당시로써는 사상 최대 규모의 회사채 발행이었다. 10년 만기 회사채의 경우 이자율이 2.4%에 불과할 정도로 낮은 금리가 적용됐지만, 애플 채권을 사기 위해 전 세계에서 몰린 돈은 520억 달러에 달했다. 경쟁률이 3대 1을 넘었다. 애플은 이 돈으로 배당금을 지급하고 회사 주식을 매입했다. 2013년 3분기까지 1년 동안 애플이 회사 주식을 사들이는 데 쓴 돈은 총 230억 달러에 달한다. 이렇게 사들인 주식을 소각함으로써 애플의 발행주식 수는 4.3% 감소했다.

금융정보 서비스업체 〈FactSet〉에 따르면,

2013년 3분기까지 1년 사이 미국 S&P500 기업 가운데 86%에 달하는 431개 사가 자사주를 사들여 소각했다. 이들이 1년 동안 자사주 매입에 들인 돈은 4481억 달러에 이르렀으며, 3분기 석 달 동안에만 1239억 달러에 달해 1년 전보다 32%나 급증했다.

● 표5

	발행주식 수(주)	순이익(달러)	주당 순이익	주가(PER=20)
종전	100,000,000	1,000,000,000	10	200
자사주 매입 후	95,700,000	1,000,000,000	10.45	208.99
변화(%)	-4.30	0.00	4.49	4.49

기업들이 자사주 매입 소각에 열을 올리는 것은 주가를 끌어올리기 위해서다. 원리는 아주 간단하다. 발행주식 수가 1억 주인 회사가 연간 10억 달러의 순이익을 낸다고 가정하자. 이 회사가 애플처럼 자사주 매입 소각을 통해 발행주식 수를 4.3% 줄이게 되면 회사의 순이익이 전혀 늘지 않았다 하더라도 주당 순이익은 10.45달러로 4.5% 증가한다. 발행주식 수 감소로 분모가 줄었기 때문이다. 따라서 주식시장이 이 회사에 대해 PER을 20배로 적용한다고 가정할 경우 주가 역시 4.5% 상승하게 된다. 자사주를 매입해 소각하는 회사와 최고 경영자^{CEO}를 주주들이 좋아할 수밖에 없다. 2013년 뉴욕 증시가 사상 최고치 경신 행진을 펼친 데에는 이 같은 자사주 매입 효과도 크게 작용했다.

초저금리 환경은 자사주 매입 소각을 더욱 용이하게 만들어줬다. 2013년 4월 애플이 발행한 회사채의 평균이자율은 애플의 배당률과 크게 다르지 않았다. 애플이 빚을 내서 자사주를 매입 소각할 경우 이자 부담이 새로 발생하는 대신, 배당금 지급 부담은 그만큼 줄어든다. 대신 자사주 매입 소각을 통해 주가는 상승하게 된다. 어떤 선택을 할 것인지 저울질할 이유가 없는 셈이다.

빚을 늘려 자본을 없애도록 하는 저금리의 유인은 다양한 방식으로 발생한다. 연간 1억 달러 안팎의 안정적인 영업이익을 내는 회사가 있다. 이 회사의 오너 A씨에게는 자식이 있지만, 자식은 회사보다는 아버지의 돈에만 관심이 있다. 이제 늙어서 좀 쉬고 싶어진 A씨는 회사를 팔기로 했다. 이 회사의 총자산은 10억 달러이지만 빚이 거의 없어서 총자본도 약 10억 달러에 달하는 알짜다.

● 표6

영업이익①	1억 달러
금융비용②	0.28억 달러 (=부채 7억 달러×연 4% 이자율)
경상이익(①-②)	0.72억 달러
투입자본이익률	연 24% (=0.72억 달러/3억 달러)

투자자 B가 이 회사를 사들이기로 했다. PBR 1.0배, PER 10배를 쳐서 10억 달러에 인수했다. 하지만 B는 10억 달러의 현금이 없었다. B는 자기자금 3억 달러만 들이고 나머지 인수자금 7억 달러는 빌려서 회사를 샀다.

회사 인수 직후 투자자 B는 회사로 하여금 7억 달러의 회사채를 발행토록 했다. 이자율은 연 4%다. 회사는 이 돈으로 새 대주주인 B의 지분 7억 달러어치를 사들여 소각했다. '부채 0 + 자본 10억 달러'이던 이 회사 대차대조표는 이제 '부채 7억 달러+자본 3억 달러'로 바뀌었다. B는 회사에 지분을 되팔아 얻은 7억 달러로 인수자금을 마련할 당시에 빌린 부채를 모두 갚았다. B는 자기자금 3억 달러만으로 10억 달러짜리 회사의 지분 100%를 가지게 된 셈이다. 무엇보다 짭짤한 것은 투입자본 3억 달러가 번식해내는 이윤이다. 1억 달러의 영업이익 가운데 금융비용 0.28억 달러(=부채 7억×이자율 4%)를 제하고도 0.72억 달러의 경상이익이 발생하기 때문이다. B의 연간 투입자본이익률은 24%(=경상이익 0.72억 / 투입자본 3억×100)에 달한다. 빚 없이 회사를 알짜로 운영하던 전임 오너 A씨의 수익률 10%(=1억 달러 / 10억 달러×100)보다 2.4배나 높다.

투자자 B가 만약 이 회사를 50%의 프리미엄을 얹어 15억 달러(회사에 넘겨질 부채 7억 달러 제외 시 실제 투입된 자기자금은 8억 달러)에 인수했다 하더라도 연간 투입자본이익률은 9%(=0.72억 / 8억×100)나 된다. 채권에 투자하는 것에 비해 훨씬 높은 수익을 얻을 수 있다.

투자자 B가 이런 식으로 회사를 인수할 수 있었던 것은 회사채 발행 이자율이 낮았기 때문이다. 만약 회사채금리가 4%보다 더 낮았다면 B의 투입자본이익률은 더 높아졌을 것이다. 그러나 만약 회사채금리가 8%에 달했다면 적어도 50%의 프리미엄을 얹어서 이 회사를 사들이지는 않았을 것이다. 그렇게 할 경우 투입자본이익률은 5.5%로 떨어지기 때문이다. 즉, 이자율이 낮을수록 부채 발행 유

워런 버핏

인이 높아지고 주식의 프리미엄도 올라간다. 빚을 내서 주식을 없애는 유인도 커진다. 반대로 이자율이 높을수록 부채 발행 유인과 주식의 프리미엄은 떨어진다. 연준의 초저금리정책이 기업을 이끌고 간 곳은 단 한 방향이었다. "빚을 내서 자본을 없애라."

가치투자의 대명사인 워런 버핏은 이러한 구조를 정확하게 간파해서 큰돈을 번 사람 중 한 사람이다. 그는 2013년 2월 케첩회사 하인즈를 사들였다. 사상 최고치를 기록한 주가에 약 20%의 프리미엄을 더 지불해서 인수했다. 이 가격은 PER 14배가량을 적용한 것인데, 자신이 이미 오래전에 인수해 키워놓은 코카콜라와 비슷한 수준의 가치를 지불한 셈이었다. 이는 저평가된 기업을 싸게 사들여 나중에 비싼 값에 되판다는 버핏의 가치투자 원칙과는 당장 앞뒤가 맞아떨어지지 않는 셈법이었다.

그러나 유례없는 초저금리 환경에서는 얘기가 달라질 수 있다. 버핏이 하인즈를 인수한 방식도 앞서 소개한 '투자자 B'와 크게 다르지 않았다. 하인즈는 이번 인수합병 과정에서 인수자가 진 빚을 갚아주기 위해 21억 달러의 회사채를 발행했다. 그리고 버핏이 인수한 하인즈 주식 가운데 3분의 2는 연간 배당금 9%를 확정 지급하는 우선주preference shares였다.

물론 이 과정에서 하인즈의 부채는 많이 증가하게 된다. 회사가 빚더미에 올라앉으면 주주인 버핏도 좋을 게 없는 것 아닌가? 그럴 수 있다. 하지만 버핏은 이번 인수합병 거래에서 브라질의 프라이빗 에쿼티 회사 '3G 캐피털'과 손을 잡았다. 버핏은 어느 인터뷰에서 3G 캐피털의 탁월한 회사 운영능력을 보고 거래에 참여했다고 밝혔다. 부채가 증가해서 생긴 부담은 회사를 쥐어짜서 '효율화'함으로써 얼마든지 상쇄할 수 있다고 본 것이다.

초저금리정책이 활성화시킨 부채를 활용한 기업 인수합병이 '고용 안정'에는 부정적인 신호가 될 수 있다. 월스트리트가 부풀어 오르는 가운데 메인스트리트는 침체되는, 뉴 노멀의 대분기를 엿볼 수 있는 단면이다.

Global Monitor Live Report

유동성의 무한팽창 구조

은행은 예금으로 받은 돈을 대출로 운용해서 차익을 얻는다. 예를 들어 100만 달러의 예금을 3%의 이자율로 유치한 뒤에 이 돈을 5%의 이자율로 대출하면 연간 2%, 즉 2만 달러의 차익을 벌 수 있다. 이 2만 달러 가운데 제반 운영비용을 뺀 것이 은행의 순이익이다.

그러나 은행이 예금을 전액 대출해줘 버리면 예금 고객의 인출 요구에 대응할 수 없다. 그래서 예금의 일정액은 지급준비금으로 따로 떼어내서 중앙  은행에 맡겨두도록 하고 있다. 얼마만큼의 지급준비금을 떼 놓을지 여부는 예금의 종류 – 요구불 예금인 경우 수시로 인출해야 하니까 준비금이 많이 필요하다 – 또는 해당 국가 금융시스템의 특성이나 상황, 해당 국가의 정책 목표 등에 따라 달라진다.

지급준비율이 1%라고 가정할 경우, 100만 달러의 예금을 받은 A 은행은 1만 달러의 필요지급준비금을 중앙은행에 예치해 놓은 뒤 나머지 99만 달러를 운용할 수 있다.

1. 중앙은행이 양적완화정책을 통해 100만 달러의 채권을 A은행으로부터 사들인다.

보유 채권을 매각한 A은행은 중앙은행으로부터 받은 현금 100만 달러를 은행의 은행인 중앙은행의 지급준비금 계좌에 입금한다. 하지만 이 돈은 예금을 수취하고 얻은 결과가 아니기 때문에 전액 초과지준의 형태로 남는다. 즉, A은행의 초과지준이 100만 달러 늘어났다.

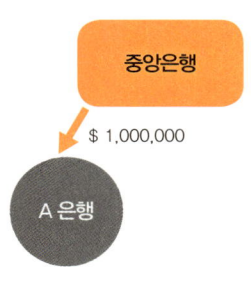

현재 미국 연준은 초과지준 예치금에 대해 연 0.25%의 이자를 은행에 지급하고 있다. 이는 금융위기 이후 예외적으로 적용하고 있는 정책인데다, 이자율 자체도 매우 낮다. 중앙은행에 채권을 팔기 전에 A은행은 이 돈으로 0.25%보다 높은 이자수입을 얻고 있었다. 따라서 A은행은 초과지준 예치금 100만 달러를 어떻게든 운용해야 한다.

2. 그래서 A은행은 a기업에게 100만 달러를 대출해 준다.

대출금은 a기업이 거래하는 B은행 계좌로 입금된다고 가정하자. 그럼 A은행의 초과지준 예치금 100만 달러는 사라진다. 대신, 이번에는 예금 100만 달러가 들어온 B은행의 지준 잔액에 변화가 생긴다. 필요지준이 1만 달러(예금 100만 달러의 1%) 증가하고, 나머지 99만 달러는 초과지준으로 쌓인다.

1~2 과정의 결과로 은행시스템 전체로는 총 필요지준 잔액이 1만 달러 증가하고, 초과지준 잔액은 99만 달러 늘어났다. 지준 총액(본

원통화)은 중앙은행의 양적완화 규모와 똑같은 100만 달러만큼 증가했다.

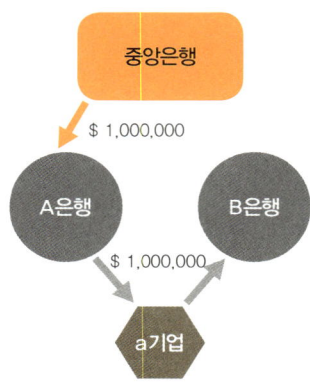

3. 이번에는 B은행이 초과지준 99만 달러를 운용해야 한다.

그런데 경기가 나쁘다 보니 대출로 자금을 운용하기가 여의치 않다. 믿을만한 기업들은 대출이 필요없다고 하고, 대출해달라고 요청하는 기업은 믿을 수가 없다. 그래서 B은행은 초과지준으로 주식 ETF를 매입했다. 매입 대금 99만 달러는 ETF 매도자 b씨가 거래하는 C은행 계좌로 입금됐다. B은행의 초과지준 운용 결과 이제는 C은행의 지준이 99만 달러 증가했다. 이 중 필요지준 9900달러(신규예금 99만 달러의 1%)를 제외한 98만 100달러가 초과지준(신규예금 99만 달러의 99%)이다.

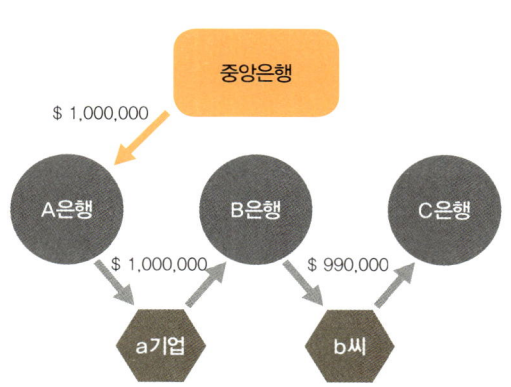

4. 이번에는 C은행의 차례다.

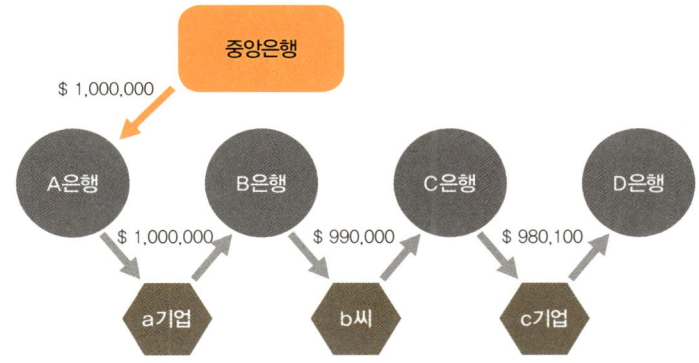

C은행은 초과지준 98만 100달러로 c기업으로부터 채권을 샀다. C은행에 채권을 판 c기업의 D은행 계좌에 98만 100달러가 입금됐다. 이에 따라 D은행은 필요지준이 9801달러 증가했고, 초과지준은 97만 299달러가 생겼다.

1~4 과정의 결과로 은행시스템 전체로는 총 필요지준 잔액이 2만 9701(1만 + 9900 + 9801)달러 늘어났고, 초과지준은 97만 299달러 증가했다. 여전히 지준총액(=본원통화) 증가분은 100만 달러로 변함없다. 하지만 은행시스템의 예금총액(=통화)은 297만 100(100만 + 99만 + 98만 100) 달러 늘어났다. 중앙은행이 양적완화로 100만 달러를 방출한 결과, 그 세 배에 달하는 예금(=통화량)이 새롭게 창출된 것이다.

하지만, 이 과정에서 늘어난 대출 잔액은 100만 달러밖에 되지 않는다. 나머지 예금(통화량) 증가분 197만 100달러는 유가증권 매입으로 창출됐다. 이 경우 예대율은 33.7%에 불과하다. 즉, 은행이 대출을 늘리지 않더라도 예금(통화량)은 얼마든지 팽창할 수 있다. 예대율이 낮다고 해서 은행이 돈을 못 버는 것은 아니다. 중앙은행이 시장의 대출 수요를 넘어서는 초과 유동성을 공급할 때에는 이처럼 예대율이 100%에 크게 못 미칠 수 있다.

이제 다시 아래 그래프를 보면 금융위기 이후 대출액과 예금액이 왜 대분기 현상을 보였는지 쉽게 파악할 수 있을 것이다.

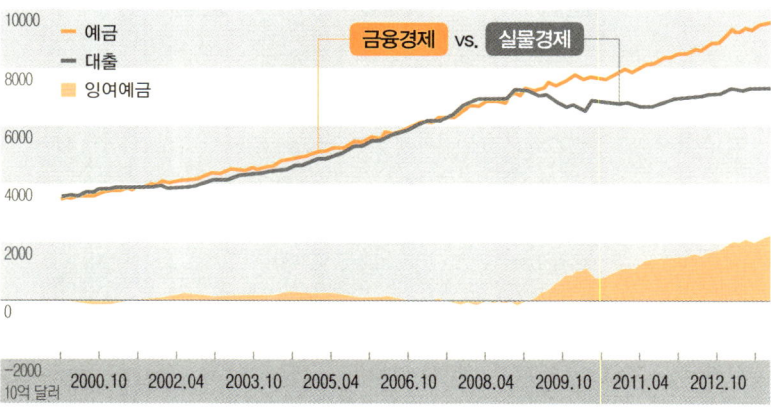

출처 : 미국 연방준비제도

이 구조를 더 쉽게 이해할 수 있는 팁이 몇 가지 있다.
- 돈이 중앙은행의 문을 나서면 '본원통화 공급'이 된다.
- 돈이 은행의 문을 나서면 '통화 창출'이 된다. 대출이든 유가증권 매입이든 부동산 매입이든 형식은 중요하지 않다. 다만, 정상적인 시기에는 통화가 주로 대출의 형태로 창출된다.

- 증권, 보험회사나 저축은행 문을 나서는 돈은 통화 창출로 이어지지 않는다. 통화는 반드시 중앙은행과 거래하는 통화금융기관(은행)을 통해서만 창출된다. 제2금융기관의 대출은 은행을 매개로 한 예금의 이동일 뿐이다.
- 돈이 은행의 문을 나서더라도 반드시 통화 창출로 이어지지 않는 경우도 있다. 금융위기 이전, 부동산 붐이 한창이던 시기에 한국의 은행시스템 예대율은 130%를 넘었다. 지금 미국의 상황과는 정반대이다. 은행들이 대출을 늘리고 싶어서 죽겠는데, 중앙은행은 부동산을 잡겠다면서 본원통화를 넉넉하게 공급해주지 않아서 생긴 일이다. 그래서 은행들은 스스로 채권을 발행해서 대출을 늘렸다. 하지만 이 대출은 중앙은행의 종잣돈이 아닌 이미 시중에 있던 통화를 기반으로 늘어났기 때문에 제2금융기관의 대출과 마찬가지로 예금통화를 창출하지는 않았다. 은행이 발행한 채권을 매개로 a예금주(채권 매입, 예금 감소)의 돈이 b예금주(부채 증가, 예금 증가)의 계좌로 넘어갔을 뿐이었다. 예금의 총액은 늘지 않았는데 대출은 증가하다 보니 예대율이 100%를 웃돌게 된 것이다.

「글로벌모니터」 2013년 1월 24일

Chapter 05 빚더미에 앉은 정부

2008년 미국의 금융위기는 빚 때문에 생긴 재앙이었다. 빚이 문제를 일으키는 경우는 크게 네 가지가 있다. 원금과 이자를 갚기 어려울 정도로 소득이 감소 또는 중단되거나, 턱밑에 찰 정도로 빚을 많이 진 상태에서 이자율이 올라가거나, 빚을 내서 투자한 자산(주택 등)의 가격이 크게 떨어지거나, 단기로 빚을 냈는데 금융환경이 급변해서 만기 때 돌려막을 수 없게 됐을 때 탈이 나고 만다. 금융위기는 이 네 가지 요인 모두가 집중적으로 발생해 상승작용을 일으키면서 경제와 금융시장을 '붕괴'로 이끌었다.

빚을 내서 자산에 투자하면 대차대조표의 부채와 자산이 함께 증가한다. 그러나 부채는 고정돼 있지만 자산의 가치는 언제든 바뀔 수 있다. 2000년대 중반 미국의 주택 붐이 한창이던 시절에는 부채로 산 집의 가격이 계속 오른 덕에 상대적인 부채 부담은 계속 줄기만 했다. 자신감이 높아진 사람들은 빚을 더 내서 투자와 소비를 계속 늘렸다. 그러나 집값이 꺾이기 시작하자, 상황은 정반대로 돌변했다. 잔뜩 부풀어 오른 부채는 그대로였지만 그에 상응한 자산의 가치는 날로 줄어들었다. 상대적인 부채 부담은 계속 증가했다. 집을 처분하는 사람들이 하나둘 늘면서 주택 가격 하락 속도는 더욱 빨라졌다. 마치 극장에서 불이 났을 때처럼 탈출구를 향해 먼저 뛰쳐나가는 사람들에게 유리한 시장이 펼쳐졌다. 미국의 집값은 불과 2년 사이에 20%나 폭락했다. 그러나 부채는 그대로였다. 허공에 떠버린 이 많은 빚을 어찌할 것인가. 결국 정부가 그 빚을 떠안았다.

TARP, 대소동의 시작

자산은 단 한 푼도 남기지 않고 증발해 버릴 수 있지만 빚은 단 한 푼도 그냥 사라지지 않는다. 빚진 사람이 다 갚지 않으면 빌려준 사람이 덮어쓰는 수밖에 없다. 모기지 대출 부실이 눈덩이처럼 불어나면서 미국의 은행들도 궁지로 몰렸다. 그 대출을 담보로 발행한 채권을 잔뜩 사들였던 다른 금융회사들도 사정은 마찬가지였다. 그 채권에 보증을 서 준 보험회사들 역시 생사의 갈림길에 섰다. 이제는 금융회사들끼리도 서로 못 믿게 됐다. 단 하룻밤 동안만이라도 돈 빌려주기를 꺼리는 풍조가 만연해졌다. 금융회사를 못 믿게 된 고객들은 앞다퉈 돈을 인출하기 시작했다. 예금을 내줄 현금이 고갈된 금융회사들은 갖고 있던 채권을 헐값에 팔아 치웠다. 채권값이 폭락하고 금리가 폭등했다. 내로라하던 은행들이 연쇄적으로 쓰러지기 시작했다. 금융위기는 이렇게 월스트리트에 태풍처럼 상륙했다.

2008년 9월 15일 새벽 1시 45분, 급기야 리먼 브라더스가 법원에 파산보호 신청서를 제출했다. 미국에서 네 번째로 큰 투자은행이 망한 것이다. 세계 최대 보험회사인 AIG가 다음 차례였다. 미국 정부는 부랴부랴 850억 달러의 유동성을 AIG에 쏟아 부었다. 모기지 보증회사인 패니매와 프레디맥은 전격적으로 국유화했다. 전광석화와 같은 조치들이었지만 금융위기는 요원燎原의 불길처럼 번져나갔다. 모든 금융회사가 동시에 생사의 기로에 서게 됐다. 이런 식이라면 세계 최대의 미국 경제는 혈류 공급이 중단되는 사태를 맞게 될 게 뻔한 일이었다. 특단의 대책이 필요했다. 그것도 매우 시급하게…….

2008년 9월 19일, 리먼 브라더스가 무너진 지 나흘째 되던 날, 조지 W 부시 대통령이 백악관에서 긴급 기자회견을 열었다. 헨리 폴슨 재무장관, 벤 버냉키 연준 의장, 크리스토퍼 콕스 증권거래위원회SEC 위원장 등 미국의 재정, 통화, 금융 정책 수장들이 대

조지 W 부시 대통령과 미국의 재정, 통화, 금융 정책 수장들

통령 곁에 도열했다. 부시 대통령은 월스트리트에 대해 구제금융을 투입하겠다고 발표하면서 국민들의 이해를 요청했다. "소비자와 기업에 대한 금융 공급이 얼어붙으면서 사업 확대와 일자리 창출에 문제가 생겼다. 미국 경제가 심각한 위험에 빠지지 않도록 하려면 결국 정부가 행동에 나설 수밖에 없게 됐다."

이 자리에서 폴슨 장관은 은행 등 금융회사들로부터 모기지채권을 사들이기 위해 대규모의 재정을 투입하겠다고 발표했다. 폴슨 장관은 "투입 규모가 5000억 달러를 훨씬 넘게 될 것"이라고 밝혔다. 버냉키 의장은 인출 사태가 심각한 지경으로 치닫고 있는 머니마켓펀드MMF에 유동성을 대출해 주겠다고 발표했다. 그리고 콕스 위원장은 주식시장의 공매도를 전격 금지시켰다. 공포에 질렸던 금융시장이 반색했다. 다우존스산업지수는 그날 하루에만 370포인트 급등했다. 그러나 환호는 잠시뿐이었다.

부시 행정부의 구제금융 규모는 총 7000억 달러로 결정됐다. 어떤 구체적인 계산으로 도출한 규모는 아니었다. 그저 '가급적 최대한'의 액수로 잡은 것이었다. 그만큼 상황은 다급했다. 그러나 국민들의 반

응이 좋지 않았다. 이는 미국 국민 한 사람당 2295달러씩 부담을 지워 월스트리트의 은행가들을 살리겠다는 계획이었다. 미국 전역에서 반대시위가 일어났다. 일각에서는 달러화 폭락과 하이퍼 인플레이션hyper inflation을 야기할 것이라는 경고도 내놓았다. 정부 조치에 우려한 100여 개 대학의 교수 수백 명이 재무장관에게 공동성명서를 전달했다. "정부의 구제금융 계획은 공정하지 못하고, 너무 불투명하며, 장기적으로 큰 부작용을 낳을 것"이라고 지적했다. 자연히 의회의 반응도 거칠어졌다. 일부 의원은 "금융 사회주의"라고 비난했다.

그래도 여야 수뇌부들 간의 협의는 순탄해 보였다. 시스템이 무너지고 있는 급박한 상황에서 달리 방도가 없었다. 9월 28일 일요일, '부실자산 구제 프로그램'TARP : Troubled Asset Relief Program 이란 이름의 구제금융 계획을 골자로 한 '긴급 경제 안정화 법안'이 다듬어졌다. 상하양원의 공화, 민주당 지도부와 폴슨 재무장관은 잠정합의가 이뤄졌다고 발표했다. 월요일인 다음 날 아침 부시 대통령은 긴급 법안이 의회를 통과할 것으로 확신한다면서 이제 미국 경제가 안도할 수 있게 됐다고 말했다.

그러나 이날 미국 하원에서 뜻밖의 '사태'가 발생했다. 표결에 부친 결과 찬성은 205표에 불과했다. 반대가 228표에 달하면서 법안이 부결됐다. 당시 야당인 민주당 의원들이 140대 95로 지지한 반면, 여당인 공화당 의원들은 133대 65로 압도적인 반대표를 던졌다. 다우지수가 777포인트 폭락했다. 하루 하락폭으로는 사상 최대 기록이었다. S&P500지수 역시 8.8% 폭락했다. 시가총액 1조 2000억 달러가 단 하루 만에 허공으로 사라져버렸다. 유동성은 다시 자취를 감췄다. 은행 간 자금시장 상태를 보여주는 TED 스프레드*는 3.58%포인트로 폭등하면서 26년 만에 최고치를 기록했다.

이틀 뒤인 10월 1일, 상원은 법안을 일부 수정해 통과시켰다. 찬성 74대 반대 25로 표결 과정은 무난했다. 금융시장이 폭락하는 것을 목격한 의원들이 문제의 심각성과 시급성을 깨달은 듯했다. 당시 분위기를 두고 에반 바이 민주당 상원의원은 "은행들을 구제하지 않으면 마치 하늘이 무너질 것처럼 벤 버냉키가 상원 의원들에게 경고했다.* 그래서 우리는 서로 쳐다보고는 '오케이'할 수밖에 없었다"고 술회했다. 이틀 뒤 법안이 하원에 다시 상정됐고, 찬성 263대 반대 171로 가결됐다. 부시 대통령은 즉각 법안에 서명해 구제금융을 발효시켰다. 월스트리트에 7000억 달러를 투입할 수 있게 되었다. 그러나 타이밍을 놓쳤다. 그 이후에도 뉴욕 증시는 폭락에 폭락을 거듭했다. 미국 정치시스템의 위기관리 능력이 취약하다는 사실을 금융시장이 목격한 탓이다. 앞으로도 유사한 '획기적인' 위기 해법이 필요하더라도 정치가 계속 발목을 잡을지 모를 일이었다. 게다가 위기는 이미 유럽 등지로까지 번진 상태였다. 네덜란드-벨기에 은행인 포티스뱅크에 164억 달러의 구제금융이 투입됐고, 영국의

TED 스프레드 은행 간에 서로 거래하는 3개월짜리 자금의 이자율과 같은 만기의 국채 수익률을 비교한 금리 차이를 말한다. 은행 간의 자금 거래 금리가 안전 자산인 국채보다 높으면 높을수록 자금시장이 경색돼 있다는 것을 의미한다. TED 스프레드는 당시 위기의 강도를 측정하는 가장 대표적인 금융지표로 쓰였다.

버냉키 의장은 퇴임 직전 강연에서 당시 상황에 대해 이렇게 술회했다. "TARP는 역사상 가장 성공적인 정부정책이었다. 하지만 그럼에도 불구하고 동시에 아주 인기 없는 정책일 수밖에 없었다. 당시 한 상원의원이 내게 이렇게 말했다. '이 사안에 대해 내게 전화를 걸어오는 유권자들은 50대 50으로 나뉜다. 절반은 '안 된다'는 것이고, 나머지 절반은 '절대로 안 된다'는 것이다.' 하지만 달리 방법이 없었다. 우리가 당시 의존하고 있던 임시방편의 시장 개입은 한계에 도달해 있었다. 의회가 나서는 수밖에 없었다."

브래드포드 앤 빙글리는 국유화됐다.

국가부도 위협, 최고 신용등급을 걷어차다

은행과 같은 금융회사는 빚을 내서 투자해 그 차익으로 돈을 버는 사업을 한다. 예금을 받아서 대출하는 형식을 취하기도 하지만 다른 금융회사에서 돈을 빌려 모기지채권 같은 자산에 투자하기도 한다. 월스트리트의 은행들은 정부의 공적자금 투입에 힘입어 부실 모기지채권을 정부에 떠넘기고 대신 자신들의 빚을 갚을 수 있었다. 따라서 미국 정부의 TARP는 은행의 빚을 전 국민이 대신 나눠서 지는 '부채의 사회화'를 의미했다. 실업수당 지급 기간을 대폭 연장하는 등의 위기 대응정책들을 다각적으로 가동하면서 미국 정부의 재정 지출은 폭발적으로 증가했다. 반면 경제위기 때문에 세금 수입은 격감했다. 2007년 3400억 달러 수준이던 미국 연방정부의 예산 적자는 2009년 들어 1조 5500억 달러로 불어났다. 1조 달러를 넘는 천문학적인 재정 적자는 2012년까지 4년 연속 이어졌다. 2007년 5조 달러 수준이던 미국 연방정부의 채무는 2012년 11조 2800억 달러로 두 배 이상 폭증했다.

이대로 계속 가다가는 미국 정부의 빚이 감당하지 못할 정도로 불어날 것이 분명했다. 자연히 여론의 우려와 불만, 불안감이 비등했다. "정부 지출 삭감, 세금 인상 반대"와 같은 강경 보수주의 구호를 내세운 티파티Tea Party 운동이 2009년부터 전국적으로 큰 인기를 끌며 세력을 확장했다. 이들은 2010년 중간선거에서 상당수의 의석을 확보하면서 공화당의 주류로 떠올랐다. 야당으로 전락했던 공화당은 티파티를 앞세워 역사적인 압승을 거뒀다. 하원 의석 63개를 민주당으로부터 빼앗아옴으로써 1938년 이후 72년 만에 최대의 우위를 점하게 됐다. 공화당은 지방선거에서도 돌풍을 일으켜 주의회 절반을 장악하는 한편, 주지사 자리의 5분의 3을 차지했다. 하원 다수당 자리를 민주당으로부터 빼앗아온 공화당은 본격적으로 공세를 펼치기 시작했다.

마침 S&P와 무디스 같은 국제 신용평가회사들이 미국 정부의 부채가 급증하고 있음을 지적하면서 최상위AAA 국가신용등급을 박탈할 수도 있다고 경고했다. 미국 의회예산국CBO도 "재정정책을 대대

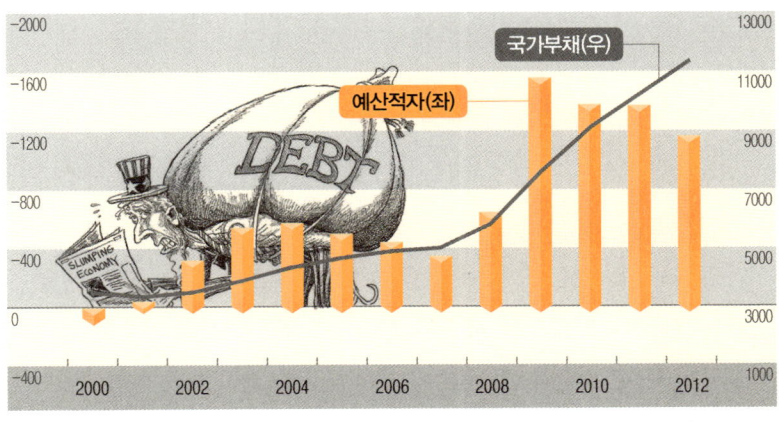

● 미국 연방정부 재정 (단위: 10억 달러)

출처: 미국 의회예산국

적으로 손보지 않으면 부채가 지속적으로 증가해 국민 저축이 감소하고 이자율이 상승하며 외채에 더 의존해야 하고 국내 투자는 감소할 수밖에 없다"는 내용의 장기 재정 전망 보고서를 발표했다.

중간선거 다음 해인 2011년 4월, 티머시 가이트너 재무장관은 의회에 서한을 보내 "연방정부 부채 한도가 곧 소진될 예정이며, 오는 8월 2일이 되면 임시방편조차도 더는 사용할 수 없는 상황이 된다"며 부채 한도 상향을 요청했다. 그러나 며칠 뒤 의회는 2011년도 잔여 예산안을 뒤늦게 통과시키면서도 부채 한도는 늘려주지 않았다. 재무부가 밝힌 '8월 2일 시한'까지도 부채 한도를 늘려주지 않으면 미국 연방정부는 부도를 낼 수밖에 없게 된다. 정부는 빚을 내서 빚을 갚는 처지인데, 의회가 설정해 놓은 한도 때문에 더 이상 빚을 내는 게 불가능해지기 때문이다. 만약 정부가 부도를 내는 사태가 발생한다면 상상을 초월할 후폭풍이 불어 닥칠 게 뻔한 일이었다. 달러화와 미국 국채 가격은 폭락(금리 폭등)하게 되고 전 세계 금융시장은 서브프라임 모기지 사태를 훨씬 능가하는 충격에 빠져 붕괴하고 말 것이다. 가이트너 재무장관은 이미 그 해 벽두부터 "아주 단기간의 제한된 부도라 하더라도 경제에는 재앙이 될 것이며, 그 충격이 수십 년간 지속될 것"이라고 밝혀 놓은 터였다. 이제 넉 달짜리 시한폭탄이 카운트다운에 돌입했다.

하원의 다수당인 공화당이 동의해주지 않으면 부채 한도 상향은 불가능한 일이다. 열쇠는 야당인 공화당 손에 쥐어져 있었다. 그리고 공화당의 키는 지난 중간선거 압승을 이끌어 낸 '티파티'가 잡고 있었다. 순순히 정부의 빚 한도를 늘려줄 리 만무했다. 공화당은 요구조건을 내걸었다. 부채 한도를 늘려주는 액수만큼 재정 지출을 삭감할 것, 재정 지출에 상한선을 정할 것, 세율 인상은 없도록 할 것 등이었다. 민주당으로서는 받아들일 수 없는 조건이었다. 재정 지출을 줄이려면 복지정책의 축소가 불가피한 일이 되고 이는 자신들의 지지기반을 와해시키는 결정이 될 것이었다. 게다가 금융위기 후유증이 지속되고 있는 와중에 정부 지출까지 줄여버리면 경제난은 가중될 것이 뻔한 일이었다. 민주당은 재정 지출을 삭감하지 않는 무조건적인 부채 한도 상향을 공화당에 요구했다. 합의가 이뤄질 수 없는 구도였다. 5월 31일, 부채 한도 상향 법안이 하원에 상정됐지만 318대 97이라는 압도적인 표차로 부결됐다.

버락 오바마 대통령과 민주당은 한발 후퇴했다. 재정수지를 개선하기 위해 지출을 줄이되 동시에 세금도 인상하자고 맞제안했다. 대신 복지 지출은 절대 줄일 수 없다고 선을 그었다. 공화당의 티파티는 오히려 더 강경해졌다. 연방정부의 부채 한도를 현 수준으로 동결해야 한다고 주장했다. 이는 하루아침에 재정 지출을 40%나 줄여야 하는 것을 의미했지만, 재정을 바로잡기 위해서는 어쩔 수 없는 일이라고 했다. 여야가 평행선을 달리는 와중에도 시한폭탄의 초침은 계속 돌아가고 있었다. 이제 며칠 뒤면 미국은 국가부도라는 대재앙에 봉착하게 될 운명이었다.

2011년 7월 31일, 오바마 대통령과 공화당의 존 베이너 하원의장이 극적인 합의를 도출했다. 시한폭탄이 터지기 불과 이틀 전이었다. 부채 한도를 9000억 달러 상향해 국가부도를 피하도록 하되 앞으로 10년간 재정 지출은 그 이상(9170억 달러) 줄이기로 했다. 임시

세율 인하 조치를 2012년 말에 종료하는 것 외에는 세금을 인상하지 않는다는 원칙도 달았다. 이를 통해 향후 10년간 재정 적자를 1조 5000억 달러 줄이기로 했다. 어떤 항목의 지출을 줄일 것인지는 양당 특별위원회를 구성해 연말까지 정하기로 했다. 만약 합의가 이뤄지지 않는다면 모든 재정 지출 항목을 일괄 삭감해 10년간 최소한 1조 2000억 달러의 재정수지 개선을 이루기로 했다. 일단 급한 불을 끌 수 있게 됐다. 국가부도는 모면했다. 그러나 금융시장은 이미 동요하고 있었다. 주가지수는 여야의 극적인 합의 뒤에도 계속 떨어졌다. 이번에는 합의가 이뤄졌지만, 시장 반응은 2008년 TARP 법안 부결 당시와 다르지 않았다. 국가부도라는 시한폭탄이 터지기 일보 직전까지 사태를 몰아간 정치권의 무능함과 무모함에 실망했고 앞날이 걱정스러웠다. 때마침 유럽에서는 재정위기가 다시 고개를 들고 있었다.

그리고 닷새 뒤인 8월 5일, 세계 금융시장에 폭탄이 떨어졌다. 국제 신용평가회사 S&P가 미국의 국가신용등급을 AAA에서 AA+로 한 단계 강등했다. 미국 역사상 처음으로 '최고 신용등급'을 상실하게 된 것이다. 세금 인상에 소극적인 미국 의회의 태도를 볼 때 임시 세율 인하 조치는 기한인 2012년 말이 돼도 폐지되지 않을 것 같으며 따라서 미국의 세수 부진과 재정 적자, 부채 증가 추세는 계속될 전망이라는 게 등급하향 이유였다. S&P는 무엇보다도 국가부도가 야기할 심각한 후유증을 가볍게 여기는 미국 다수 정치인의 언사를 지적했다.

적어도 최고 등급 AAA의 국

가에서는 그런 일이 흔치 않다는 것이다. 뉴욕 주식시장은 본격적으로 추락했다. 유로존 재정위기와 맞물려 글로벌 금융시장 전체가 위기 이후 가장 심각한 충격에 빠져들었다. 2008년 가을 TARP 법안 부결사태를 방불케 했다.

경제 회복을 가로막는 재정정책

그러나 미국 의회 행태는 값비싼 비용을 치르고도 바뀌지 않았다. 여야는 2011년 말 시한이 되도록 구체적인 지출 삭감 계획에 합의하지 못했다. 결국 그해 여름 여야가 합의했던 차선책인 '자동적이며 무차별적인 재정 긴축'에 나설 수밖에 없게 됐다. 이는 1년 뒤인 2012년 연말 전 세계를 들끓게 했던 '재정절벽'fiscal cliff* 정국으로 이어졌다. 2013년 1월 1일부터는 임시 세율 인하 조치가 폐지되는 동시에 예산 전 분야에 걸쳐 무차별 지출 삭감(일명 '시퀘스트레이션'sequestration)이 발동하게 됐다. 세금 인상과 지출 감소가 일거에 이뤄지는 셈이다. 급격한 재정 긴축 조치가 불러올 위험에 새해를 눈앞에 둔 전 세계 경제가 주눅이 들었다.

소득 최상위 1%의 부자들에 대해서만 세율을 인상키로 하는 조치로 재정절벽의 위험을 가까스로 모면한 미국 의회는, 같은 해 가을에 다시 한 번 고비를 맞게 됐다. 연방정부의 부채 한도가 다시 소진된

재정절벽 정부에서 경기 부양을 위해 실행했던 세금 감면정책과 정부 지출을 동시에 중단하거나 줄일 때 경기가 급격히 위축되는 현상을 뜻한다. 재정절벽의 충격은 원래 시차를 두고 점진적으로 경제에 가해질 것이었다. 그러나 당시 버냉키 연준 의장이 재정 긴축의 심각성을 마치 절벽cliff에서 떨어지는 것에 비유함에 따라 '재정절벽'이라는 다소 공포감을 야기하는 명칭이 광범위하게 통용됐다.

것이다. 디데이 D-day는 바로 10월 17일. 제이콥 류 재무장관은 "이 날짜가 되면 연방정부의 수중에 현금이 300억 달러밖에 남아있지 않을 것이며, 이 돈으로는 단 며칠간의 정부 운영도 불가능하다"고 밝혔다. 국가부도 시한폭탄의 초침이 다시 돌기 시작했다. 그리고 여야는 다시 한 번 마주 달리는 열차처럼 정면대결에 돌입했다.

오바마 대통령과 민주당은 이번에도 "부채 한도를 무조건 인상해야 한다"고 고집했고, 공화당 역시 이번에도 자신들의 요구 조건이 받아들여지지 않으면 부채 한도를 늘리지 않겠다고 버텼다. 그 조건이란 '오바마케어' Obama care*의 시행을 연기하자는 것이었다. 이번에도 역시 공화당과 티파티 일각에서는 "국가부도마저 감수할 수 있다"며 사태를 몰아갔다. 오바마 대통령과 민주당은 "이번만큼은 양보할 수 없다"며 어떠한 협상도 하지 않겠다고 맞섰다. 9월 30일 임시 예산안이 모두 소진됐는데도 여야는 아무런 합의 조치를 도출하지 못했다. 돈이 떨어진 미국 연방정부는 17년 만에 처음으로 문을 닫아야만 했다. 정부 운영이 중단된 상황에서도 여야의 대립은 계속됐다. 디데이가 다가오면서 미국 단기국채금리가 폭등하기 시작했다. "설마" 했지만, 혹시라도 미국 정부가 원금이나 이자를 제때 지급하지 못하는 사태가 발생할지 모를 일이었다.

드디어 시한폭탄이 터지기 단 하루 전, 여야는 극적으로 합의에 도달했다. 석 달간 사용할 수 있는 임시 예산을 연방정부에 부여하고 부채 한도는 넉 달간 유예하기로 했다. 이번에는 공화당의 참패였다. 국가부도를 볼모로 두 번씩이나 정쟁을 주도한 데 대해 여론의 비난이 비등했기에 사실상 백기

오바마케어 오바마 정부가 도입해 의회가 승인한 전 국민 의무 의료보험 제도이다.

투항할 수밖에 없었다. 그러나 오바마 대통령과 민주당의 무능함 역시 지지율 급락을 불러왔다.

워싱턴이 막장 드라마를 반복하는 사이 이미 미국의 재정정책은 경제 회복의 발목을 잡는 역할을 하고 있었다. 2011년 1분기 미국 경제성장률을 1%포인트 가까이 깎아 먹었던 연방정부의 재정 긴축은 2012년 4분기에 극에 달했고, 그다음 분기에도 심각한 수준에 이르렀다. 금융위기 이후 빚이 워낙 많이 불어나 있었기에 재정 긴축은 어찌 보면 불가피한 측면도 있었다. 연방정부는 여전히 1조 달러 안팎의 대규모 적자를 내고 있었다. 하지만 적자를 약간 줄이는 것만으로도 경제에 미치는 충격은 컸다.

재정정책이 경기를 끌어올리기는커녕 발목을 잡는 역할을 지속함에 따라 정책 부담은 모두 연방준비제도의 통화정책으로 전가됐다.

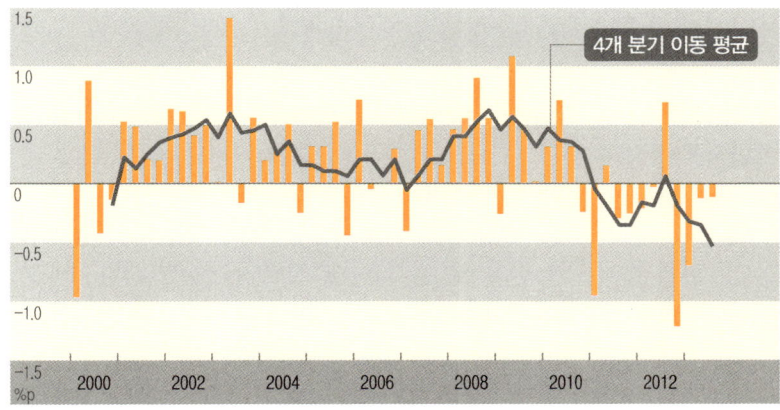

● 미국 연방정부 지출의 경제성장률 기여도

출처 : 미국 상무부

2012년 9월 제3차 양적완화를 도입한 연준은 그해 12월 재정절벽을 앞두고 양적완화 규모를 확대했다. 1, 2차 때와 달리 이번에는 양적완화의 기한을 특별히 정하지 않았다. 단지 "고용시장 전망이 상당히 개선될 때까지" 돈을 계속 풀겠다고 밝혔다. 상황이 여의치 않으면 돈 푸는 규모를 늘리겠다고도 했다. 사상 초유의 무제한, 무기한 양적완화가 시행된 것이다. 그리고 "실업률이 6.5% 아래로 떨어지기 전에는 금리를 인상하지 않겠다"고도 약속했다. 연준의 통화정책은 오로지 '실업 타개'로만 초점이 맞춰졌다.

연준의 이 같은 '과잉'은 미국 정치인들에게도 사실 나쁘지 않은 일이었다. 재정 적자와 정부부채를 늘려야 하는 부담을 덜 수 있었기 때문이다. 야당인 공화당 입장에서는 정부 기능이 비대해지고 복지 지출이 증가하는 것을 막을 수 있었고, 여당인 민주당 입장에서는 경제에 대한 정부의 적극적인 개입을 강조하는 철학과 맞아떨어지는 것이었기에 반대할 이유가 없었다.

'독립'적인 중앙은행의 실체

중앙은행이 발행한 지폐를 영어로는 'bill' 또는 'note'라고 부른다. 행정부(재무부)가 발행한 국채 역시 영어로는 'bill' 또는 'note'라고 칭한다. 둘 다 경제적 가치를 담고 있는 증권 즉, 정부기관이 발행하는 유가증권이다. 회계적인 측면에서 지폐와 국채 모두 중앙은행과 정부의 채무^{liability}로 분류된다.

하지만 둘 사이에는 근본적인 차이가 있다. 정부는 국채 소지자들에게 이자를 지급하는 반면, 중앙은행은 지폐 보유자들에게 아무런 이자를 주지 않는다. 즉 지폐는 무이자 채무증서(채권)다. 따라서 중앙은행은 행정부와 달리 이자 부담 없이 부채를 일으킬 수 있다. 이러한 차이는 광의의 정부가 경제정책을 수행하는 데 있어서 상당한 의미를 갖는다.

행정부가 빚을 늘리는 행위는 엄격한 민주적 통제를 받는다. 한국과 미국 등 대부분의 민주주의 국가 행정부는 의회가 승인한 범위 안에서만 부채를 확대할 수 있다. 적자국채를 발행하는 것뿐 아니라 보증을 서주는 행위에도 같은 수준의 규제가 가해진다.

행정부의 채무에는 '이자'라는 경제적 제약도 작용한다. 아무리 의회의 승인을 얻어서 빚을 늘린다고 해도 부채가 증가하면 증가할수록 이자 부담이 늘어나고 이는 정부 예산의 경직성을 높여 다른 재정사업을 위축시키는 결과를 낳는다. 일본의 경우 예산의 무려 4분의 1가량이 오로지 부채 원리금 상환으로 나간다. 즉 일본 정부는 한 해 동안 새로 빌린 돈의 절반을 빚과 이자를 갚는 데 사용하는 극도로 기괴한 예산 구조를 가지고 있다. 일본 역시 의회가 행정부의 채무 부담 행위를 통제하고 있지만, 그 자체가 건전한 재정을 보장하는 충분조건은 아니었다.

행정부의 채무 부담 행위는 시장에 의해서도 통제된다. 최근의 가장 대표적인 사례가 남유럽이다. 그리스와 포르투갈, 아일랜드 등의 국가가 구제금융을 받게 된 것은 국채시장 참가자들이 더는 이들 정부에 돈을 빌려주지 않으려 했기 때문이다. 국채시장에서 외면 받은 정부는 기존의 빚을 차환조차 할 수 없게 됐다. 부도를 내지 않으려

채권시장 야경단

면 구제금융을 받는 수밖에 없었다. 이탈리아와 스페인 등 한때 세계를 지배했던 대국들도 2012년에는 벼랑 끝으로까지 몰렸었다. 만기가 불과 2년밖에 되지 않는 단기 국채를 발행할 때조차도 연 7%가 넘는 이자를 약속해야만 했다. 두 나라의 재정은 적자가 날로 확대되고 있었는데, 이대로 가다가는 결국 부도를 낼지도 모른다고 우려한 채권시장 참가자들이 마치 보험료처럼 높은 이자율을 요구했던 것이다. 결국 두 나라는 구제금융을 피하기 위해서라도 강력한 재정 긴축에 나설 수밖에 없었다. 정부의 행태를 변화시키는 이러한 민간 채권시장 참여자들을 두고 '채권시장 야경단' bond market vigilantes 이라고 부른다.

그러나 장애물이 있으면 우회로가 있기 마련이다. 행정부의 과도한 채무 부담 행위를 막는 의회의 민주적 통제, 이자 부담이라는 경제적 규제, 채권시장 야경단의 감시와 압박 등에도 불구하고 일본 행정부는 아무런 부담 없이 빚을 늘리고 있고, 남유럽 정부들은 벼랑 끝의 위기에서 벗어나는 데 성공했다. 미국 정부 역시 금융위기 이후 해마다 1조 달러 이상 빚을 늘렸음에도 불구하고 역사상 가장 낮은 이자율만 지급하고 있을 뿐이다. 중앙은행이 있기 때문이다.

행정부와 달리 중앙은행은 의회의 통제를 전혀 받지 않고도 얼마든지 채무(화폐 발행)를 늘릴 수 있다. 2014년 1월 9일 기준 미국 연방준비제도의 부채총액은 3조 9732억 달러에 달했다. 약 5년 사이에 네 배로 증가했다. 이 모든 결정은 오로지 19명의 연방공개시장위원회FOMC 위원들, 그중에서도 특히 12명의 투표 위원들에 의해 내려졌다. 이들은 국민에 의해 선출되지 않는다. 단지 행정부의 수반인 대통령이 임명한 관료들일 뿐이다.

연준은 빚을 낸 돈으로 주로 미국 국채를 샀다. 현재 연준이 보유 중인 미국 국채는 총 2조 2129억 달러에 달한다. 금융위기 이전보다 1조 4000억 달러가량 증가했다. 이것이 바로 양적완화다. 연준은 채권시장에서 미국 국채를 사들이는 방식을 취했지만, 내용상으로는 미국 정부에 돈을 직접 빌려준 것과 똑같은 효과를 냈다. 이렇게 함으로써 미국 행정부는 이자율과 채권시장 야경단의 규제를 피할 수 있었다. 양적완화 덕분에 오히려 미국 정부는 기록적으로 낮은 금리로 빚을 확대할 수 있었다. 스페인과 이탈리아 정부가 구제금융 위기에서 벗어날 수 있었던 것도, 이들 정부의 부채 조달 비용(국채 이자율)이 기록적으로 떨어지게 된 것도 모두 유럽중앙은행ECB이 "금리가 지나치게 오르면 국채를 사들이겠다"고 전격적으로 선언한 덕분이었다.

연준의 양적완화는 국채만 사들인 게 아니었다. 모기지담보부채권MBS도 대량으로 매입했다. 2014년 1월 9일 기준 연준은 총 1조 4902억 달러의 모기지담보부채권을 보유 중이다. 이에 힘입어 미국의 모기지 이자율은 기록적으로 낮아졌다. 이는 은행의 주식을 매입하거나 자동차업체의 회사채를 사들이는 것과 마찬가지로 경제의 특정 부문에 혜택을 부여하는 행위다. 이러한 자원 배분은 원래 행정부가 의회의 허락을 받아 수행해야 하지만, 연준은 '독립적 결정으로' 행정부의 역할을 대행했다. 한국 정부의 국민주택기금이 국회의 승인을 받아 낮은 금리로 국민들의 주거비용을 지원하는 것과 마찬가지의 일을 중앙은행이 한 셈이다. 이를 통해 미국 행정부는 채무 부담 행위에 대한 민주적 통제 절차까지 우회할 수 있었다.

중앙은행의 통화정책이 행정부의 재정정책을 대행하는 효과는 여기에서 그치지 않는다. 연준은 2013 회계연도 가결산 결과를 토대로 약 777억 달러의 이익금을 재무부에 납입했다. 양적완화를 통해 대거 사들인 채권에서 천문학적인 이자수입이 발생했다. 연준은 각종 운영비용을 제외한 나머지 돈을 모두 행정부에 넘긴 것이다. 앞서 언급했듯이 연준이 채권을 사들이는 데 쓰인 돈은 모두 이자를 물지 않는 증권(통화)을 발행해서 조달했다. 연준의 이익금은 이러한 금리차에서 발생한다.

연준이 납입하는 이익금은 미국 연방정부의 세입으로 잡힌다. 2012년에 납입한 이익금은 884억 달러로 같은 해 미국 연방정부가 지불한 이자비용의 40%에 해당한다. 양적완화는 국채 수익률을 떨어뜨려 정부의 부채 조달 금리를 낮춰줄 뿐 아니라, 이렇게 우회적인 방식으로 이자 부담을 추가로 줄여준다. 금융위기 이후 5년 동안 연준이 행정부에 납부한 이익금은 총 3700억 달러에 달한다.

이것이 바로 '독립적인 중앙은행'의 실체다. 금융위기 이후 현대 선진국 중앙은행의 독립성이란 정부의 자유로운 채무 부담 행위를 의미하고 있다. 민주적 통제와 경제적 규제와 채권시장 야경단의 견제는 무력화됐다.

그러나 이러한 우회에는 반드시 비용이 발생하기 마련이다. 중앙은행이 강력한 화폐발행정책을 밀어붙인 결과 경제가 다시 살아나면, 현재 2조 3421억 달러(2014년 1월 8일 기준)에 달하는 미국 은행들의 초과지급준비금은 대출 종잣돈으로 본격 활용될 것이다. 미국의 지급준비율이 3%라고 가정할 경우 이 초과지급준비금은 반복된 대출 과정을 거치면서 총 77조 달러의 예금을 새로 창출할 수 있다. 통화량이 이렇게 폭발적으로 팽창한다면 인플레이션은 불가피하다.

이를 막는 방법으로 연준은 크게 두 가지의 출구전략을 제시해 왔다. 첫째는 연준이 보유한 채권을 매각하는 것이다. 양적완화의 정반대인 양적긴축이다. 채권을 매각하는 만큼 통화가 흡수돼 초과지급준비금은 감소한다. 그러나 이 경우 양적완화와 정반대로 시장의 채권금리가 급등(채권 가격 급락)할 위험이 있다. 경기가 급랭하는 것은 둘째 치고라도 저금리에(비싼 가격에) 대규모의 채권을 사들였던 연준은 막대한 매각 손실을 보게 된다. 다만, 이러한 매각 손실에 따르는 자본잠식 위험은 2011년 회계기준 변경을 통해 원천 봉쇄해 놨으니 별문제는 없을 수 있다(42쪽 참조).

그러나 본질적인 위험은 피할 수 없다. 연준의 양적긴축으로 채권 가격이 급락하게 되면 연준이 보유한 자산(채권)의 가치가 채무(초과지준)의 가치 아래로 떨어지게 된다. 과거 서브프라임 모기지 차입자들이 그러했듯이, 연준의 대차대조표는 '깡통'이 된다. 보유한 채권을 다 팔아도 초과지준을 다 거둬들이지 못할 것이기에 인플레이션 기대심리가 부풀어 오를 수 있다.

그래서 연준은 "향후에도 채권을 가급적 매각하지 않고 만기까지 보유할 계획"이란 점을 거듭 밝히고 있다. 하지만 이 경우에도 비용은 불가피하다. 경기 회복에도 불구하고 초과지급준비금이 대출 종잣돈으로 쓰이지 않기 위해서는 은행에 높은 이자를 줘가며 연준 금고에 유동성을 묶어둬야 하기 때문이다. 현재 연준은 초과지급준비금에 연 0.25%의 이자를 지급하고 있는데, 향후 경기 회복에 맞춰 이 금리를 인상해 나갈 계획이다. 두 번째 출구전략이며, 둘 중 더 유력한 시나리오다.

하지만 이렇게 해도 연준의 이자비용 지출은 대폭 증가하게 된다. 금리를 일정 수준 이상으로 올리게 되면 이자비용은 이자수입을 능가하게 된다. 해마다 700억~800억 달러씩 되던 재무부에 대한 이익금 납입도 중단된다. 연준은 앞으로 3~4년쯤 뒤에는 이런 시기가 올 것으로 예상하고 있다. 미국 연방정부의 재정수지가 악화된다는 의미다. 시장이자율도 상승할 것이니 재정의 부담은 더욱 커진다. 양적완화 때 누렸던 이익을 비용으로 후불해야 하는 셈이다. 행정부의 이런 부담을 완화시켜주기 위해 연준이 긴축에 소극적인 자세를 보인다면 인플레이션 압력은 커질 수밖에 없다.

누가 미국 국채를 사줄 것인가   무제한 양적완화에 잠재된 인플레이션 위험은 연준 스스로 보기에도 여간 골치 아픈 일이 아닐 수 없었다. 매달 850억 달러씩 채권을 사들이는 데 쓰인 돈은 은행들의 대출 종잣돈으로 차곡차곡 쌓이고 있었다. 게다가 양적완화는 기대했던 실물경제 부양으로 이어지기보다는 금융시장의 과잉을 조장하는 쪽으로만 효력을 발휘하고 있었다. 이대로 가다가는 2008년과 같은 거품의 붕괴 또는 인플레이션의 폭발로 이어질지 모른다는 우려가 연준 내부의 매파인사들뿐 아니라 중도 온건진영으로까지 번졌다. 결단이 필요해졌다. 결국 버냉키 의장이 나섰다.

그는 2013년 5월 의회 증언에서 "연내에 양적완화 규모를 줄이기 시작하겠다"고 밝혔다. 그리고 다음 달 기자회견에서 "2014년 상반기 말에 양적완화를 종료하겠다"고 말했다. '버냉키 선언'의 충격은 엄청났다. 1.6%대로까지 떨어졌던 미국의 지표금리(10년 만기 미국 국채 수익률)가 단 두 달 사이에 2.7%대로 1%포인트 이상 폭등했다. 미국 중앙은행이 유동성 펌프질을 줄여가다가 결국 끝내버리기로 함에 따라 그 충격은 이머징 마켓에 특히 집중됐다. 인도, 브라질, 인도네시아, 터키, 남아프리카공화국 등 경상수지 적자를 외채로 충당하던 신흥국들의 금융시장이 폭풍 속으로 빠져들었다. 외국인 투자자금이 썰물처럼 탈출하자 환율이 폭등(통화가치 폭락)하고 금리가 치솟아 올랐다.

그리고 부메랑은 미국으로 날아왔다. 외국인 투자자들이 미국 국채를 맹렬히 팔아 치우기 시작한 것이다. 그 중심에는 신흥국 중앙은행들이 있었다. 환율 폭등을 저지하기 위해 신흥국 중앙은행은 달러화가 필요했다. 이 돈을 구하기 위해서는 외환보유액 형태로 보유하고 있던 미국 국채를 매각하는 수밖에 없었다. 미국 재무부에 따르면, 버냉키 의장이 양적완화 축소·종료를 발표한 직후인 2013년 7월부터 9월까지 3개월 동안 해외 중앙은행 등 공공기관들은 미국 국채를 총 500억 달러 순매도했다. 같은 기간 연준이 양적완화를 통해 미국 국채시장에 쏟아 부은 돈의 3분의 1 이상이 해외로 이탈해버린 것이다. 이 기간에 미국 국채금리가 급등한 데에는 해외 중앙은행들의 국채 매도공세가 큰 몫을 했을 것이다.

이는 연준에 여간 큰 걱정거리가 아닐 수 없었다. 연준이 그동안 미국 국채를 천문학적으로 사들이기는 했지만, 실제로 미국 국채시장을 지탱해 온 주체는 연준보다 더 많은 돈을 쏟아 부어온 외국인 투자자들 특히 해외 중앙은행들이었기 때문이다. 고도로 부양적인 연준의 통화정책으로 풀린 돈은 전 세계 금융시장으로 밀물처럼 퍼져나갔다. 이 때문에 엄청난 통화가치 절상 압력을 받았던 신흥국의 중앙은행들은 자기 나라 외환시장에서 달러를 사들인 뒤 이를 미국 국채시장에 투자해 왔다. 이 덕분에 미국의 국채금리는 기록적으로 낮은 수준으로 떨어졌고 이는 미국의 실물경기를 떠받치는 힘이 돼

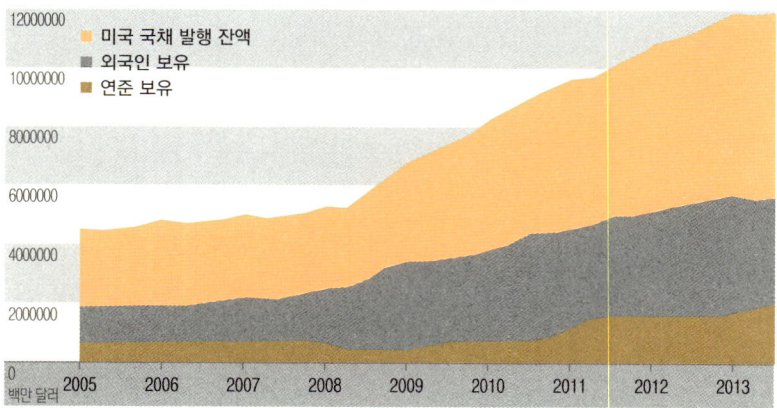

● 미국 국채 보유처

연준에 따르면, 2013년 9월 말 기준 외국인 투자자들은 미국 연방정부가 발행한 국채 12조 달러 가운데 절반에 가까운 5조 7000억 달러를 보유하고 있다. 특히 해외 중앙은행을 중심으로 한 공공부문의 보유분은 전체 국채 발행액의 34%에 달한다. 연준이 그동안 미국 국채를 대대적으로 사들였다지만 국채 발행 잔액에서 차지하는 비중은 17%에 불과했다.

출처 : 연방준비제도

왔다. 금융위기 이후 지속돼 온 국제 경제의 불확실성 역시 미국 국채시장으로 글로벌 자금을 유입시켰다.

그런데 만약 이 흐름이 되돌려지게 된다면 연준의 양적완화 축소·종료와 맞물려 미국 국채시장을 이중으로 압박하게 될 것이었다. 금리는 빠른 속도로 반등할 것이고 그나마 살아나는 듯하던 미국의 경제, 특히 주택시장은 급격히 냉각되고 말 것이었다.

연준이 황급히 진화에 나섰다. 양적완화 축소는 경제지표가 개선되는데 맞춰 점진적이고 신중한 속도로만 이뤄질 것이며, 양적완화 축소에도 불구하고 제로금리는 더 오랫동안 제공함으로써 부양 기조가 줄어들지 않도록 하겠다고 거듭 약속했다. 시장 참여자들은 2013년 9월 회의에서 연준이 양적완화 축소에 나설 것으로 확신했다. 그러나 연준은 경제지표를 더 지켜봐야겠다는 이유로 양적완화 규모를 유지키로 결정해 자신들의 지극히 조심스러운 태도를 시장에 극적으로 전달했다. 연준은 결국 2013년 12월 회의에서 100억 달러 규모의 양적완화 축소를 결정했으나, 부양을 계속 제공하겠다는 연준의 진정성을 믿게 된 시장은 오히려 반색하며 받아들였다. 미국 국채시장의 외국인 매수세는 되살아났고 미국 국채금리는 안정을 되찾았다.

연준은 국채를 탕감해줄 수 없나

미국 재무부에 따르면, 2013년 말 기준 미국의 국가부채는 총 17조 3520억 달러다. 이 가운데 정부 기관 간의 채무를 제외한 진짜 대외부채 즉, 국채 발행을 위주로 해서 민간에게 빌린 돈은 총 12조 3554억 달러다. 미국 연방정부가 민간에 진 부채는 미국 연간 GDP의 70.3%에 달한다. 금융위기 이전에만 해도 부채비율은 35%에 불과할 정도로 미국 재정은 매우 건전했다. 그러나 5년이 채 안 되는 기간에 부채비율이 두 배 이상 높아졌다. 미국 정부에 돈을 빌려준 '민간'에는 미국의 중앙은행인 연방준비제도가 포함돼 있다. 2013년 9월 말 기준 연준은 미국 연방정부가 발행한 국채의 17%에 해당하는 2조 723억 달러를 보유 중이다.

만약 연준이 보유 국채를 모두 탕감해 준다면 미국 정부의 부채비율은 58.5%로 떨어지게 된다. 부채가 급증하고 있는 정부를 위해 중앙은행이 이 정도 선심을 써준다면 '건전재정'을 둘러싼 워싱턴의 멱살잡이도 없어지지 않을까? 연준은 정말 그렇게 해줄 수 있을까? 결론부터 얘기하자면, 그렇게 해봐야 아무런 소용도 효과도 없다. 부작용만 있을 뿐이다.

연준의 부채 탕감은 이론적으로는 가능하다. 연준이 보유한 국채를 모두 탕감해 주면 연준은 그 액수만큼을 손실 처리해야 한다. 이 손실은 곧바로 회계장부에 반영된다. 2014년 1월 1일 기준 연준의 자본은 총 550억 달러다. 만약 연준이 국채를 전액 탕감해 준다면, 일반적인 회계기준을 적용할 경우 자본은 '마이너스 2조 1500억 달러'로 돌변한다. 국채 탕감에 따른 손실을 완충하기에는 자본이 턱없이 부족하다.

일반적으로 중앙은행의 자본이 잠식되면 정부가 이를 메워줘야 한다. 그러나 미국의 경우는 예외다. 일반 회사와 달리 연준은 어떤 상황에서도 적자 결산을 기록하지 않는다. 2011년 1월 1일부터 시행되고 있는 새로운 내부 회계 규정 덕분이다. 따라서 연준은 어떤 상황에서도 자본이 잠식되지 않는다. 따라서 미국 정부는 어떠한 경우에도 연준의 자본을 보충해줄 필요가 없다. 그렇기 때문에 연준의 국채 탕감은 이론적으로 가능하다.

연준이 나중에 보유한 국채를 팔아서 초과 유동성을 거둬들일 경우 큰 손실을 입지 않겠느냐는 우려가 많다. 채권을 매입할 당시에는 저금리(높은 채권 가격)였는데, 팔 때는 고금리(낮은 채권 가격)일 것이기 때문이다. 심지어는 연준이 파산할 수도 있다는 주장도 있다. 그러나 그런 일은 발생하지 않는다. 다시 말하지만, 연준은 아무리 큰 손실을 봐도 적자 결산을 하지 않기 때문이다. 이렇게 놀라운 회계의 마술이 어떻게 가능한지를 좀 더 자세히 살펴보자(42쪽 참조).

연준 대차대조표의 부채 내역을 보면 '기타 부채 및 미지급 배당금'Other liabilities and accrued dividends 이란 항목이 있다. 2014년 1월 1일 기준 80억 3500만 달러가 잡혀 있다. 이는 대부분 연준이 미국 정부에 진 빚을 의미한다. 연준이 정부에 빚을 졌다? 그렇다. 연준은 해마다 이익이 발생하면 자체 운영비용을 제외하고는 모두 정부에 납입한다. 이렇게 이익금을 이전하기 전에 회기 중에 발생한 이익은 '부채'로 잡아 둔다. 결산 뒤에는 정부에게 줘야 할 돈이기 때문이다.

만약 연준이 회기 중에 쌓아둔 돈보다 큰 손실을 본 경우에는 이 항목이 '마이너스'로 바뀐다. 예를 들어 이 항목에 100억 달러가 쌓인 상태에서 2조 달러의 미국 국채를 탕감해 손실이 발생하는 경우 '기타 부채 및 미지급 배당금' 항목은 -1조 9900억 달러로 표시된다. 부채가 마이너스란 뜻이다. 마이너스의 마이너스는 플러스이듯이, '마이너스 부채'는 부채의 반대말인 '채권'債權을 의미한다. 즉, 연준이 미국 정부로부터 1조 9900억 달러의 받을 돈이 새롭게 생겼다는 뜻이 된다. 따라서 연준이 보유 국채를 탕감해 주는 즉시, 정부로부터 받을 돈이 생긴다. 정부는 연준으로부터 국채 상환 채무를 탕감받는 즉시 연준에 갚아야 할 새로운 채무를 안게 된다.

그럼 새롭게 생긴 정부의 부채는 연준에게 어떻게 갚게 될까. 만기는 없다. 매년 넘겨받던 연준 이익금을 차츰 줄여나가는 방식으로 상환한다. 연준이 그 해에 100억 달러의 이익이 생기면 해당 부채항목은 '마이너스 1조 9800억 달러'로 100억 달러 줄어든다.

빚을 탕감받을 때 좋은 것은 이자 부담이 사라진다는 점을 들 수 있다. 그러나 애초부터 미국 정부는 연준이 보유한 국채에 한해서는 이자 부담을 지지 않는다. 정부가 연준에 지급한 이자가 매년 이익금 형태로 정부에 반환되기 때문이다. 따라서 연준으로부터 국채를 탕감받아야 할 이유도 애초부터 없다. 물론 국채를 탕감받은 뒤에는 부채의 '만기'가 사라지는 이점이 있기는 하다. 그러나 연준이 탕감해주기 이전에도 그 국채만큼은 만기가 없는 것이나 마찬가지다. 만기가 돼서도 연준이 똑같은 양의 미국 국채를 새로 사들일 수 있고 그러면 자동으로 원금 상환이 연기되기 때문이다.

다시 말하자면 연준이 미국 국채를 탕감해 줘봐야 아무런 소용도 효과도 없다. 괜히 중앙은행이 정부의 빚을 탕감해줬다는 오해만 불러일으켜 중앙은행과 달러화에 대한 신뢰만 허공으로 날릴 뿐이다. 그런데도 불구하고 왜 자꾸 '연준의 국채 탕감'이라는 아이디어들이 떠오를까? 그만큼 미국 정부의 빚이 걱정되어서일 것이다.

Global Monitor Live Report

'1조 달러 백금동전'과 '오바마본드'

미국 연방정부의 상당 기능이 중단되는 이른바 '셧다운' 사태가 17년 만에 재연됐다. 글로벌 금융시장은 이제 셧다운보다 더 심각한 상황, 즉 미국 정부가 부채를 제때 갚지 못하는 디폴트 사태를 우려하고 있다. 연방정부의 기능 중단은 길어져 봐야 미국과 세계 경제 성장을 일시적으로 위축시키는 충격에 그칠 것이다. 그러나 미국 정부의 디폴트는 전례가 없는 일로 전 세계 금융시장을 일대 혼란 상황으로 몰아넣을 것이기에 그 후폭풍을 가늠조차 하기 어렵다. 이 세상에서 가장 안전한 자산으로 여겨졌던 미국 국채가 부도를 내버린다면 전 세계 금융 가격은 벤치마크(기준)를 상실하게 된다. 세계 각국이 가장 많이 사용하는 무역 결제 통화인 달러화의 신뢰 역시 추락할 수밖에 없을 것이다.

   제이콥 류 미국 재무장관에 따르면, 미국 연방정부는 2013년 10월 17일이면 의회가 정해준 부채 한도에 도달하게 된다. 이때부터 미국 정부는 단 1달러도 빚을 더 낼 수 없다. 미국 정부는 항상 적자를 내는 처지이기에 빚을 더 내지 못하면 이자를 갚을 돈조차 구할 수 없게 된다. 미국 재무부는 부채 한도에 도달하는 시점에 남는 현금이 300억 달러에 불과할 것이라고 밝혔다. 이 돈으로 버틸 수 있는 시간은 단 며칠로 의회가 부채 한도를 늘려주는 등의 별도 조치를 취하지 않으면 이달 말쯤 연방정부는 부도위기에 직면할 것으로 관측되고 있다. 그러나 첨예하게 대립하고 있는 미국의 여야는 꿈쩍도 않고 있다. 미국 정부는 결국 부도를 내고야 말 것인가.

국가부도는 위헌

한국과 마찬가지로 미국 헌법은 행정부와 대통령이 의회의 승인 없이 빚을 내는 것을 금지하고 있다. 의회의 승인 없이는 세율을 높이거나 세목을 신설하는 등의 방식으로 세금을 늘리는 것도 불가능하다. 그러나 동시에 미국의 수정헌법 제14조 4항은 "법률이 인정한 미국 공공부채의 효력에 대해서는 의문이 제기돼서는 안 된다"고 규정하고 있다. 즉, 국가부채의 부도 역시 헌법으로 금지하고 있다. 따라서 미국 의회가 부채 한도 문제를 해결해 주지 않을 경우 오바마 대통령은 진퇴양난에 처하게 된다. 이 헌법 조항을 지키려다가는 저 조항을 위배하게 되고, 저 조항을 지키기 위해서는 이 조항 위반이 불가피한 것이다. 그렇다면 오바마 대통령은 어떤 헌법 조항을 위반하는 선택을 할까?

오바마 대통령은 최근 기자회견에서 "미국의 달러화는 전 세계의 준비통화"라면서 "부채 한도를 증액하지 않는 것은 정부 폐쇄보다 훨씬 더 위험하며, 미국의 디폴트는 전 세계 경제에 심대한 파괴적 영향을 미칠 것"이라고 말했다. 최종 결단의 상황에 몰리게 된다면 디폴트를 피하는 선택을 할 것임을 시사했다고 볼 수 있다.

'오바마본드' Obama Bond

그렇다면 오바마 대통령은 어떤 방법으로 디폴트를 모면할 것인가. 일각에서는 '오바마본드'를 발행하는 방안이 거론되고 있다. 의회 승인 없이 행정부 독단으로 발행한 미국 국채라는 뜻으로 붙여진 이름이다. 의회가 정해준 부채 한도를 위반하게 되지만, 수정헌법 제14조는 지킬 수 있게 된다.

오바마본드가 발행된다면, 만기가 아주 짧은 단기국채일 것으로 예상하고 있다. 부채 한도를 둘러싼 디폴트 위기가 장기간 지속될 것으로는 보이지 않기 때문이다. '불가피한 임시조치'라는 상징성도 있다. 기존의 '합법적' 국채보다는 이자가 높게 매겨지겠지만, 시장금리가 매우 낮은데다 만기도 짧기 때문에 추가적인 이자 부담은 미미할 것으로 관측되고 있다. 기념품 소장 수요가 몰린다면 오히려 훨씬 낮은 금리로 발행할 수도 있을 것이다. 문제는 오바마본드 이후의 사태다. 대통령의 위헌행위는 소송과 탄핵의 대상이 될 수 있다. 그러면 미국 정치는 새로운 소용돌이에 빠져들게 된다. 그러나 미국 정부가 부도를 내는 사태에 비해서는 덜 나쁜 시나리오임이 분명하다.

오바마 대통령의 대응이 반드시 탄핵 대상이라고 단정하기도 어렵다. 의회의 공전空轉에 따른 행정부의 불가피한 선택으로도 볼 수 있기 때문이다. 대통령의 위헌행위는 현행 법률의 구조적 문제에서 비롯된 측면도 있다. 미국 의회는 예산을 편성하는 권한을 갖고 있으며, 행정부는 이를 집행해야 할 책임을 진다. 그런데 의회가 예산집행에 필요한 재원의 조달을 차단한다면, 행정부는 어떤 식으로든 법률을 위반할 수밖에 없다.

1조 달러짜리 백금동전

2011년 부채 한도와 국가부도 위기가 고개를 들었을 때는 '1조 달러짜리 백금동전'이 대안으로 떠올랐었다. 미국 행정부가 액면가 1조 달러짜리 백금동전을 주조해 중앙은행에 예치한 뒤 필요할 때마다 돈을 꺼내 쓰면 된다는 아이디어다.

왜 하필이면 백금동전일까. 미국 법률은 행정부에 대해 금, 은, 구리 주화를 제한적으로 발행할 수 있도록 허용하고 있다. 그러나 백금을 소재로 한 동전의 주조에 대해서는 별다른 제한이 없다. 따라서 정부가 백금동전을 발행하는 방안은 헌법과 법률을 위반하지 않고 국가부도 사태를 피하는 솔로몬의 해법이 될 수 있다. 게다가 동전은 오바마본드와 달리 이자 부담도 없다.

그렇다고 해서 문제가 없는 것은 아니다. 헌법과 법률의 '취지'를 거스르는 행위이기 때문이다. 행정부의 채무를 규제하는 의회의 권한에 정면 도전하는 것으로 삼권분립을 위협하는 독재적 행위라고 비난받을 수 있다. 아울러 중앙은행의 독립적인 화폐 발행권을 위협함으로써 달러화의 신뢰에 의문이 제기될 수도 있다.

그러나 이 역시 국가부채 디폴트보다는 덜 나쁜 선택일 것이다. 행정부에 대한 의회의 전횡이 결국 이러한 사태를 초래한 것 아니냐는 반론도 나름의 설득력이 있다. 노벨 경제학상 수상자인 폴 크루그먼 교수도 그래서 이 아이디어에 찬성하는 견해를 밝힌 바 있다.

그렇다면 미국 정부는 오바마본드를 발행할 것인가, 아니면 1조 달러 백금동전을 주조할 것인가. 연초에도 그랬듯이 백악관은 '비상 계획'에 대해 일절 침묵하고 있다. '공'이 여전히 의회에 남아 있는 상황에서 섣불리 '대안'을 들고 나왔다가는 정쟁의 초점이 대통령의 독재로 비화할 것이기 때문이다. 오바마 대통령과 백악관, 그리고 여당인 민주당은 단지 "부채 한도 이슈는 협상의 대상이 될 수 없다"며 조건 없는 한도 증액만을 거듭 요구하고 있다.

건전재정에서 '오바마케어'로

부채 한도 증액을 둘러싼 미국 여야의 정쟁은 이번이 처음이 아니다. 2011년 여름에는 전 세계 금융시장이 폭락하는 사태를 야기했으며, 미국의 최상위^^^ 국가신용등급이 박탈되는 결과를 낳기도 했다. 2012년 말과 2013년 초에도 이른바 '재정절벽' 이슈로 전 세계를 바짝 긴장시켰다.

과거의 부채 한도 이슈는 '미국의 재정을 어떻게 건전화할 것이냐'는 데 대한 여야 간의 전략적 공통분모를 갖고 있었다. 세금을 늘릴 것인지(민주당), 복지를 줄일 것인지(공화당)에 대한 전술적 차이가 있었을 뿐이었다. 그러나 이번에는 과거와 다른 양태를 띠고 있다. 당파적 정략이 내포돼 있다. 공화당이 '오바마케어'의 연기를 협상 조건으로 걸고 나온 것이다. 연방정부 폐쇄 사태로 귀결된 새해 예산안 이슈에서도 마찬가지였다.

공화당은 왜 '오바마케어'를 들고 나왔을까. 오바마케어가 대중에게 인기 없는 정책이기 때문이다. 오바마케어란 전 국민에게 의료보험 가입을 강제하는 제도다. 한국의 건강보험과 근본이 같다. 미국의 의료복지 수준을 획기적으로 높이는 데 목적이 있지만, 당장은 개인과 기업의 보험료 부담이 늘어날 수밖에 없다. 오바마 대통령의 유일한 '치적'을 무력화시키고 기업의 불만을 해소해 줌으로써 2014년 중간선거에서 표를 얻겠다는 게 공화당의 전략이다.

이 과정에서 과거의 '건전재정' 이슈는 수면 아래로 사라져 버렸다. 이 역시도 공화당의 노림수로 보인다. 건전재정 이슈 때마다 불가피하게 떠오르는 '부자 증세' 요구를 피해 보겠다는 것이다. 공화당은 그동안 복지 축소를 일관되게 요구해 왔으나, 이를 관철하기 위해서는 '증세'라는 반대급부를 수용할 수밖에 없는 현실에 누차 직면했었다.

미국의 재정협상에 주목하는 이유

재정협상의 초점이 오바마케어로 이동한 데 대해서는 민주당도 다행스럽게 생각할 수 있다. 공화당의 끈질긴 복지 축소 요구를 피할 수 있기 때문이다. 미국 여야가 누이 좋고 매부 좋은 식으로 재정협상 구도를 바꿔나가는 데에는 또 다른 배경이 있다. 미국의 재정이 빠른 속도로 개선되고 있기에 당장 재정 적자와 국가부채를 줄여야 할 정치적 긴박성이 사라진 것이다.

미국 의회예산국^{CBO}이 추산한 데 따르면, 2009년 국내총생산^{GDP}의 10%에 달했던 미국의 재정 적자가 2015년에는 2%로 줄어들 것으로 예상된다. 경제가 꾸준히 회복되고 있는 가운데 2013년 초 여야가 합의한 세금 인상과 지출 축소까지 맞물리면서 재정 적자가 대폭 감소하고 있는 것이다. 그 결과 오는 2018년 미국의 GDP 대비 국가채무비율은 68%로 하락할 것이라는 게 CBO의 전망이다.

그러나 '개선'은 단기적인 현상일 뿐이다. CBO 추산에 따르면, 미국의 재정은 2018년 이후부터 다시 빠른 속도로 악화될 전망이다. 그때쯤이면 베이비붐 세대의 고령화가 본격화되면서 복지 지출 부담이 급격히 증가하기 때문이다. 미국 의회가 별도의 대책을 마련하지 않는다면 오는 2038년 미국의 국가채무비율은 위험선인 100%에 도달할 것이라고 CBO는 경고했다.

물론 당장 2014년에 선거를 치러야 할 미국 정치인들에게 5년 뒤 또는 30여 년 뒤의 일은 중요치 않을 것이다. 하지만 미국 정부에 엄청난 돈을 빌려준 '외국인'들에게는 심각한 문제다. 한국도 예외가 아니다. 미국 재무부 발표에 따르면, 2013년 7월 말 기준 한국이 보유한 미국 국채는 총 514억 달러에 달했다. 중국은 무려 1조 2800억 달러, 일본은 1조 1350억 달러를 갖고 있다. 이런 식으로 외국인들이 보유 중인 미국 국채는 총 5조 6000억 달러에 달한다. 미국이 재정 관리에 소홀히 하면 미국 국채 가격은 내려가게 된다. 한국을 비롯한 전 세계 미국 국채 보유자들은 큰 손해를 입는다. 하지만 외국인 투자자들에게는 마땅한 압박수단이 없다. 그렇다고 팔아 치울 수도 없다. 미국 국채는 세계 최대의 준비통화인 달러화의 핵심 저장 수단이기 때문이다. 싫어도 살 수밖에 없고, 상당액을 보유할 수밖에 없다.

「글로벌모니터」 2013년 10월 2일

Chapter 06 유로존의 독자노선……
'내부 재균형'

2014년 정초부터 유럽 변방의 이른바 '주변국'periphery들은 희망이 넘쳐났다. 적어도 국채시장은 분명히 그랬다. 2010년에 구제금융을 받았던 아일랜드가 37.5억 유로의 10년 만기 국채를 발행하는데 무려 140억 유로의 자금이 몰려들어 경쟁을 벌였다. 유로존 창설 멤버 중에서 가장 가난한 나라였으며, 마찬가지로 2011년에 구제금융을 받았던 포르투갈 역시 32.5억 유로 규모의 5년 만기 국채 입찰에서 110억 유로의 러브콜을 받았다. 2012년 은행 구제금융을 받았던 스페인은 5년 만기 국채를 유로존 가입 이후 가장 낮은 금리로 발행하는 데 성공했다. 심지어 10년 만기 국채를 한꺼번에 100억 유로나 발행하겠다고 나서기도 했는데, 무려 400억 유로의 자금이 운집해 경쟁을 벌이기도 했다. 구제금융 직전까지 몰렸던 이탈리아와 유로존의 '대표적 문제아'로 꼽혔던 그리스의 국채시장 역시 랠리를 만끽했다. 금리가 쉼 없이 떨어지고 있는데도, 그럴수록 투자자금은 더욱 빠르게 몰려들었다. 유로존 재정위기를 상징했던 '피그스'PIIGS*의 국채시장은 적어도 2014년 1월만큼은 세계에서 가장 유망한 투자처가 됐다.

불과 1년여 전에 횡행했던 유로존 붕괴 시나리오는 이제 더 이상 입에 오르내리지 않았다. 그럴 만도 한 것이, 주변국들의 경제는 더디지만 회복을 계속하고 있었고, 재정수지는 빠르게 안정되고 있었으며, 이들의 문제를 상징했던 경상수지는 급격히 개선되는 중이었

PIIGS 포르투갈(P), 이탈리아(I), 아일랜드(I), 그리스(G), 스페인(S)의 머리글자를 따와서 만든 경멸적인 뉘앙스를 담은 용어이다. 1990년대 말 유로존 창설 당시 상대적으로 경제 기초 여건이 취약한 포르투갈, 이탈리아, 그리스, 스페인 등 네 나라를 한데 묶어 PIGS라고 부르다가 유로존 재정위기 이후에는 아일랜드를 추가해 PIIGS라 부르고 있다. 통상적으로는 이들을 '주변국' 또는 '변방'이라고 부르기도 한다.

다. 그리고 유럽중앙은행^{ECB}은 유로를 사수하기 위해 "무엇이든 하겠다"$^{do\ whatever\ it\ takes}$고 뒤를 받치고 있다. 경제가 좀 더 빠른 속도로 성장하고 그래서 실업까지 줄어들기 시작한다면 유로존이 재정위기의 터널을 완전히 빠져나올 수 있을 것이라는 희망이 고개를 들었다.

위기의 원인은 미국과 다를 바 없었지만, 유로존의 경제를 돌려놓은 처방은 미국과 정반대였다. 미국이 화폐 증발을 앞세운 팽창정책을 통해 경제를 떠받친 반면, 유로존은 허리띠를 졸라매고 마른 수건을 쥐어짜는 식의 긴축정책으로 문제를 시정해왔다. 미국이 인위적으로 수요를 창출하는 확대균형을 꾀한 것과 달리 유로존은 수요를 줄이는 축소균형을 추진했다.

그러나 유로존의 해법 역시 부작용을 피하지 못했다. 살인적인 축소균형정책은 만연했던 인플레이션과 경상수지 적자를 해결했지만, 실업대란과 정치적 불안을 낳았다. 정치가 무너지고 만다면 그동안의 축소균형정책은 더 이상 진행할 수 없을 것이며, 지금까지의 성과는 하루아침에 물거품처럼 사라지고 말 것이다. 그리고 또 하나의 무서운 후유증, 디플레이션의 유령이 유로존을 떠돌기 시작했다. 2014년 초의 희망은 물거품처럼 사라져버릴 지도 모를 일이다.

**독이 된 축복······
대수렴 경제의
후유증**

1999년 1월에도 주변국들에서는 희망이 넘쳐흘렀다. 세계총생산의 20%, 국제무역의 30%를 차지하는 유럽 대륙의 국가들이 단일통화, '유로'를 사용하기 시작한 것이다. 단일통화는 유럽 국가들을 수십 년 동안 괴롭혀왔던 환율 변동 문제를 단번에 해결해줬다. 모든 회원국끼리 고정환율을 사용함으로써 역내 무역이 급성장했다. 환전 비용이 없어지고 환율 변동에 따르는 거래 불확실성이 사라진 결과였다.

거대한 단일통화 경제권이 창설됨에 따라 국제 투자자금도 물밀듯이 몰려왔다. 10여 개로 분리됐던 채권시장이 하나로 통합되면서 규모의 경제를 이룰 수 있게 됐고, 이에 힘입어 유동성이 풍부해지고 시장금리는 빠른 속도로 떨어졌다. 역외 투자자들이 보기에도 유로존은 이제 다양한 경제 특성을 가진 나라들로 포트폴리오를 구성한, 변동성이 낮은 경제권역이 됐다. 유로존의 다양한 포트폴리오는 통화가치를 안정적으로 유지하고 투자 불확실성을 줄이는 역할을 했는데, 그 중심에는 '건전한 통화정책'의 상징인 독일이 있었다. 유로존은 창설 때부터 독립적인 중앙은행과 건전한 재정정책을 특히 강

● 유로존 창설 이후 금리의 대대적인 수렴

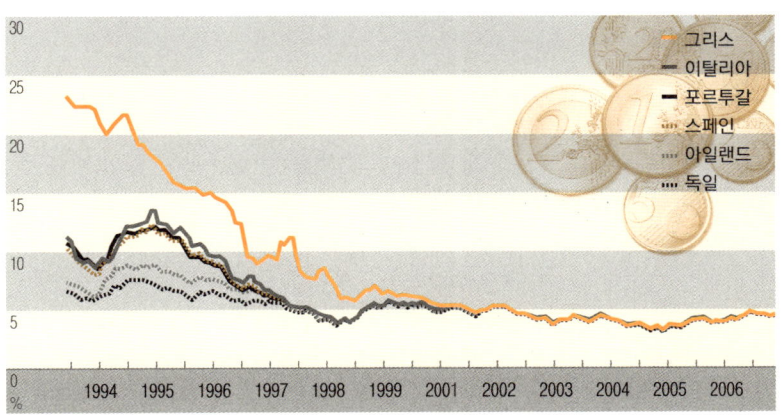

10년 만기 국채 수익률. 유로존 창설 이후 주변국들은 독일과 같은 수준의 초저금리로 돈을 빌려 쓸 수 있게 됐다.
출처 : 유럽중앙은행

조했으며, 이는 유로에 대한 투자자들의 신뢰를 높여줬다.

유로존 창설 당시의 희망은 '수렴'convergence이라는 단어로 상징화됐다. 상대적으로 가난했던 주변국의 기대감이 특히 컸다. 통화제도가 유로로 통일되면서 삶의 질도 독일 수준으로 수렴될 것으로 기대됐다. 가장 가시적인 수렴은 이자율에서 나타났다. 주변국은 전에 누리지 못했던 저금리의 혜택을 만끽하게 됐다. 유로존 회원국들은 모두 한 나라처럼 여겨지게 됐고, 주변국은 독일과 거의 같은 이자율로 돈을 빌릴 수 있게 됐다. 독일보다 두 배나 높은 이자를 물어왔던 이탈리아와 스페인, 포르투갈 등의 금리가 종전의 절반도 안 되는 수준으로 떨어졌고, 독일의 이자율 역시 주변국들과 함께 더 하락했다. 대수렴大收斂, the great convergence 이란 말이 채권시장에서 크게 유행했다. 주변국 국채를 헐값(높은 금리)에 사들였던 투자자들은 이 과정에서 큰돈을 벌었다. 한때 20%가 넘는 고금리에 시달렸던 그리스조차도 10년 만기 국채를 발행하는데 독일과 거의 같은 4%대의 이자만 지불하면 되는 시대가 열렸다.

주택시장이 가장 뜨겁게 반응했다. 낮은 금리의 자금이 풍부해지면서 빚을 내서 주택을 사려는 수요가 폭발적으로 증가했다. 집값이 뛰어오르자 수요는 더욱 빠르게 늘어났다. 스페인의 경우 2006년까지 해마다 집값이 10% 이상 급등했다. 주택시장 분석 서비스회사 〈Tinsa〉에 따르면 2002년 초 1000포인트를 약간 웃돌던 스페인의 주택가격지수는 2007년 말 2200포인트로 올랐다. 만 6년 사이에 두 배나 치솟은 것이다.

저금리와 주택시장의 열기로 경기가 달아올랐다. 실업률이 떨어지고 임금이 급등했다. 경기가 활성화되면서 재정수지도 급격히 개선됐다. 스페인은 1995년에만 해도 GDP의 7%를 넘는 재정 적자를 냈었다. 그러나 유로존 가입 6년 만인 2005년 들어서 스페인의 재정은 흑자로 돌아섰다. 2006년과 2007년에는 재정수지 흑자 규모가 GDP의 2%를 넘을 정도가 됐다. GDP의 70%에 육박했던 스페인의 국가부채도 2007년에는 36%로 뚝 떨어졌다. 단일통화 유로가 내려준 하늘의 축복이었다. 주변국 정부들은 각종 복지혜택을 신설했다. 주변국 국민들은 하루아침에 유럽 최고 부자나라 독일의 국민이 된 듯했다. 그러나 이 축복이 독이었다는 걸 깨닫는 데에는 시간이 오래 걸리지 않았다. 이 모든 축복은 그 뒤 엄청난 재앙을 불러오고야 말았다.

단일통화로 바뀌면서 유로존 내부의 가격경쟁은 더욱 심화됐다. 한 나라의 소비자들은 자기 나라에서 팔리는 물건이 다른 나라에서는 몇 유로에 팔리는지를 쉽게 비교할 수 있었고 가격 차이에 따라 무역의 흐름이 급격하게 바뀌었다. 그 사이 주변국 기업들의 가격경쟁력은 급격히 사라져 가고 있었다. 주변국 노동자들의 소득이 급증했다는 것은 그곳 기업들의 비용이 그만큼 늘어났다는 것을 의미했기 때문이다. 독일보다 15~20%나 쌌던 스페인과 이탈리아, 아일랜드, 포르투갈 등의 단위노동비용이 유로존 창설 뒤 약 10년에 걸쳐 대대적으로 상승했다. 부동산을 중심으로 내수경기가 열기를 이어간 결과이다. 반면 독일의 노동비용은 오히려 떨어졌다. 노동시장의 유연성을 높이는 등의 개혁 조치를 취한 결과였다. 금리가 대대적으로 수렴했듯이 노동비용의 격차도 급격히 좁혀졌다. 주변국의 비용경쟁력은 완전히 사라져가고 있었다. 주변국의 수출은 대폭 위축되고 수입은 대폭 증가했다.

　주변국 정부들의 정책도 한몫했다. 대외 경쟁력 저하로 실업이 증가하는 것을 막기 위해 해고를 어렵게 하고 실업수당과 사회보장을 확대했다. 내수 활성화에 힘입어 재정수지가 빠르게 개선되고 있었기 때문에 정부가 돈 씀씀이를 늘리는 데에는 어려움이 없었다. 그러나 이는 주변국 기업들의 경쟁력을 더욱 악화시켰다.

　가뜩이나 경쟁력이 크게 떨어지던 주변국의 산업은 무역시장에서 버텨낼 재간이 없었다. 주변국의 경상수지 적자는 대대적으로 확대됐다. 유로존 통합 이전에도 이런 현상이 종종 있었다. 그때만 해도 주변국 정부들은 자국 통화가치를 평가절하함으로써 불균형을 바

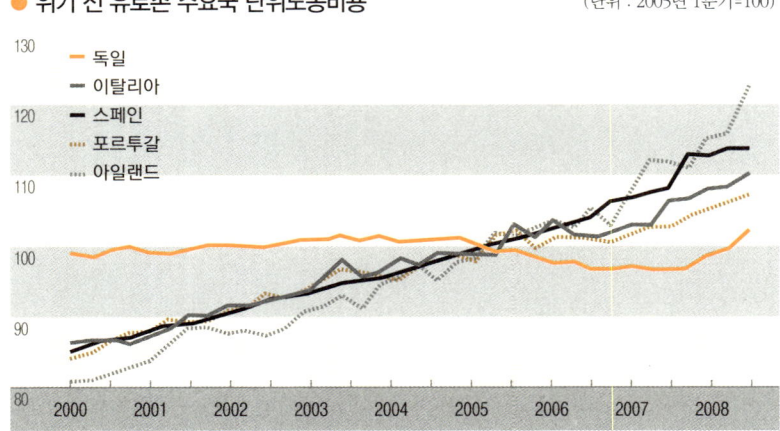

● 위기 전 유로존 주요국 단위노동비용　　　(단위 : 2005년 1분기=100)

단위노동비용이란 상품 또는 서비스의 부가가치를 한 단위 생산할 때마다 들어가는 노동비용, 즉 인건비를 말한다. 똑같은 한 단위의 부가가치를 생산하는데 더 많은 노동비용을 지불해야 한다면 경쟁력이 떨어질 수밖에 없다.　　　출처 : 경제협력개발기구

로잡고는 했다. 예를 들어 비용 상승으로 인해 대외 수출 가격이 5% 상승해 경쟁력을 잃는 경우 자국 통화가치를 10% 절하함으로써 수출 가격을 인하했다. 그러나 이제는 이 수단을 사용할 수 없게 됐다. 스페인은 독일과 똑같이 '유로'라고 하는 단일통화, 단일환율에 고정돼 있기 때문이다.

무너져 내린 '수렴 경제' 신기루

수출의 악화는 결국 내수로 부메랑처럼 돌아왔다. 가계소득이 점차 쪼들리자 천정부지로 치솟던 집값이 꺾이기 시작했다. 주택담보대출을 갚

유로에 얽힌 환율의 경제학

과거 유로화 창설 이전에 독일 마르크에 대한 스페인 페소화의 환율이 100마르크당 100페소였던 시기가 있었다고 가정하자. 스페인 정부가 대외 경쟁력 악화에 대응해 환율을 110페소로 절하하면 독일에 대한 스페인 제품의 수출 가격은 100마르크에서 90.9마르크로 떨어진다. 한국에 비유한다면, 달러-원 환율이 1000원에서 1100원으로 상승(원화가치 절하)하면 종전에 1000달러를 받던 100만 원짜리 수출품은 909달러만 받아도 과거와 같이 100만 원을 얻을 수 있게 된다. 따라서 평가절하 국가의 수출기업들은 수출품의 가격을 인하해 경쟁력을 높일 수 있다.

이때 스페인 노동자들의 임금은 종전과 같이 100페소를 유지한다하더라도 이들이 임금으로 살 수 있는 독일 제품은 100마르크어치에서 90.9마르크어치로 줄어든다. 종전과 같이 100마르크어치의 독일 제품을 구입하기 위해 스페인 노동자들이 지불해야 하는 가격은 100페소에서 110페소로 늘어난다. 따라서 페소화 평가절하 이후 독일에 대한 스페인의 수입 수요는 감소한다. 수출경쟁력이 높아지고 수입 수요가 감소함으로써 경상수지가 개선되는 것이다.

지 못하는 사람들이 늘어났고 집값은 추락하기 시작했다. 주택담보대출 연체는 더욱 빠른 속도로 늘어났고 은행 부실은 폭발적으로 증가했다. 부실이 늘어난 은행들은 주택담보대출을 꺼리기 시작했다. 주택시장으로의 자금 공급이 끊기면서 집값은 폭락의 소용돌이에 빠져들었다. 거의 유일하게 경제를 떠받치던 주택시장이 무너지자 경제 전체가 함께 붕괴했다.

그 불똥은 정부로 튀었다. 부동산 붐이 물거품처럼 사라지자 정부의 세금 수입도 격감했다. 반면 부동산 붐 당시에 대대적으로 확대했던 정부의 복지 지출은 그대로였다. 씀씀이를 대폭 늘려놓은 상태에서 수입이 많이 줄어들자 정부의 재정은 적자로 돌아섰다. 상태가 악화하면서 재정 적자폭은 폭발적으로 커졌다. 국가부채도 빠르게 증가했다. 스페인 못지않은 부동산 거품을 향유했던 아일랜드도 마찬가지 사정이 됐다. 그리스와 이탈리아, 포르투갈 등도 형편이 비슷했다. 이들은 유로존 가입 뒤에도 만년 적자 재정을 면치 못했고 국가부채는 이미 감당하기 어려울 지경으로 불어나 있었다.

2008년 2분기가 되자 스페인의 재정수지 적자는 GDP의 5.3%로까지 늘어났다. 2007년 3분기 때만 해도 GDP의 6.3%에 달하는 흑자를 냈던 나라였으나 1년도 채 안 돼 사정이 돌변했다. 이제는 유로존 정부들끼리 한 약속 즉, 재정 적자를 GDP의 3% 이내로 억제하는 규약을 지킬 수 없게 됐다. 하지만 스페인 정부는 씀씀이를 멈출 수 없었다. 경기가 빠르게 냉각되자 오히려 대대적인 부양정책을 펼쳤다. 부동산 거품이 붕괴하면서 지역 은행들이 쓰러지기 시작하자 공적자금도 투입했다. 적자는 더 빠른 속도로 확대됐다. 스페인의 재정 적자는 2008년에 GDP의 4.5%, 2009년에는 11%, 2010년에도 9.6%에 달했다. 2007년에 36%로까지 떨어졌던 GDP 대비 국가부채비율은 2011년이 되자 70.5%로 치솟아 버렸다.

아일랜드의 상황은 더욱 극적이었다. 초고속 성장을 구가하며 "켈트의 호랑이"the Celtic Tiger, "강소국의 모델"이라고 찬양받던 나라가 하루아침에 거덜 나고 말았다. 2006년 GDP의 24.6%에 불과했던 아일랜드의 국가부채는 2010년에 91%로 치솟았고, 2011년에는 104%에 달했다. 부동산시장과 함께 붕괴한 금융시스템으로 공적자금을 투입한 결과였다. 특히 아일랜드는 경제 규모보다 금융산업의 비중이 과도하게 커져 있었기 때문에 금융 붕괴에 대응하는 비용도 나라 경제 규모에 비해 과도할 수밖에 없었다. 아일랜드의 신화는 금융 거품으로 치장된 신기루에 불과했음이 만천하에 드러난 것이다.

주변국 경제의 불균형은 이미 경상수지에 그대로 반영되고 있었다. 유로존으로 통합된 뒤로 스페인의 경상수지 적자는 폭발적으로 증가했다. 임금이 급등해 수출경쟁력이 추락한 반면 부동산 붐을 앞세운 내수시장의 열기로 수입품에 대한 수요는 계속 불어난 탓이다. 경상수지 적자를 내는 나라는 모자라는 돈을 외채를 빌려와서 충당해야만 한다. 한동안은 아무런 문제가 없었다. 경제가 여전히 활기를 띠고 있었고 빚을 갚는 데에도 별 어려움이 없어 보였기 때문이다. 그러나 빚으로 적자를 메우는 불균형이 무한정 지속될 수는 없었다. 스페인의 경상수지 적자는 2007년 들어 GDP의 10%를 넘어서기 시작했다. 통상 안전범위로 간주하는 'GDP의 2%' 수준을 다섯 배나 웃도는 규모였다. 한 해 동안 벌어들이는 돈의 10분의 1만큼의 외채를 빌려와야 유지될 수 있는 경제 구조가 돼버린 것이다.

때마침 스페인의 주택시장은 빠르게 꺾이고 있었고, 경기는 급격히 침체되었으며, 재정수지마저 대규모 적자로 돌아서 버렸다. 곧이어 미국을 시작으로 전 세계적인 금융위기가 터졌다. 금융시장의 분위기는 완전히 달라졌다. 믿을만한 상대방에게도 돈을 빌려주지 않으려는 분위기가 팽배했다. 스페인처럼 갑자기 적자가 폭증하는 정부에게는 더욱 가혹해졌다. 유럽 주변국 전체가 같은 문제에 봉착했다. 이자율이 뛰기 시작했다. 적자 재정을 충당하기 위해 빚을 더 많이 내야 하는 처지가 됐는데 빚을 내는데 드는 비용은 날마다 높아져만 갔다. 이자 부담이 커지면 커질수록 재정수지는 더욱 나빠질 터였다. 이러한 문제를 잘 알고 있는 채권시장은 주변국들에게 더 많은 이자를 요구했다. 독일 수준으로 대대적으로 수렴됐던 주변국 정부

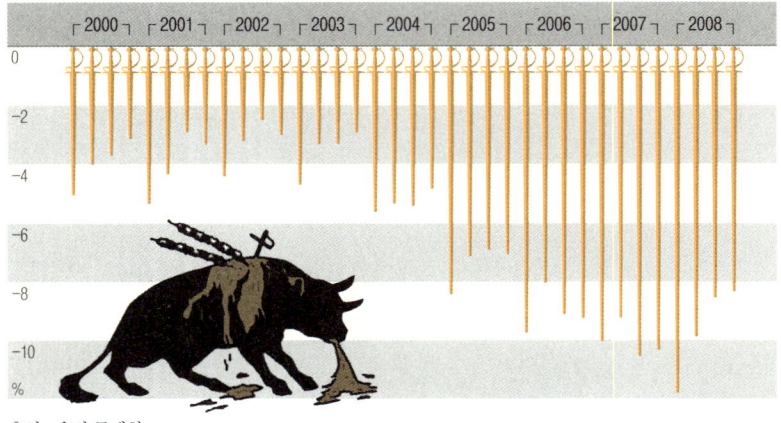

● 위기 전 스페인의 GDP 대비 경상수지

출처 : 유럽 통계청

국채의 이자율은 다시 갈라지기 시작했다.

이러한 재정위기의 상황에 직면할 경우 일반적인 정부는 중앙은행을 동원할 수 있다. 미국이나 일본의 양적완화정책이 대표적이다. 중앙은행으로 하여금 국채를 매입하도록 해 정부의 부채 조달 문제를 해결하는 것이다. 그러나 주변국들은 그렇게 할 수 없었다. 그들에게는 중앙은행이 없었기 때문이다. 유로존의 어떠한 나라에도 자국의 필요에 따라 화폐를 마음대로 발행할 수 있는 중앙은행은 존재하지 않았다. 그들은 공동의 유럽중앙은행ECB을 갖고 있었을 뿐이다. 그리고 유럽의 규약은 ECB로 하여금 정부에 돈을 빌려주는 행위를 엄격히 금지하고 있었다. 무역적자에 대응해 통화가치를 평가절하하는 일이 불가능해진 것과 같은 이치로 주변국들은 재정위기에 속수무책일 수밖에 없었다.

● 유로존 위기 후 금리의 대대적인 분기 the great divergence

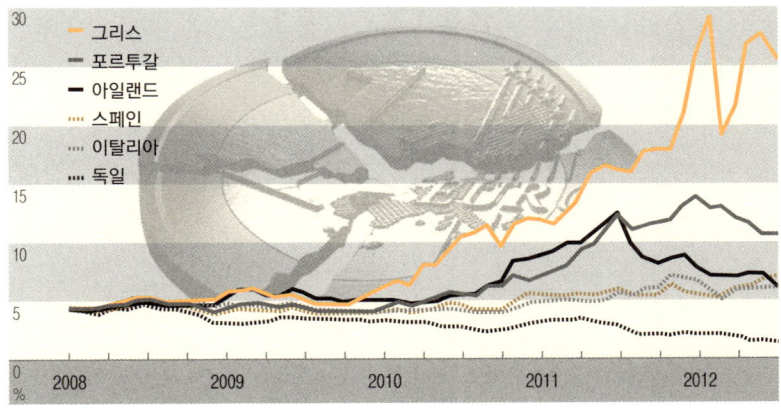

출처 : 유럽중앙은행

불길은 가장 먼저 그리스로 향했다. 그리스는 유로존 가입 이후에 단 한 차례도 재정 적자 제한(GDP의 3% 이내)을 지키지 못한 나라였다. 국가부채는 이미 오래전부터 GDP의 100%를 넘어서 유로존의 제한선(GDP의 60%)에서 크게 벗어나 있는 상태였다. 금융위기 이후에는 더욱 빠르게 악화됐다. 2009년이 되자 유럽 통계청은 "그리스 정부가 부정확한 통계를 제출하고 있으며, 회계준칙을 지키지 않고 있다"고 신뢰의 문제까지 제기했다.

경제난이 극심한 와중에 치러진 그 해 선거에서 그리스의 정권이 교체됐고 사태는 급진전했다. 그리스의 새 정권이 과거에 숨겨뒀던 정부 빚을 고백했다. 유로존에 가입하기 위해 마치 재정이 좋은 것처럼 보이려고 분식회계를 했던 사실을 만천하에 드러낸 것이다. 애초 GDP의 6~8% 수준이 될 것이라고 밝혔던 2009년의 재정 적자도 실제로는 12.5%에 달할 것이라고 털어놨다. 그리고 국가부채는 GDP의 113%에 이른다고 밝혔다. 피치와 S&P, 무디스 등 국제 신용평가회사들이 그리스의 국가신용등급을 경쟁적으로 강등했다.

그리스의 국채시장은 요동쳤다. 국채 수익률이 솟아오르고 외국인 투자자들은 그리스 국채를 투매했다. 국채 수익률은 더욱 빠르게 상승(국채 가격 폭락)했다. 그리스 정부는 재정 긴축 법안을 마련해 투자자들을 달래려 했지만 소용이 없었다. 이미 심각하게 망가져 버린 그리스의 재정을 바로 잡기에는 턱없이 부족한 내용이었다. 한때 독일과 거의 같은 수준으로 낮았던 그리스의 10년 만기 국채 수익률이 이제 10% 선을 훌쩍 뛰어넘었다. 2010년 4월, 채권시장에서 더 이상 돈을 빌릴 수 없게 된 그리스 정부는 국제사회에 구제금융을 공식 요청했다. 유로존의 재정위기가 공식 발발하는 순간이었다. 그리스 총리는 자신의 나라를 "침몰하는 배"로 비유했다. 유럽 대륙의 야심 찼던 단일통화 프로젝트는 11년 만에 좌초 위기에 몰렸다. 며칠 뒤 그리스와 국제통화기금, 유럽연합, 유럽중앙은행은 1100억 유로 규모의 3년짜리 구제금융 프로그램에 합의했다.

그리스 뇌관만 제거하면 사태는 해결될 줄 알았다. 그러나 착각이었다. 채권시장은 그리스 못지않게 부실한 또 다른 누군가를 찾기 시작했다. 다음 희생자는 아일랜드였다. IMF와 유럽은 아일랜드에 850억 유로를 투입하기로 결정했다. 그리스 구제금융을 결정한 지 6개월 만의 일이다. 아일랜드 구제금융을 결정한 지 다시 6개월 뒤인 2011년 5월 포르투갈에 대한 780억 유로의 구제금융이 합의됐다.

유로존 프로젝트의 구조적 문제 유로존 재정위기는 경제 여건이 서로 다른 나라들이 똑같은 화폐를 사용하는데 따르는 구조적인 문제를 여실히 드러냈다. 유로존 17개 회원국들은 '저금리'라는 수렴 경제의 혜택을 얻는 대신 환율정책과 통화정책을 포기해야만 했다. 따라서 이들 나라가 사용할 수 있는 거시경제정책은 '재정'밖에 남지 않았다. 유로존은 창설 당시에 'GDP 3% 이내의 재정 적자'와 'GDP 60% 이내의 국가부채'라는 건전성 기준을 설정했으나 지키는 나라는 거의 없었다. 심지어 유로존에서 가장 건전한 나라로 통하던 독일조차도 이 기준을 어겼다. 애초에 거론됐던 벌칙은 가해지지 않았다. 17개 회원국들은 경기가 좀 나빠지거나 정치적 필요가 있을 때마다 정부 지출을 늘리는 방식으로 대응했다. 단일통화 도입 이후 경쟁력을 상실해 가는 경제를 지탱하기 위해서 주변국 정부의 씀씀이는 더욱 커졌다. 단일통화를 유지하기 위해서는 재정을 비롯한 다른 대부분의 경제 여건들이 서로 엇비슷해야 하지만 빈틈이 너무나 많았다.

여러 나라들이 단일통화를 사용하는 경제 구조는 얼핏 미국과 비슷해 보였다. 미합중국^{the United States of America} 역시 여러 개의 주정부들^{states}이 '달러'라는 단일통화를 공유하고 있기 때문이다. 그러나 미국과 유로존은 근본적으로 차이가 있었다.

미국은 통화뿐 아니라 재정까지 통합된 나라이다. 미국은 대규모의 공동 재정을 운영한다. 잘 사는 주^{state}에서 낸 연방 세금이 가난한 주^{state}에 지원됨으로써 최소한의 삶의 질이 공유된다. 반면, 유로존은 각 나라들이 각각의 조세제도와 재정정책을 독립적으로 운영한다. 잘 사는 나라의 세금이 못 사는 나라로 이전되지 않는다. 단일통화 체제하에서 동일한 삶의 질을 영위하기 위해서는 가난한 나라의 정부들이 스스로 빚을 더 내는 수밖에 없었다.

미국은 금융정책도 통합된 나라이다. 공동의 예금보험제도가 운용된다. 가난한 주의 은행이 파산하면 잘 사는 주의 예금자들이 낸 보험료를 파산은행 예금자들에게 지원한다. 그러나 아일랜드의 한 은행이 파산하더라도 독일의 예금보험기금이 지원하는 일은 없다. 아일랜드의 예금자는 아일랜드 정부 스스로 보호해야만 한다.

이 모든 것들이 통합되기 위해서 유로존은 '합중국'^{the United States of Europe}이 됐어야만 했다. 그러기 위해서는 미국처럼 공동의 연방정부를 세우는 정치통합까지 이뤄져야만 했다. 그러나 이는 회원국 주권을 유럽 연방정부에 양도하는 것을 의미했다. 그 어떤 회원국도 동의하지 않았다. 유로존이 하나의 연방국가가 된다면 인구가 가장 많고 경제 규모가 가장 큰 독일이 주도권을 차지할 것이고, 그렇게 된다면 나머지 회원국들은 독일의 실질적인 '지배'에 들어갈 것이기 때문이다. 특히 독일의 역사적인 라이벌이면서 독일보다는 인구와 경제 규모가 약간 모자라는 프랑스의 반감이 컸다.

이러한 구조적인 문제 속에서 가난한 주변국과 잘 사는 북유럽의 갈등은 깊어졌다. 프랑스 등 주변국은 독일이 위기를 이용해 유럽을 지배하려 한다고 비난하며 조건 없는 지원을 요구했다. 독일 등 북유럽은 주변국이 북유럽 국민의 세금과 저축만 탐낸다고 비난하며 무조건적인 지원을 거부했다. 주변국은 주변국대로, 북유럽은 북유럽대로 상대방을 비난할 나름의 타당한 명분을 갖고 있었다.

갈등이 깊어지는 사이 위기는 계속 전염되고 있었다. 그리스의 사정은 날로 악화되고 있었다. 유로존에서 경제가 세 번째로 큰 이탈리아, 네 번째로 큰 스페인이 다음 희생양으로 거론되기 시작했다. 스페인과 이탈리아마저 무너지면 그다음은 핵심^{core} 국가인 프랑스 차례가 된다. 유로존은 완전히 붕괴될 위기에 처한 것이다. 2011년 7월, 그리스에 대한 1090억 유로 규모의 제2차 구제금융이 결정됐다. 그러나 불길은 잡히지 않았다. 2011년 8월, 조제 마누엘 바호주 유럽연합 집행위원장은 "위기가 유로존의 주변부 너머로까지 번질 위험이 있다"고 경고했다.

며칠 뒤 결국 ECB가 나서야만 했다. ECB는 이탈리아와 스페인 등의 국채를 시장에서 매입하겠다고 선언했다. 정부에 돈을 빌려주는 행위는 금지된 일이었다. 독일의 반대 여론이 들끓었다. 악셀 베버 독일 중앙은행 총재가 사표를 내던지며 반발했다. ECB의 국채 매입에도 불구하고 주변국의 국채금리는 쉽게 가라앉지 않았다. 새로 ECB 총재직을 맡게 된 이탈리아 출신의 마리오 드라기는 1조 유로 규모의 장기 대출 프로그램 LTRO 을 도입했다. 유로존 은행들에게 초저금리의 자금을 원하는 만큼 3년 동안 빌려주는 내용이다. 은행들은 ECB에서 빌린 돈으로 자기 나라 국채를 사들였다. ECB는 '정부에 돈을 빌려준다'는 비난을 우회해 국채시장을 안정시킬 수 있게 됐다. 그러나 효과는 몇 달도 가지 않았다. 스페인과 이탈리아 국채시장은 다시 붕괴 직전으로 내몰렸다.

ECB의 LTRO는 오히려 심각한 후유증을 일으켰다. 스페인과 이탈리아 은행들이 ECB에서 빌린 돈으로 자기 나라 국채를 사들이자 그 기회를 틈타 외국인 투자자들이 이들 국채시장에서 대거 이탈했다. 가뜩이나 부실한 스페인과 이탈리아의 은행들은 역시 부실한 자기 나라 정부의 채권을 산더미처럼 떠안고 말았다. 부실은행들에 공적자금을 투입해 구제해야 할 처지였던 스페인과 이탈리아 정부가 오히려 부실은행들로부터 천문학적인 돈을 빌린 꼴이 되고 말았다. 스페인과 이탈리아 정부의 재정이 악화될수록 이들 나라 은행들은 더욱 부실해질 수밖에 없게 됐다. 은행들이 부실해지면 부실해질수록 스페인과 이탈리아의 재정 부담은 더욱 늘어날 수밖에 없게 됐다. 이른바 부실정부와 부실은행의 악성 순환고리 vicious feedback 가 형성됐다. 스페인과 이탈리아의 정부와 은행들은 국제 투자자들로부터 동시에 의심을 받는 지경에 이르렀다.

스페인과 이탈리아로의 전염은 '원칙주의'가 낳은 부작용이기도 했다. IMF와 EU, ECB 등 이른바 그리스 채권단 트로이카는 제2차 구제금융을 지원하면서 그리스 국채를 보유한 민간 투자자들에게 원금 탕감을 요구했다. 이 요구가 관철되지 않는다면 구제금융을 지급하지 않겠다고 했다. 민간 투자자들은 울며 겨자 먹기로 수용할 수밖에 없었다. 그리스가 부도를 내서 원금을 모두 날리는 것보다는 절반만이라도 돌려받을 수 있는 게 나았기 때문이다. 원금 탕감 요구를 주도한 독일은 나름의 타당한 명분이 있었다. 그리스에 돈을 빌려준 민간 채권자들 역시 고통을 분담하는 건 합리적이었다. 그러나 이는 뜻하지 않은 파문을 일으켰다. 스페인과 이탈리아 국채를 보유하고 있던 투자자들이 공포에 질린 것이다. 만약 스페인과 이탈리아 역시 구제금융을 받게 된다면 그리스처럼 원금 탕감이 강요될 게 뻔해 보였기 때문이다. 투자자들은 앞다퉈 두 나라의 국채를 팔아 치웠다.

2012년 5월, 스페인 최대 은행인 방키아^{Bankia}가 정부에 구제금융을 요청했다. 부실정부와 부실은행 간의 악성 순환고리 문제가 본격적으로 고개를 들었다. 스페인에는 방키아 외에도 수많은 부실은행들이 벼랑 끝에 몰려 있었다. 스페인이 방키아를 시작으로 공적자금을 본격 투입하게 되면 재정은 더욱 빠른 속도로 악화되고 말 것이다. 그러면 스페인 국채를 잔뜩 가지고 있는 은행들의 자산은 더욱 부실

해질 것이다. 2012년 6월, 스페인 정부는 결국 은행구제 자금을 외부에 요청하기로 했다. 구제금융을 받게 되면 스페인 정부의 공적자금 투입 부담은 사라질 수 있을 듯했다. 그러나 스페인의 국채 수익률은 유로존 가입 이후 가장 높은 수준으로 치솟았다. 구제금융 상환 부담을 부실은행이 아닌 스페인 정부에 지우기로 했기 때문이다. 게다가 새로 지원되는 구제금융에는 '스페인 정부에 대한 선순위 상환 권리'를 부여하는 방안까지 거론됐다. 이렇게 되면 기존에 스페인 국채를 매입한 투자자들은 후순위로 밀리게 된다. 이탈리아 국채시장도 뿌리째 흔들리기 시작했다. 이탈리아의 은행들 역시 부실하기는 마찬가지였기 때문이다.

"GREXIT" vs. "무엇이든 하겠다"

그 사이 그리스의 연립정부는 붕괴했다. 그리스에 가해진 혹독한 긴축정책으로 국민들의 삶이 땅바닥으로 추락했고, 이것이 심각한 정치와 사회 불안을 야기한 탓이다. 그리스는 총선을 치러 새 정부를 구성해야만 했다. 그러나 총선 결과는 무시무시해질 수 있었다. "트로이카와 맺은 구제금융 협약 파기"를 공약한 급진좌파 야당의 인기가 치솟고 있었다. 만약 이들이 집권해 긴축 프로그램을 거부하게 된다면 그리스는 유로존에서 쫓겨날 수밖에 없다. 그리스 스스로 유로존에서 탈퇴할 것이라는 관측과 소문도 금융시장에 파다했다. 시티그룹의 한 애널리스트는 그리스의 유로존 이탈을 의미하는 'GREXIT' Greece Exit 라는 말을 유행시켰다.

그리스가 유로존을 탈퇴하면 과거의 화폐 '드라크마'(그리스의 과거 화폐 단위)를 다시 사용하게 될 것이다. 그리고 그 화폐의 가치는 유로에 비해 엄청나게 낮은 수준으로 결정될 것이다. 그러면 그리스는 경상수지를 획기적으로 개선할 수 있게 된다. 그러나 예를 들어
1유로가 5드라크마로 정해진다면 그리스의 외채 규모는 다섯 배 급증하게 된다. 그리스 정부는 그 빚을 절대로 갚지 못할 것이다.

 그리스가 유로존을 탈퇴하면 스페인도 어떤 선택을 할지 모른다는 소문이 돌았다. 스페인의 유로존 탈퇴를 의미하는 'SPEXIT'Spain Exit 라는 말이 유행하기 시작했다. 이탈리아는 유로존에 남아 있는 것보다 탈퇴하는 게 경제적으로 더 유리하다는 분석 보고서도 나왔다. 이탈리아까지 탈퇴하면 유로존은 붕괴하고 말 것이다. 그럴 바에는 차라리 독일이 유로존을 탈퇴하는 게 낫다는 분석도 설득력을 얻으며 퍼져나갔다. 독일이 빠지면 유로화 가치는 대폭 절하될 것이고, 그러면 남아 있는 유로존 국가들의 무역 경쟁력은 동시에 대폭 개선될 것이기 때문이었다. 남은 나라들은 유로화를 계속 쓸 것이기에 외채가치가 급등하는 문제도 완전히 피할 수 있을 것이다.

 그러나 독일이 유로존을 탈퇴한다면, 그들은 대폭 절상된 마르크화를 다시 사용해야 할 것이다. 그러면 독일이 유로존 국가와 기업들에게 유로화로 빌려줬던 돈의 가치는 대폭 평가절하되고 말 것이다. 국민들이 엄청난 손실을 볼 수밖에 없기에 독일 정부로서는 검토할 가치조차 없는 시나리오였다. 그럼에도 불구하고 유로존 붕괴 시나리오는 다양한 양상으로 금융시장에 회자됐다. 스페인과 이탈리아는 막다른 길로 몰리고 있었다. 이들이 구제금융을 요청하는 것은 시간문제로 보였다. 유로존 붕괴에 베팅하는 투기적인 공격이 거세게 몰아쳤다. 금융시장은 하염없이 추락해갔다.

그러던 2012년 7월 26일, 영국 런던에서 하계 올림픽을 기념한 콘퍼런스가 열렸다. 이 자리에 참석한 마리오 드라기 ECB 총재가 전격적으로 선언했다. "유럽의 정치적 자본을 과소평가하지 마라. ECB는 유로를 지키기 위해 무엇이든 할 것 do whatever it takes 이다." 중앙은행이 할 수 있는 '무엇이든'이란 화폐 증발을 의미한다. 스페인이 은행 구제금융을 요청한 지 한 달 만의 일이다.

드라기 총재는 일주일 전 프랑스「르몽드」지와의 인터뷰에서 "유로존이 와해될 것이라는 애널리스트들의 시나리오는 유로존에 투자된 각국의 정치적 자본을 도외시한 것이다. 그런 일은 절대로 없을 것이다. ECB에게는 어떠한 금기도 없다"고 말했었다. 유로존을 살리기 위해서는 화폐를 발행해 스페인과 이탈리아 정부에 돈을 빌려줄 수도 있다는 말이나 마찬가지였다. 드라기 총재가 말한 '정치적 자본'이란 경제통합에 투입된 의지와 노력을 의미한다. 전쟁으로 점철된 유럽 대륙의 역사를 평화적으로 되돌리는 작업이었다. 만약 누군가가 유로존에서 탈퇴하고, 이로 인해 유로존이 와해된다면 유럽은 다시 정치적·군사적 갈등과 대립이 지배하는 과거로 돌아가고 말 것이다. 유로 화폐는 17개 국가들을 한데 묶는 '정치적' 장치였으며, 드라기는 그 장치의 관리자로서 정치적 책무를 다할 것임을 공표한 것이었다. 그러나 드라기는 선출된 공무원이 아니었다. 회원국 국민의 대표들로부터 승인이 필요했다.

그래서 다음 날 앙겔라 메르켈 독일 총리와 프랑수아 올랑드 프랑스 대통령이 긴급히 전화 접촉을 가졌다. 두 정상은 성명서에서 "양국 정부는 유로존을 방어하기 위해 모든 것을 할 용의가 있다. 유럽의 기구들 역시 자신들의 책무를 다해야 할 것"이라고 밝혔다. 스페인과 이탈리아 국채 매입 지원을 암시한 드라기 총재의 "무엇이든 하겠다" 선언에 대해 유로존 양대국 정상들이 정치적 비준을 한 순간이었다. "ECB가 정부에 돈을 빌려줘서는 안 된다"는 규약은 이제 유보됐다. 그리고 한 달여가 지난 뒤 ECB는 재정위기 국가의 국채를 무제한으로 사들일 수 있도록 하는 프로그램 OMT : Outright Monetary Transactions*을 의결했다.

이 선언들은 유로존 재정위기의 흐름을 완전히 되돌려 놓았다. 유로존 국가들은 이제 미국이나 일본처럼 화폐 발행으로 재정을 지원해 주는 중앙은행을 갖게 됐다. 따라서 재정위기는 더 이상 발생하지 않게 됐다. ECB의 OMT 프로그램은 존재 자체만으로도 온갖 투기적 베팅을 잠재울 수 있었다. 중앙은행의 무제한적인 발권력을 이겨낼 수 있는 투기세력은 없기 때문이다. 주변국 국

OMT ECB가 재정위기 국가의 국채를 유통시장에서 사들이는 정책을 의미한다. 중앙은행은 일반적으로 시장에서 채권을 사거나 파는 공개시장조작을 통해 통화량을 조절한다. 중앙은행의 채권 매매는 일정 기간 이후에 되팔거나 되사는 조건으로 사들이는 환매조건부매매 RP 또는 Repo : Repurchase Agreements 와 소유권이 완전히 이전되는 일반적인 매매 Outright Transactions (한국은행에서는 '단순매매'라고 부른다)로 구분된다. ECB의 국채매입 프로그램은 후자를 의미하는 것이다. 되파는 조건이 붙지 않기에 해당 국채는 만기까지 시장에서 완전히 회수된다. 따라서 해당 국채의 공급은 대폭 감소하며 가격은 상승한다. OMT의 지원을 받으려면 해당 국가는 유럽연합에 공식적으로 구제금융을 요청해야 한다. 까다로운 조건이 붙기는 했지만 중앙은행이 무제한의 발권력을 동원해 국채시장에 개입하는 것을 의미했기에 기존의 제한적 규모의 구제금융과는 차원이 다른 힘을 발휘하게 됐다.

채시장은 빠른 속도로 안정됐다. 문제가 생기면 ECB가 나서줄 것이었기에 투자자들은 안심하고 주변국 국채를 사들일 수 있게 됐다. 주변국의 국채는 오히려 다른 어떠한 곳에서도 구하기 어려운 고금리를 제공하는 매력까지 있었다. 수익률에 굶주린 자금들이 전 세계에서 몰려들었고 국채 가격은 오르고 또 올랐다. 금리는 계속 떨어졌다. 스페인과 이탈리아는 물론이고 포르투갈과 아일랜드 등 구제금융을 받았던 정부들이 국채시장에 속속 복귀했다.

처방전으로 강요된 실업, 빛과 그림자

그렇다고 해서 주변국들이 다시 행복해진 것은 아니었다. 구제금융을 받은 나라들에게는 여전히 혹독한 재정 긴축과 경제 개혁 과제들이 부과돼 있었다. 은행 구제금융을 받은 스페인이나 잠재 위기국가였던 이탈리아 역시 '자발적' 개혁의 형식으로 똑같은 체질 개선 작업을 진행해야만 했다. 만에 하나 ECB의 OMT 프로그램 지원을 받게 된다면 더욱 가혹한 긴축과 개혁을 요구받게 될 것이기에 꾀를 부릴 틈이 없었다. OMT는 유로존의 구제금융 '실탄' 문제를 해결해줬을 뿐, 유로존 특유의 위기 극복 방식을 바꾼 것은 아니었다.

유로존의 해법은 미국이나 영국, 일본과는 판이했다. 재정 지출을 대폭 줄이고 세금을 인상하는 강력한 긴축정책을 요구한다. 근로자의 해고를 용이하게 하는 한편, 독과점을 보장하는 각종 규제를 철폐해 경쟁을 촉진하는 개혁 프로그램을 부과했다. 부채위기는 너무 적게 벌고 너무 많이 써서 생긴 문제였던 만큼 과거와 정반대로 사는 내핍의 길을 해법으로 선택했다.

유로존 각국에서는, 특히 주변국에서는 2000년대 초중반 '융합 경제' 호황 당시와 정반대의 현상이 나타났다. 이탈리아는 유로존에서 세 번째로 큰 경제 규모를 자랑하는 선진국이지만 가장 방만한 재정 정책의 역사를 가진 나라였다. 국가부채가 120%에 달해 그리스 다음으로 심각한 부채 부담을 안고 있었다. 그러나 재정위기가 발발한 뒤로 이탈리아는 가장 모범적인 재정 긴축 성과를 자랑하고 있다. 2009년 중 GDP의 5.5%에 달했던 이탈리아의 재정수지 적자는 2012년 들어 GDP의 3%로 뚝 떨어졌다. 2013년 2분기에 적자비율은 1% 수준으로 더 낮아졌다.

복지 지출을 대폭 줄이고 세금을 인상하자 경기가 급랭하고 실업이 급증했다. 금융위기 직전 8% 수준이었던 스페인의 실업률은 무

● **위기 후 유로존 주요국 단위노동비용**

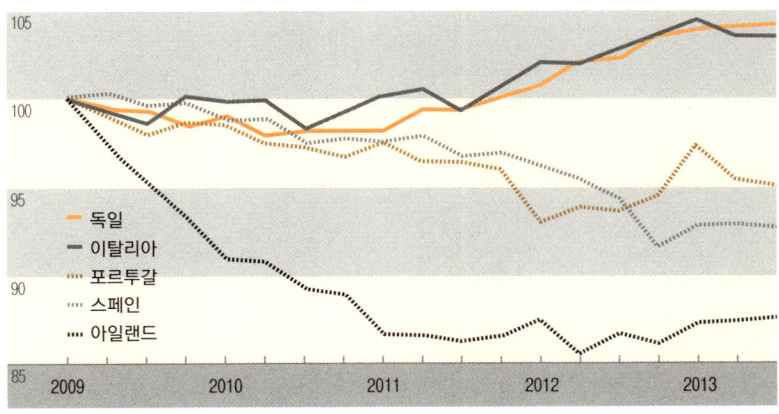

출처 : 경제협력개발기구

려 26%대로 뛰어올랐다. 실업자가 넘치자 임금이 추락했다. 그 결과 스페인의 단위노동비용은 2009년 초와 비교하면 7% 가량 떨어졌다. 그 사이 독일의 단위노동비용은 계속 상승했다. 스페인과 독일의 노동비용 격차는 다시 벌어졌다. 독일에 대한 스페인의 경쟁력은 다시 높아졌다. 유로존 최고의 호황 경제에서 최악의 금융위기 국가로 돌변했던 아일랜드는 구조조정 속도도 그 어느 나라보다 빨랐다. 아일랜드의 단위노동비용은 급속도로 하락했다. 그만큼 경쟁력도 빠르게 회복됐다.

 노동자들에게는 견디기 어려운 고통이었지만 기업들은 숨통이 트였다. 주변국 경제에 통화가치 평가절하와 똑같은 효과가 나타났다. 수출경쟁력이 살아나고 수입품 수요는 대폭 줄어들었다. 가장 가시적인 효과는 경상수지에서 나타났다. 적자 규모가 GDP의 10%를 훌쩍 뛰어넘었던 스페인의 경상수지는 2012년 3분기부터 흑자 기조로 돌아섰다. 수지 개선에 힘입어 외채 의존도는 급격히 낮아졌다.

 그러나 주변국의 실물경제는 여전히 칠흑 같은 터널 속이었다. 경상수지와 재정수지가 개선되고 국채시장이 랠리를 만끽하고 있지만, 실업은 계속 악화되고 있다. 2013년 11월 기준 스페인의 실업률은 26.7%로 사상 최고치를 기록했다. 1년 전보다 0.5%포인트 더 높아졌다. 무엇보다 심각한 문제는 디플레이션 위험이다. 2013년 12월 유로존의 물가상승률은 0.8%를 기록했다. 10월에는 0.7%로 떨어져 ECB가 황급히 기준금리를 0.25%로 인하했다. 주변국의 사정은 더 위태롭다. 그리스의 물가상승률은 이미 마이너스로 떨어진 지 오래고, 스페인의 물가는 2013년 10월 들어 0%를 찍었다. 주변국 경제가 디플레이션에 빠지면 부채위기에서 헤어나오기가 지극히 곤란해진다. 물가가 하락하기 시작하면 소비와 투자는 더욱 위축될 것이며 세금 수입이 줄어 국가부채 문제가 다시 심각해질 것이다.

ECB가 금리를 사상 최저치로 인하해 놓았지만 주변국 경제의 부채 감축 deleveraging 은 여전히 진행형이다. 그리스, 스페인, 이탈리아, 포르투갈은 2013년에도 모두 성장률이 마이너스를 기록한 것으로 추산되고 있다. 그리스 경제는 6년째 수축되고 있으며, 포르투갈은 3년째, 스페인과 이탈리아는 2년째 마이너스 성장이다. 2014년에는 플러스 성장세로 회복될 것으로 전망되고 있지만 성장률은 1%에도 못 미칠 것으로 예상되고 있다.

유로존의 위기 해법은 경쟁력이 저하된 나라의 임금을 삭감하는 형식을 띤다는 측면에서 '내부 재균형' internal rebalancing 이라고 부른다.

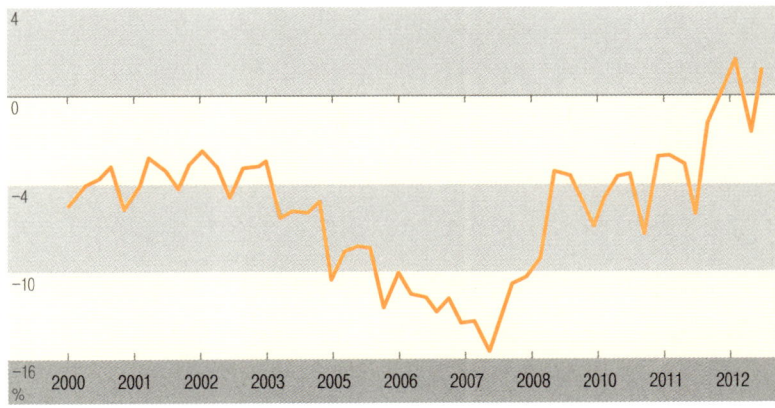

● 스페인 경상수지(GDP 대비)

출처 : 유럽 통계청

 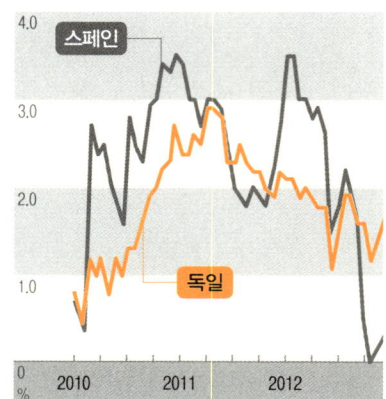

출처 : 유럽 통계청

통화가치의 평가절하를 통해 외부를 상대로 균형을 되찾는 방식과 대비된다. 유로존의 독자노선은 전통적인 외부 재균형 방식보다 정치적으로 상당한 위험이 뒤따른다. 통화가치를 절하하면 노동자들의 임금을 깎지 않고도 대외 경쟁력이 높아진다. 노동자들은 수입물가가 상승하기 때문에 실질구매력이 떨어지지만 일자리와 명목임금이 유지되기에 크게 반발하지는 않는다. 반면, 실업이 증가하고 명목소득이 하락하는 내부 재균형은 강력한 반발에 부딪힌다. 주변국에서 시위가 끊이지 않는 이유가 여기에 있다. 유로존의 경제위기는 정치위기로 비화될 잠재성을 갖고 있다. 내부 재균형의 효과로 경제가 가시적으로 살아나고 실업이 감소하기 시작해야만 정치적 위험은 줄어들 수 있다. 그러나 아직은 기미가 보이지 않는다.

유로존의 내부 재균형이 조기에 성공하기 위해서는 독일 역시 재균형에 나서야 한다. 상대적으로 잘 사는 독일은 주변국과 정반대로 과거보다 소비를 늘려야만 한다. 정부가 앞장서서 지출을 확대해야 하며 임금은 상승해야만 한다. 그래야만 독일의 과도한 경쟁우위가 완화되고 주변국이 살아날 수 있다. 주변국이 경상수지 적자에서 완전히 벗어나려면 독일이 주변국의 물건을 더 많이 사줘야 한다. 지난 수년간 많은 개선은 있었으나 아직은 턱없이 부족하다.

독일은 유로존 창설을 통해 가장 많은 이익을 누린 국가이다. 주변국들과 똑같은 통화를 사용함으로써 실질적인 평가절하 효과를 향유했다. 유로화 환율은 독일 같이 경쟁력이 높은 나라뿐 아니라 주변국처럼 기초 여건이 상대적으로 취약한 나라들의 경제까지 모두 반영한 평균치이기 때문이다. 자신들의 경제력에 비해 저평가된 환율 덕분에 독일은 대외무역에서 경쟁우위를 얻을 수 있었다. 반면, 주변국들은 독일까지 포함된 평균환율을 사용하는 바람에 유로존 바깥 경제와의 교역에서 큰 손실을 보았다. 유로화는 독일 마르크화에 비해 절하된 것이었고, 스페인 페소화보다는 절상된 통화였다. 단일통화를 사용한 뒤로 독일에 대한 주변국의 무역적자가 급증하고 주변국에 대한 독일의 무역흑자가 부풀어 오른 것은 이 때문이다. 단지 주변국의 과소비만 탓할 수 없는 배경이 있었던 것이다. 만약 독일이 계속해서 내부 재균형 과정에 대한 기여를 꺼린다면 주변국과의 갈등이 심화될 수 있다. 독일에 대한 주변국들의 반감은 이미 심각한 수준이다. 유로존 특유의 위기 해법은 이렇게 정치·외교적 위험 요소를 안고 있다.

Global Monitor Live Report

유로존의 환율내전

마리오 드라기(좌)와 프랑수아 올랑드(우)

일본 아베 신조 새 정부가 촉발한 글로벌 환율전쟁이 프랑수아 올랑드 프랑스 대통령의 '환율주권론' 제창으로 유로존 내전으로 비화하고 있다. 유로화 랠리에 분노한 프랑스는 중앙은행이 아닌 유럽 정부가 환율을 '관리'해야 한다는 입장인 반면, 독일은 정반대의 입장을 고수하고 있다.

유로존 위기 과정에서 남북 유럽은 정부 재정에 대한 중앙은행의 지원 여부를 놓고 갈등을 빚은 바 있는데, 이번에는 실물경제에 대한 환율정책 지원 여부를 둘러싸고 이견을 노출하고 있는 것이다.

이는 경제 기초 여건이 다른 17개 나라가 단일통화를 사용하면서 발생하는 문제로, 갈등이 심화될 경우 유로 단일통화 시스템에 대한 위협으로 비화될 수 있어 주목할 필요가 있다. 2012년 위기 당시와 마찬가지로 자발적이든 강제적이든 유로존 탈퇴 압력으로 작용할 수 있기 때문이다.

올랑드 대통령은 2013년 2월 5일 유럽 의회 연설을 마친 뒤 기자회견에서 "유로존은 각국 정상들이 정하는 중기적인 환율목표를 가져야 한다"고 말했다. 앞서 의회 연설에서는 "유로화가 시장의 분위기에 의해 휘둘리도록 내버려둬서는 안 된다. 우리의 이익에 부합하게 국가적 차원에서 대응해야 한다"며 외환시장 개입을 주창했다.

지금까지 유로존은 환율을 시장이 자율 결정하도록 방임해왔다. 마리오 드라기 ECB 총재는 2013년 1월 기자회견에서 "환율목표를 갖고 있지 않다"고 말했고, 독일 출신의 외르그 아스무센 ECB 정책위원은 "환율은 통화정책의 목표가 아니다"라고 밝혔다.

ECB의 이 같은 입장은 독일의 스탠스와 일치하고 있다. 올랑드 대통령의 발언 직전, 독일의 필립 뢰슬러 경제장관은 "정책 목표를 경쟁력 개선에 둬야지 통화가치 절하에 둬서는 안 된다"고 말했다. 올랑드 대통령의 유럽 의회 연설 다음 날에는 앙겔라 메르켈 독일 총리의 대변인도 "역사적 맥락에서 봤을 때 유로화는 현재 과대평가된 것이 아니라는 게 독일 정부의 시각"이라고 말했다.

하지만 프랑스가 순순히 뜻을 접을 것 같지는 않다. 피에르 모스코비치 프랑스 재무장관은 "유럽 재무장관회의에서 유로화 절상이 야기하고 있는 문제를 제기하겠다"고 벼르고 있다.

독일과 프랑스가 극명하게 대조되는 입장을 보이고 있는 것은 이들 국가의 경제 펀더멘털이 극명하게 다르기 때문이다. 도이치뱅크(1.33달러)와 모건스탠리(1.37달러)에 따르면, 1.35달러인 현 유로-달러 환율은 적정 수준에 근접해 있다. 하지만 이는 평균의 함정일 뿐이다. 국가별로는 '적정 환율 수준'이 판이하다.

프랑스의 경우 현재보다 훨씬 낮은 1.24달러가 적정한 반면, 독일은 지금보다 훨씬 높은 1.53달러까지도 감내할 수 있다. 두 나라의 생산성 격차가 그만큼 크기 때문이다. 유로 환율이 적정 수준에 도달했다는 사실은, 달리 말하면 독일을 제외한 거의 대부분의 나라가 환율 고평가 고통에 시달리고 있다는 의미이기도 하다.

유로존이 환율전쟁에 동참하기 위해서는 ECB가 미국이나 일본 중앙은행처럼 공격적으로 돈을 풀어야 한다. 그러나 독일과 ECB는 이에 반대하고 있다. 몇 가지 타당한 이유가 있다.

① 유로화 절상에 따르는 이익이 비용보다 크기 때문이다. 유로화 절상은 그 자체로 금융환경을 긴축적으로 이끌지만, 최근 이 과정에서 주변국 시장금리가 큰 폭으로 하락하는 부양적인 효과도 상당히 작용하고 있다. 골드만삭스 분석에 따르면, 유로-달러 환율이 1.40달러로 상승할 경우 발생하는 긴축 충격은 45~70bp(1bp=0.01%p) 수준이다. 반면 이를 통해 유로존 재정위험 프리미엄이 감소하는 효과는 80~90bp에 달한다. 이는 다시 말해 적어도 환율 1.40달러 아래에서는 유로화 강세로 인한 부양효과가 훨씬 더 크다는 의미이다. 이런 상황에서 유로화 절하를 노려 금리를 인하하는 경우 유로존에는 필요 이상의 완화정책이 지원되며, 이는 인플레이션 압력을 높이게 된다.

② 평가절하를 통한 부양은 내핍을 통해 균형을 회복하려는 유로존의 개혁정책에 반한다. 독일을 중심으로 한 북유럽은 주변국들이 긴축적인 거시 환경의 압력하에서 생산성을 제고하는 노력을 지속하기를 원하고 있다.

③ ECB가 평가절하를 위한 완화정책에 나설 경우, 이는 인플레이션 압력이 상대적으로 높은 독일의 희생을 대가로 디플레이션 압

력이 상대적으로 높은 주변국을 보조하는 결과를 낳는다. 스페인의 마리아노 라호이 총리는 최근 독일을 상대로 경기 부양을 통한 유로존 경제 활성화를 요구했으나, 독일은 반대 입장을 분명히 밝혔다. 스페인이 요구한 정책은 일견 유로존 내부의 균형 회복 internal rebalancing 이라는 긍정적 측면이 있으나, 독일의 이익에는 부합하지 않는다.

④ ECB가 통화부양을 통해 환율전쟁에 개입할 경우 유로존은 미국과 일본처럼 무한정 통화 증발 경쟁에 나서야 한다. 이는 분데스방크의 '건전통화' 전통이 지배하고 있는 독일과 ECB에게는 상상하기 어려운 일이다.

이런 이유들에도 불구하고 유로화 가치가 오르도록 무한정 용인할 수는 없을 것이다. 아직까지는 절상의 부양적 효과가 더 크다고 하지만, 일정 수준에 도달해서는 실물경제가 치러야 할 비용이 더 커질 것이기 때문이다. 이는 가까스로 살아날 조짐을 보이고 있는 주변국 경제를 질식시켜 결국에는 독일의 비용으로 전가될 것이다.

독일의 장기적인 이익을 위해서는 유로존 내부의 통합과 조화도 반드시 필요하다. 독일이 자국의 단기적인 이해만을 고려해 회원국의 통화절상 고통을 마냥 무시할 수는 없을 것이다. 올랑드 대통령의 발언 직후 슬로바키아의 로베르트 피코 총리도 "우리 정부는 경제 성장을 지원할 어떠한 제안에 대해서도 지지할 준비가 돼 있다"고 맞장구를 쳤다.

「글로벌모니터」 2013년 2월 7일

Chapter 07 아베노믹스, '불가능한 삼위일체'에 도전하다

일본의 2014년도 희망차게 밝았다. 경제가 살아나고 있으며 물가도 비교적 빠른 속도로 오르고 있다. 물가가 하락하고 경제 규모가 쪼그라들었던 지난 20년간의 잃어버린 시대를 뒤로하고 새로운 세상이 열릴 것이라는 기대감이 높다. 다시 총리직에 오른 아베 신조가 경제 회생정책을 강력하게 가동한 결과이다. '아베노믹스'abenomics란 별칭이 붙여진 새 정책은 화폐를 대량으로 발행해 물가를 띄우고, 재정지출을 대폭 확대하는 한편, 구조개혁을 통해 경제 성장을 촉진한다는 이른바 '세 가지 화살'을 기본 축으로 하고 있다.

그러나 일본의 회생 가능성을 낮게 보는 회의적인 시각도 여전하다. 일각에서는 일본 경제가 당치도 않은 부양정책 때문에 붕괴되고 말 것이라고까지 비판한다. 아베노믹스라는 것이 본질적으로 동시에 달성할 수 없는 모순된 목표를 추구하고 있다는 이유에서다. 아베노믹스가 불러온 부작용들이 벌써부터 일본 내부의 반발을 촉발하고 있다. 이로 인해 아베 총리에 대한 대중의 지지는 식어가고 있다. 과거 단명한 총리들처럼 아베 역시 정권을 조기에 잃어버린다면 아베노믹스도 사라지고 말 것이다. 세계 경제 역사상 가장 공격적인 정책실험이 하루아침에 중단될 경우 일본 경제가 어디로 튈지 누구도 장담하기 어렵다. 2년 차를 맞은 아베노믹스의 2014년은 그런 의미에서 거대한 도전에 직면한 한 해이기도 하다.

'잃어버린 20년'과 아베노믹스의 돌풍

일본의 경제 규모를 보여주는 명목국내총생산은 2013년 1분기 중 약 474조 엔으로 19년 전인 1994년 1분기보다 4.2% 작았다. 소비자물가 수준은 19년 전보다 1.6%나 낮았다. 20년간 경제가 성장은커녕 뒷걸음을 친 셈이다. 1994년에 GDP의 83% 수준이던 국가부채는 230%로 치솟아 올랐다. 정부부채의 규모와 부채비율 면에서 일본은 명실상부한 세계 1위 국가가 됐다. 1980년대 말 거품경제가 붕괴된 뒤로 정부가 재정 지출을 대폭 확대해 경기를 떠받쳤으나, 지난 20년간 성과는 없이 빚만 잔뜩 짊어지고 말았다.

불행의 씨앗은 1980년 무렵에 잉태됐다. 새로 들어선 미국의 로널드 레이건 정권은 재정 적자를 대폭 확대하는 정책을 펼쳤고, 이로 인한 인플레이션을 막기 위해 폴 볼커 의장의 연방준비제도는 공격적인 금리 인상에 나섰다. 미국의 금리가 급등하자 달러화 가치는 치솟았다. 1980년부터 5년간 달러화의 실질실효환율은 약 50%가

● 일본의 경제 규모 및 물가 수준

명목GDP (10억 엔) (좌)

소비자물가지수 (2005년=100) (우)

출처 : 일본 내각부, 일본 통계청

량 급등했다. 미국의 수출기업들이 아우성을 쳤다. 미국 의회는 보호무역 조치를 검토하기 시작했다. 이것을 위협으로 삼아 미국 정부는 G5 국가들을 압박했다.

일본에 '잃어버린 20년'을 싹 틔운 플라자합의

일본의 '잃어버린 20년'은 결국 1985년에 싹을 틔웠다. 그 해 9월 미국 뉴욕 맨해튼의 플라자호텔에 모인 G5 재무장관들은 달러화를 제외한 일본 엔화와 독일 마르크, 영국 파운드, 프랑스 프랑을 일제히 '질서정연하게 평가절상'하기로 했다. 쉽게 말해 달러화 평가절하를 결정한 것이다. 효과는 즉각 나타났다. 1년쯤 지나자 달러는 엔보다 40%나 떨어졌다. 엔화가 폭발적인 강세를 보이자 이번에는 일본의 기업들이 아우성을 쳤다. 1986년이 되자 수출이 감소하고 수입은 급증했다. 결국 일본은 부양책으로 대응하는 수밖에 없었다. 정부는 재정 지출을 대폭 확대했고 일본은행은 화폐 발행을 대폭 늘렸다. 주식과 부동산 가격이 폭등하면서 일본 경제는 다시 급성장했다. 1986년 2.9%로 떨어졌던 일본의 경제성장률은 다음 해 4.2%로 뛰어오른 뒤 1988년에는 6.2%에 달하는 등 호황이 1990년까지 이어졌다. 엔고를 앞세워 일본 투자자들은 마치 미국을 다 사들일 듯이 맹렬한 해외 자산 쇼핑에 나섰다.

그러나 거품은 영원히 지속될 수 없었다. 주식과 집값이 떨어지기 시작하자 경제가 갑자기 냉각됐다. 1990년 5.1%에 달했던 성장률이 1991년 들어 3.8%로 둔화되더니 1992년에는 1%로 추락했다. 1992년은 '잃어버린 20년'의 원년이었다. 민간 설비투자가 10% 이상 격감하고 도매물가는 3.8% 하락했으며, 소비자물가상승률은 1.7%로 대폭 둔화됐다. 정부가 공공투자를 16%나 늘렸지만 경기를 끌어올리기에는 역부족이었다. 이후 상황은 더욱 악화됐다.

일본은 그런 식으로 20년을 보냈다. 때때로 경기가 반짝 좋아지는 모습이 나타나기도 했지만 이내 고꾸라지기를 반복했다. 그리고 2012년 12월, 경기 침체와 디플레이션을 종식시키겠다고 공약한 아베 신조가 선거에서 이겨 총리 자리에 다시 오르게 됐다. 그가 내세운 묘약은 '공격적인 화폐 발행'이었다. 그리고 다음 해인 2013년 2월 아베 총리는 아시아개발은행 총재로 재직 중이던 구로다 하루히코를 차기 일본은행 총재로 지명했다. 구로다는 10년 전 일본 재무성 차관보로 근무하면서 공격적인 외환시장 개입을 통해 엔화 평가절하를 주도했던 인물이다. 아베가 구로다를 지명한지 며칠 뒤 벤 버냉키 미국 연준 의장은 일종의 '아그레망'을 발표했다. 그는 상원 증언에서 "일본은 디플레이션을 퇴치해야 한다. 디플레이션을 없애려는 그들의 노력을 지지한다"고 말했다. 다음 날 하원에서도 "일본의 문제를 해석하는 한 가지 측면을 말씀드리자면, 통화정책의 관점에서 볼 때 일본은행은 너무 조심스러웠다. 일본의 문제 중에서 가장 두드러진 것 중 하나는 디플레이션이다. 일본은행의 통화정책이 물가안정을 달성하지 못하고 있다는 것이다"라고 부추겼다.

이제 일본은 윤전기를 완전가동하는 일만 남았다. 2013년 4월, 구로다의 일본은행은 일본 역사상 가장 강력한 통화증발정책을 결정했다. 이른바 '2, 2, 2 정책'이다. 물가상승률을 2년 내 2%로 끌어올리기 위해 국채 보유 잔고를 두 배 늘리기로 했다. 게다가 장기국채 중심의 매입을 단행해, 3년 수준인 일본은행 보유 국채의 잔존 만기를 7년으로 확대하기로 했다. 단순히 양적완화에만 나서는 게 아니라 일본 정부에 보다 '장기간' 돈을 빌려주고, 그렇게 풀린 통화가 시장에 보다 '장기간' 유통되도록 방치하는 조치이다. 그래서 구로다는 자신의 정책을 '양적·질적 완화정책'이라고 자랑했다.

아베노믹스의 가장 확실하고 신속한 효과는 환율에서 나타났다. 엔화 가치는 조기 총선 결정 당일부터 추락하기 시작했다. 통화 증발을 공언해 온 아베의 집권이 확실시됐기 때문이다. 80엔 수준으로 떨어져 있던 달러-엔 환율은 불과 반년 만에 103엔대로 급등했다. 달러에 대한 엔화의 가치가 6개월 사이에 23%나 평가절하된 것이다. 이 기간에 일본 증시 닛케이지수는 80% 가까이 폭등했다. 급등한 환율이 수출기업들의 실적을 극적으로 끌어올려줄 것이라는 기대감 덕분이었다.

이 효과는 물가로 전달됐다. 환율이 뛰면서 수입물가가 솟아올랐다. 증시와 함께 경제가 살아날 것이라는 기대감에 소비도 고개를 들었다. 2012년 말 아베가 집권할 무렵 -1.0%로까지 떨어졌던 경제성장률은 2013년 3분기 들어 2.0%로 뛰어올랐고, 마이너스를 면치 못하던 소비자물가상승률은 2013년 11월 들어 1.5%로 높아졌다. 일본 경제는 1년도 채 안 되는 사이에 마치 모든 문제를 벗어 던지고 되살아나는 듯했다.

불가능한 삼위일체　도쿄 금융시장의 2013년은 '아베 트레이드'^Abe trade가 지배한 한 해였다. 아베 트레이드란 엔화 약세와 주가 강세에 베팅하는 외국인 투자자들의 거래 기법을 의미한다. 전통적으로 일본 증시는 엔화가 약세를 보일 때마다 강했다. 엔화 가치가 떨어지면 일본 수출기업의 이익이 증가하기 때문이다.

80엔이던 달러-엔 환율이 1년 뒤 100엔으로 상승하는 경우를 가정해 보자. 수출로 한해 1억 달러의 이익을 내는 기업은 실질적인 영업 개선 없이도 이익 규모가 80억 엔에서 100억 엔으로 자동 증가한다. 주가도 자연히 상승한다. 이때 외국인 투자자는 일본 주식 매입에 필요한 엔화를 어떻게 조달하느냐에 따라 희비가 엇갈린다. 1만 달러의 자기자금을 가져와 80만 엔으로 환전한 투자자라면 1년 뒤 자신의 투자 원금이 8,000달러로 20%나 줄어든 사실을 깨닫게 된다. 엔화 가치가 떨어진 탓이다. 설사 투자한 주식의 가격이 80만 엔에서 100만 엔으로 25% 오른다고 해도 1년간 투자수익률은 0%에 불과하다.

따라서 일본 증시에 투자하는 외국인들은 엔화를 미리 팔아 놓아야 한다. 예를 들어 1만 달러로 80만 엔을 환전한 투자자는 1년 뒤 80엔의 환율로 1만 달러를 되사는 계약을 맺어두게 된다. 이렇게 하면 환율이 100엔으로 상승하더라도 80만 엔만 주면 1만 달러를 되찾을 수 있다. 이는 엔화 80만 엔을 빌려 주식에 투자하는 것과 똑같은 효과를 낳는다. 25%의 주가 상승에 따르는 차익 20만 엔은 고스란히 수익으로 챙길 수 있게 된다.

이렇게 '엔화 매도'를 패키지로 한 외국인 투자자들의 일본 주식 매입은 엔화 약세와 일본 증시 강세를 더욱 부추긴다. 일본 주식 가격은 엔화가 약해지면 약해질수록 상승하기 때문에 상승작용을 일으키는 것이다. 이러한 상승작용을 기대한 투자자들이 가세하면서 상승작용은 가속도를 낸다.

그러나 천정부지로 맹위를 떨치던 아베 트레이드는 2013년 5월 23일 들어 급제동이 걸렸다. 닛케이지수는 7.3% 폭락했다. '아베노믹스' 이후 일본 증시가 이렇게까지 떨어진 적은 없었다. 밤사이 미국의 벤 버냉키 연준 의장이 "올해 안에 양적완화를 줄이기 시작할 것"이라고 밝혀 미국의 금리가 대폭 뛰어오르자 일본의 금리도 함께 수직상승한 탓이다.

일본 증시의 폭락은 그보다 2주 전부터 잉태돼 있었다. 5월 9일, 도쿄가 깊은 잠에 빠져 있는 사이, 뉴욕시장에서 달러-엔 환율이 맹

● 일본의 주가와 환율

렬히 솟아오르며 100엔선을 상향 돌파했다. 아베노믹스 도입 이후 환율이 100엔을 넘어선 것은 처음 있는 일이다. 환율은 4년 1개월 만에 최고치가 됐다. 미국의 고용지표가 급격히 개선되면서 연준의 양적완화 축소 우려감을 자극한 것이다. 달러화가 초강세를 나타내면서 달러-엔 환율의 주요 저항선을 차례로 붕괴시켰다. 환율이 파죽지세로 100엔선마저 뛰어넘자 도쿄시장에서 일본 국채 10년물 수익률은 0.1%포인트나 폭등했다.

일본 정부의 반응이 더욱 문제가 됐다. 아마리 아키라 경제재생담당상이 TV 토크쇼에 출연해 "과거에 과도했던 엔화의 강세가 이제 대체로 조정을 완료했다고들 한다. 엔화가 지금보다 훨씬 더 약해진다면 국민의 생활에 부정적인 충격을 줄 것이다"라고 말했다. 뉴욕시장에서 달러-엔이 103엔선까지 상향 돌파하자 제동을 걸겠다고 나선 것이다. 아베 트레이드에 큰돈을 걸어놨던 투자자들은 일본 정부가 과도한 엔화 약세는 원치 않는다는 사실을 알게 됐다. 수입물가가 한꺼번에 너무 많이 올라 민심이 나빠질 것을 우려하는 모습을 아키라 장관의 발언을 통해 읽어낸 것이다. 그렇다면 달러-엔은 더 이상 오르기 어렵고 따라서 일본 주가도 정점에 도달한 셈이 됐다. 그리고 사흘 뒤에 나온 버냉키 의장의 "연내 양적완화 축소" 발언은 결정타가 됐다. 달러-엔 환율은 그 뒤로 16거래일 동안 8% 이상 떨어졌다. 닛케이지수는 같은 기간 동안 20% 이상 폭락했다. 아베노믹스와

삼위일체론을 주장한 노벨경제학상 수상자 로버트 먼델 미국 컬럼비아대학 교수

아베 트레이드가 최대의 고비를 맞은 것이다.

당시 트레이더들은 경제학의 전통적인 명제인 '불가능한 삼위일체'impossible trinity를 떠올리게 됐다. 자본시장 개방과 환율, 독립적 통화정책 세 가지 모두를 원하는 대로 갖는 것은 불가능하다는 이론이다. 예를 들어 인플레이션을 잡기 위해 고금리정책을 쓰는 나라는 (고금리를 노린) 외자 유입으로 인한 자국 통화가치의 절상을 감수해야만 한다. 1980년대 초 미국이 겪었던 경험이다. 이걸 피하려면 자본시장의 개방을 일정 부분 포기해야 한다. 브라질이 토빈세(단기성 외환거래에 세금을 매겨 투기 자본의 급격한 유출입을 막기 위한 세금)를 도입한 것이 대표적 사례이다.

아베노믹스는 정반대에 해당한다. 인플레이션을 일으키기 위해 화폐를 증발하고 시장금리를 낮게 유지하는 통화정책을 수행하고 싶은 일본은 엔화 가치의 하락을 피할 수 없다. 투자자 입장에서 볼 때 물가 상승은 채권의 실질수익률을 떨어뜨린다. 따라서 채권 투자자들은 일본의 인플레이션이 높아지는 경우 더 높은 명목수익률을 요구하게 된다. 하지만 일본 정부는 금리 상승을 원하지 않는다. 경기를 긴축시킬 뿐 아니라 정부의 빚 부담을 늘리기 때문이다. 일본은행이 천문학적인 국채 매입에 나서는 이유도 여기에 있다. 그렇다면 투자자들은 일본 국채를 기피하는 수밖에 없다. 팔고 나가는 것이다. 이렇게 되면 엔화의 가치는 떨어질 수밖에 없다. 그러나 아마리 아키라 장관은 이 역시 원치 않는다고 한 것이다.

일본을 괴롭혀 온 엔화 강세는 디플레이션의 산물이었다. 디플레이션이란 물가가 지속적으로 하락하는 현상이다. 재화나 서비스의 가치보다 화폐(엔화)의 상대 가치가 지속적으로 더 높아지는 현상이기도 하다. 만약 일본이 인플레이션을 되살린다면 이는 엔화의 가치가 하락한다는 것을 의미한다. 따라서 외화에 대한 엔화의 가치도 절하가 불가피하다. 엔화가 절하돼야만 물가가 오를 수 있기도 하다. 그런데 만약 더 이상의 엔화 절하를 원치 않는다면 아베노믹스의 최대 목표인 디플레이션 탈출은 불가능해진다.

일본이 인플레이션을 일으키면서도 엔화 환율을 절하하지 않고자 한다면 남은 수단은 자본의 해외 이탈을 통제하는 것뿐이다. 엔화를 팔고 외화를 사는 행위를 규제해야 한다. 그러나 이는 불가능한 일이다. 엔화는 해외 중앙은행들이 비상시를 대비해 보유하는 외환 중 하나이기 때문이다. 만약 일본이 엔화 매도를 막게 된다면 엔화를 이용한 국제 거래는 불가능해진다. 해외 중앙은행들은 더 이상 엔화를 보유하려 하지 않을 것이다. 그렇게 된다면 해외의 민간 경제 주체들도 그 뒤를 따를 것이다. 일본은 헐값에 외자를 빌려 쓸 수 있는 특권을 상실하게 된다.

아베겟돈의 공포   요동을 치던 일본 금융시장은 다시 안정세를 되찾았다. 일본 당국이 달라진 태도를 보였기 때문이다. 일본은행이 국채금리의 급등세를 막기 위해 적극적인 공개시장조작에 나섰고, 이는 엔화의 절하를 다시 용인하겠다는 신호로 읽혔다. 달러-엔 환율은 다시 100엔선 위로 올라섰고 닛케이지수도 상승세를 되찾았다. 2014년 들어 달러-엔은 5년

3개월 만에 처음으로 105엔선을 상향 돌파했고, 닛케이지수는 6년 2개월 만에 1만 6000고지 위에 올라섰다. 구로다 일본은행 총재가 "물가상승률이 2% 수준에서 계속 유지될 때까지 양적완화를 계속하겠다"며 사실상 무기한 화폐 증발 가능성을 시사한 것도 한몫 했다.

그러나 아베정부는 이미 새로운 고민에 빠져 있었다. 2013년 12월 초 시행한 여론 조사에서 아베 총리에 대한 지지율이 추락한 것으로 나타났다. 70%를 웃돌던 지지율이 급작스레 50% 안팎 수준으로 떨어진 것이다. 일본의 총리는 통상 지지율이 10%대로 낮아지는 경우 자진 사퇴하며 조기 총선을 시행해왔다. 따라서 지지율 추락은 아베노믹스의 정치적 기반이 잠식되기 시작했다는 것을 의미했다.

지지율 추락은 야당의 극심한 반대에도 불구하고 반민주적 법률(특정비밀보호법)의 입법을 강행한 데 따른 후폭풍이었다. 하지만 그 배경에는 경제적 요인도 작용했다. 물가가 상승하면서 국민의 심기가 불편해진 것이다. 그 해 5월 아키라 장관이 "엔화 조정은 끝났다"고 선언했던 것도 이런 부작용을 우려했기 때문이었다. 게다가 2014년 4월에는 소비세율을 5%에서 8%로 인상하는 계획까지 잡아놓은 상태이다. 세계 최악의 상태에 빠진 일본의 재정을 지탱하고 국채 투자자들의 불안감을 달래기 위해서 세금 인상이 불가피했던 것이다. 2015년 10월에는 소비세율을 10%로 추가 인상할 예정이다. 국민들의 반감은 더 커질 가능성이 높아 보였다.

아베노믹스는 그래서 새로운 돌파구를 모색하기 시작했다. 물가를 끌어올리고 세금을 인상해 재정을 개선하는 계획은 계속 밀고 나가되 임금 인상을 유도해 국민들의 불만을 잠재우는 것이다. 임금이 오르면 디플레이션을 탈피하는 데에도 큰 도움이 될 것이다.

외견상 그럴듯해 보이는 이 구도는 그러나 역시 동시에 모두 성취하기 지극히 어려운 임무였다. 소비세가 인상되면 물가가 일거에 뛰어오를 것이고 그렇게 되면 소비가 위축되고 말 것이다. 기업들의 수지는 압박을 받을 것이다. 그런 상황에서도 정부의 시책에 호응해 임금을 올려줄 수 있는 기업은 매우 드물 것이다. 정부가 설사 행정적으로 강제한다고 하더라도 부작용은 불가피하다. 기업들은 매출 부진과 임금 인상에 따른 부담 때문에 투자와 고용을 줄이려 할 것이기 때문이다. 만약 기업들이 임금 인상에 소극적이라면 소비자들은 세금 인상 부담을 거의 다 떠안아야 한다. 민심은 더욱 나빠질 것이고 아베노믹스의 정치 기반은 더욱 약화될 것이다.

임금 인상의 효과가 극히 제한적일 것이라는 점도 현실적인 고민이다. 일본 후생성에 따르면, 대기업체 직원은 전체 노동자의 10%에 불과하다. 나머지는 중소업체 임직원이다. 중소업체 중에서는 아베노믹스로 재미를 보기보다 급등한 에너지 가격 때문에 수지가 악화된 곳이 상당히 많다. 임금 인상은 기껏해야 대기업 노동자에 국한될 가능성이 높은 것이다. 더구나 일본 총무성 발표에 따르면, 2012년 말 기준 전체 노동자 가운데 비정규직 비중이 38.2%에 달한다. 이들 비정규직 노동자의 임금 인상은 뒷전으로 밀려날 가능성이 크다. 이런 고용 구조로는 소비의 지속성을 뒷받침하거나 경기의 선순환을 도모하기가 힘들 것이다.

그래서 금융시장에서는 일본은행이 다시 구원투수로 나설 것이라는 기대감이 팽배하다. 소비세 인상으로 경기가 위축되면 돈을 더 풀어서 경기를 띄울 것이라는 예상이다. 그렇게 경기가 더 살아나 준다면 아베노믹스의 정치적 기반도 보전될 수 있을 것이다. 만약 일본은행이 돈을 더 푼다면 엔화 가치는 더 떨어질 가능성이 높다. 이는 일본은행이 원하는 바일 수도 있다. 물가상승률은 1년 전 같은 기간과 비교해 산출하는데, 환율이 전년보다 더 오르지 않는다면 수입물가 상승세는 멈출 것이기 때문이다. 수입물가에 거의 전적으로 의존하고 있는 아베노믹스의 인플레이션 부활은 종지부를 찍는 것이다.

그러나 여기에는 큰 위험들이 도사리고 있다. 수입물가가 계속 오르는 데 대한 국민들의 불만은 차치하더라도, 한국과 중국 등 가뜩이나 사이가 나빠진 주변국들이 본격적으로 반발할 가능성을 배제할 수 없다. 2000년대 초 구로다가 재무성에서 엔화 평가절하 드라이브를 걸었던 때도 한국과 중국이 공조한 반발에 부딪혀 더 이상 진전하지 못한 경험이 있다. 일본에 비해 수출경쟁력이 악화됐기 때문이다.

무엇보다 일본의 무한 화폐 발행에 대해 금융시장이 어떻게 받아들일지 여부가 불확실하다. 국채시장이 극도로 왜곡되고 자산 가격이 과도하게 상승하는 등 금융불안이 심화될 소지가 있다. 돈을 풀면 풀수록 나중에 거둬들이기는 더 어려워진다. 만약 일본이 요행히 디플레이션을 극복하고 경기를 되살릴 경우 엄청난 인플레이션 압력에 시달릴 수 있다. 미국 연준이 양적완화를 결국 축소, 종료하기로 한 것도 이 때문이다. 일본은행이 극단적인 통화팽창을 계속한다면 엔화에 대한 국제적인 신뢰가 급작스럽게 추락할 수도 있다. 이는 일본 금융시장과 경제는 물론 세계적인 재앙으로 비화될 수도 있다. 이른바 '아베겟돈'(아베노믹스와 아마겟돈의 합성어)이다.

아베노믹스 신화의 이면

일본 통계청 발표에 따르면, 2013년 11월 일본의 소비자물가는 1년 전에 비해 1.5% 상승했다. 2008년 10월 이후 5년여 만에 가장 높은 상승률이다. 일본의 물가상승률은 6개월 연속 플러스를 나타냈고, 상승폭은 매달 확대되는 중이다. 디플레이션에서 외견상 탈피하고 있는 모습이다. 일본은행은 이 같은 추세가 가속도를 낼 것으로 봤다. 2014년 1월에 열린 회의에서 일본은행 이사들은 물가상승률이 2014년에 3.3%로 확대된 뒤 2015년에도 2.6%의 비교적 높은 오름세를 이어갈 것으로 전망했다. 물론 여기에는 두 차례 예정된 소비세 인상 효과가 포함돼 있다. 한국의 부가가치세 격인 소비세율이 올라가면 물가도 같이 인상될 것이기 때문이다. 그러나 일본은행은 소비세율 인상 효과를 제거하고 보더라도 2014년 물가상승률이 1.3%로, 2015년에는 1.9%로 계속 높아질 것으로 예상했다. 구로다 하루히코 일본은행 총재는 "양적·질적 완화 효과가 나타나고 있다. 2년 정도의 기간을 염두에 두고 조기에 2% 물가목표를 달성할 수 있다"고 자신감을 피력했다.

그러나 금융시장의 생각은 달랐다. 일본의 물가상승률 확대는 주로 환율 급등에 따른 수입물가, 특히 에너지 가격 상승세에 힘입은 것이기 때문에 환율이 계속 오르지 않는 한 물가가 계속 상승하기는 어렵다고 보는 것이다. 실제로 2013년 일본의 소비자물가가 1.5% 오르는 동안 에너지 물가는 7.5% 뛰어올랐다. 수요가 견인하는 인플레이션 압력을 보여주는 '식품과 에너지를 제외한' 근원 소비자물가는 0.6%밖에 오르지 않았다. 1% 가까이 떨어지던 종전의 흐름에 비해서는 개선되고는 있지만, 그 강도는 매우 취약하다. 만약 소비세 인상으로 소비자들의 실질구매력이 떨어질 경우 근원 소비자물가는 다시 꺾일 위험이 있는 것이다.

금융시장 참가자들은 그래서 일본은행이 화폐 발행 속도를 더 높여 환율을 더 끌어올려야만 할 것으로 보고 있다. 그렇게 하면 소비세 인상으로 경기가 갑자기 냉각되는 것도 막을 수 있다는 게 금융시장 분석가들의 판단이다. 금융시장은 이렇게 일본은행에게 화폐 발행을 끊임없이 늘릴 것을 요구하고 있다. 그렇게 해서 환율이 올라

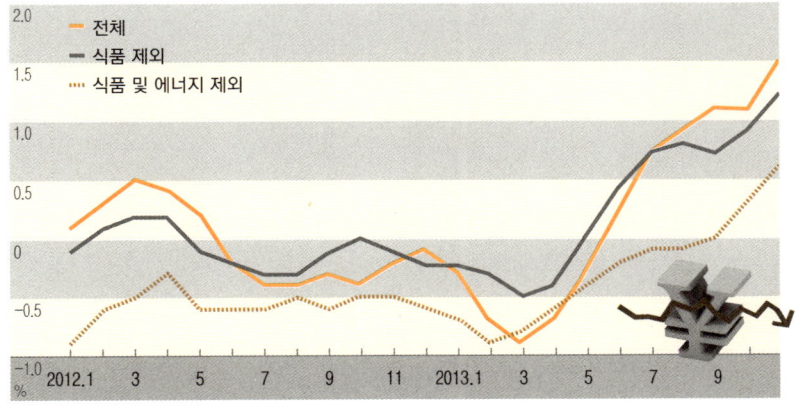

● 일본의 소비자물가상승률(전년 동월비)

출처 : 일본 통계청

가야만 환율에 연계된 일본의 주가도 상승할 수 있을 것이기 때문이다. 만약 이러한 기대가 충족되지 않는다면 시장 참가자들은 기존의 베팅을 청산하겠다고 달려들 수도 있다. 이 경우 환율은 주가와 함께 급격히 떨어질 것이며, 환율과 주가가 거의 전부인 아베노믹스의 효과는 물거품처럼 사라져버릴 수 있다.

그러나 물가, 특히 에너지 가격이 계속 뛰어오른다는 것은 국민들에게는 매우 거북한 일이다. 게다가 소비세까지 연달아 인상될 예정이다. 그래서 일본 정부는 원자력 발전소를 다시 가동하기를 원하고 있다. 더욱 값싼 연료를 사용함으로써 전기요금 상승을 억제하기 위해서다. 2013년 5월 환율 상승세에 급제동을 걸었던 아마리 아키라 일본 경제재생담당상의 발언을 다시 떠올려 보자. 당시 그는 "엔화가 지금보다 훨씬 더 약해진다면 국민들의 생활에 부정적인 충격을 줄 것"이라고 말하면서 "이를 최소화하는 게 정부의 임무이다. 예를 들어 미국으로부터 셰일가스를 수입한다든가, 원자력 발전을 재개하는 것 등의 조치가 있을 수 있다"고 말했다. 일본은 2011년 동일본 대지진에 따른 원전 가동 중단 이후 원유와 LNG 등 화석연료 수입을 대폭 늘렸다. 이런 상황에서 환율까지 뛰어오르자 에너지 수입 가격이 급등하고 있는 것이다. 일본으로서는 원자력 발전을 재개하는 것이 긴박한 상황인 셈이다. 그러나 후쿠시마 원전 사고로 대참사를 겪었던 일본 국민들이 과연 동의해 줄 것이냐는 점이 의문으로 남는다.

통화가치의 절하가 불러오는 전통적인 수출 부양 효과가 나타나지 않는다는 점도 아베노믹스의 큰 고민이다. 수출기업들의 장부상 엔화 환산이익은 증가하지만 수출물량이 늘어나는 효과는 나타나지 않고 있다. 일본의 수출기업들이 지속적으로 공장을 해외로 이전해 나가고 있는 경제 구조의 변화가 큰 원인 중 하나로 꼽히고 있다. 수출기업의 성장과 이에 힘입은 고용 창출 및 임금 인상, 내수경기의 활성화를 꿈꾸는 아베노믹스의 '선순환' 구도에 결함이 나타나고 있는 것이다. 반면 화석에너지 수입이 크게 증가한 가운데 환율까지 급등하면서 수입액은 폭발적으로 늘어나고 있다. 그 결과 일본의 경상수지는 빠르게 악화되고 있다.

일본 재무성 발표에 따르면, 2013년 11월 중 일본의 경상수지 적자는 5928억 엔으로 사상 최대치를 기록했다. 계절조정 기준으로도 석 달 연속 적자를 나타내 역대 최장기간의 수지 불균형을 나타냈다. 일본의 흑자 경제 구조에 금이 간 것이다. 경상수지 적자 추세가 고착화되면 일본은 모자라는 외화를 빌려와야 한다. 국내총생산^{GDP}의 두 배가 넘는 빚을 지고 있는 일본 정부가 앞으로는 외채에 의존해서 빚을 얻어야 하며 이는 일본 재정의 안정성에 큰 위협이 된다. 사상 최대치의 경상적자가 발표되자 일본 정부의 긴장감도 높아졌다. 아마리 아키라 경제재생담당상은 "우리는 이 문제를 심각하게 받아들여야 한다. 근본 원인을 해결해야 한다. 경상수지 적자를 방치한다면 일본의 재정은 외국인의 투자에 의존해야만 한다"고 말했다.

경상수지 적자는 전통적으로 해당 국가 통화가치의 약세를 불러온다. 그러나 통화가치 약세가 수출을 진작시키지 못하는 일본의 경제 구조는 오히려 '경상적자-통화절하-경상적자 확대'의 악순환을 야기할 수도 있다. 일본의 경상수지 악화는 고령화 경제의 결과인 측면도 있다. 젊은 경제는 사람과 마찬가지로 흑자를 내고 저축을 늘리지만, 늙은 경제는 젊을 때 벌어놓은 저축을 소비하는 적자 구조를 갖게 된다. 젊은 경제에서는 필수소비재보다 재량소비재 지출 비중이 상대적으로 높다. 그래서 이 시기에 통화가치가 절하되면 수입 수요가 빨리 위축된다. 그러나 재량소비재에 비해 필수소비재 지출 비중이 상대적으로 높은 늙은 경제에서는 통화가치 하락이 수입 수요를 억제하는 탄력성이 떨어진다. 필수소비재 수입 가격 상승에 따르는 고통만 커질 뿐이며, 이는 여타 재량소비재 소비를 위축시키게 된다. 일본의 경상수지 구성 내역은 완숙기를 지나 늙어가는 경제 구도를 여실히 보여준다. 상품무역에서 발생하고 있는 적자를 해외 투자(과거의 저축)에서 얻는 소득으로 메워가고 있다. 그러나 소득수지 흑자는 그대로인 반면, 상품수지 적자는 날로 확대되고 있다.

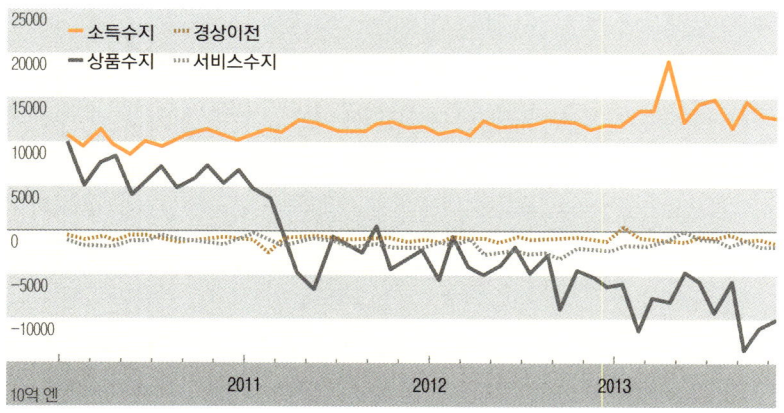

● 일본 경상수지 내역(계절 조정)

출처 : 일본은행

일본이 안고 있는 가장 심각한 문제는 재정 불균형과 국가부채이다. IMF에 따르면, 일본의 국가부채는 1997년 GDP의 100%를 넘어서기 시작해 2009년에는 200%를 웃돌게 됐으며, 2011년에는 GDP의 230%로 불어났다. 국가부채가 GDP의 100%를 웃돌게 되면 경제에 부작용을 야기하는 것으로 알려졌으나, 일본은 이미 그 수준을 두 배 이상 능가하고 있다. GDP 대비 일본의 국가부채는 빚 때문에 사회가 붕괴된 그리스보다도 훨씬 심각하다.

일본 정부는 2014 회계연도에 총 95조 8900억 엔의 일반예산을 지출할 계획이다. 전년에 비해 3조 3000억 엔 늘어난 규모이다. 이 가운데 세금 또는 여타 수입으로 충당할 수 있는 돈은 54조 6300억 엔에 불과하다. 나머지 41조 2500억 엔은 채권을 발행해서 조달할 예정이다. 전체 예산의 43%를 빚을 내서 쓰는 구조이다. 그나마 소비세가 인상되는데 힘입어 나아진 편이다. 2013 회계연도에는 채권 의존도가 46.3%에 달했었다. 이렇게 해마다 빚을 내서 정부를 운영해 온 결과 일본 정부의 부채는 천정부지로 증가하고 있다.

이처럼 기형적인 예산 구조를 지속할 수 있었던 것은 역설적이게도 디플레이션 덕분이었다. 성장과 물가가 침체돼 이자율이 극도로 낮게 유지될 수 있었기 때문이다. 그러나 만약 일본의 디플레이션이 종식돼 성장과 물가가 되살아난다면 저금리 시대 역시 끝나게 된다. 이는 일본의 재정에 커다란 위협이다.

일본 재무성에 따르면, 2014 회계연

도 일반예산 중 10.6%에 해당하는 10조 1300억 엔은 순전히 이자 지급을 위해 쓰는 돈이다. 기존 부채의 만기상환에 사용하는 예산은 전체의 13.7%에 해당하는 13조 1400억 엔에 달한다. 물론 이자와 원금 상환에 필요한 돈은 모두 새로 빚을 내서 조달한다. 2014년 예산을 기준으로 단순 계산해 볼 때, 만약 일본 국채의 조달 금리가 단 1%포인트만 상승하더라도 일본 재정의 이자지급 부담은 해마다 1300억 엔씩 누적해 증가하게 된다. 10년 뒤에는 이자지급 부담이 지금보다 13%가량 늘어난다는 의미이다.

  2014년 1월 24일 기준 일본의 10년 만기 국채 수익률은 0.62%로 2.72%인 미국에 비해 2.1%포인트나 낮다. 반면 일본의 소비자물가 상승률은 1.5%로 미국과 동일하다. 따라서 일본 국채의 실질수익률은 -0.88%(=0.62%-1.5%)로 미국의 1.22%에 비해 훨씬 낮다.

  결국 아베노믹스는 두 가지의 극단적으로 상이한 향후 전개 시나리오를 갖게 된다. 만약 일본 국채를 보유하고 있는 민간 투자자들(주로 일본 국민들과 금융회사들이다)이 상대적으로 훨씬 낮은 실질이자율을 계속 감내해 주지 않는다면 국채 수익률은 빠른 속도로 상승할 수밖에 없다. 이 경우 일본은행은 국채 매입 규모를 대폭 늘려 이자율 상승을 막아야 한다. 그러지 않으면 일본의 재정은 급격히 악화될 것이기 때문이다. 하지만 일본은행이 이런 식으로 화폐 발행을 늘리게 된다면 물가상승률은 더 뛰어오를 수밖에 없다. 일본 국채의 실질수익률은 더욱 하락할 것이며 민간 투자자들의 이탈은 가속화될 것이다. 일본은행의 화폐 발행이 더욱 늘어나고 물가상승률이 더욱 상승하는 악순환에 빠질 수 있다.

다만 일본 민간 투자자들의 국채시장 이탈이 극히 제한적이고, 그래서 일본은행의 화폐 증발 부담도 크지 않은 상태에서 물가와 경제가 적정한 수준의 성장세를 유지한다면 아베노믹스는 성공할 수 있다. 국채 수익률이 오르기는 하겠지만 그 폭은 제한적이어서 일본 재정의 이자지출 부담 역시 제한적으로만 증가할 것인 반면, 성장과 물가 회복으로 일본 재정의 세금 수입은 더 많이 늘어날 것이기 때문이다. 명목GDP가 계속 늘어날 것이기 때문에 GDP 대비 국가부채비율은 떨어질 수도 있다. 다만 이 경우 일본 국채에 상당한 저축을 맡겨 놓은 노령층은 실질적인 소득 손실을 보게 되고, 이는 마치 세금을 인상한 것과 동일한 충격을 가해 소비를 위축시키는 결과를 낳을 것이다. 일본 국채를 대량으로 보유하고 있는 금융기관들의 자산건전성도 악화된다. 아베노믹스의 성패는 일본 국채를 대량 보유하고

● 2014년 일본 정부 일반회계 예산 구조

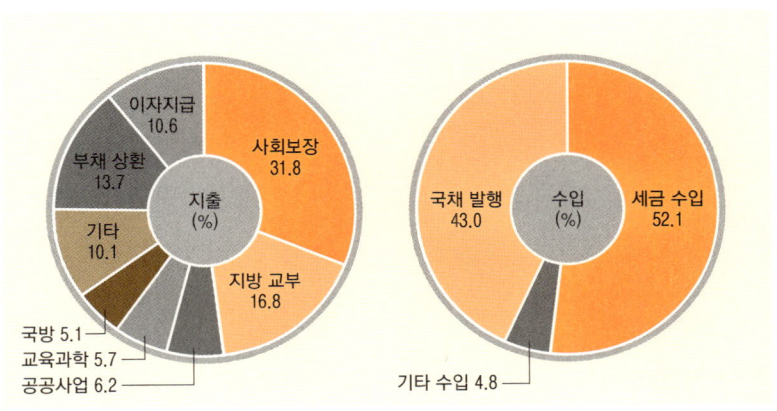

출처 : 일본 재무성

있는 일본 국민들의 '비이성적 애국심' 또는 '비이성적 안전 추구 행위'가 계속 유지될 수 있는지 여부에 달려 있다.

극단적 모험의 배경

아베노믹스는 이처럼 지극히 모험적인 정책실험이다. 이성적인 경제 원리만 놓고 보자면 실패할 확률이 높지만, 일본 국민들의 감성적 자국편향home bias을 감안한다면 실패를 단언하기는 어렵다. 분명한 것은, 만약 이 실험이 실패로 돌아간다면 그 이후 일본 국민들의 후생은 아베노믹스 이전의 디플레이션 시대보다 더 악화돼 있을 것이며, 경제구조의 모순은 훨씬 심화돼 과거로 되돌리는 것조차도 어려워질 것이다.

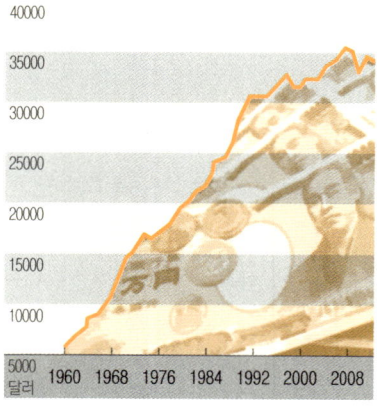

● 일본의 1인당 실질GDP

출처 : 경제협력개발기구

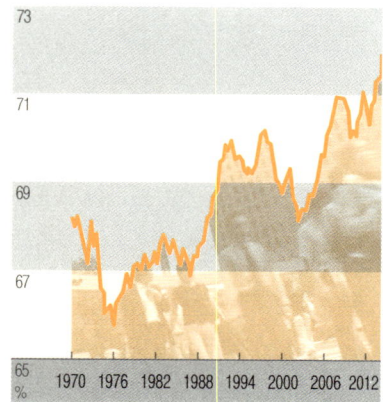

● 일본의 고용률

출처 : 경제협력개발기구

그렇다면 아베 신조 총리는 왜 이렇게 무모한 모험을 시작했을까. 일본의 잃어버린 20년 동안 과연 일본 국민들은 그만큼 고통스러웠을까. 경제지표들을 보면, 일본 국민들에게 지난 20년은 그리 나쁘지 않았음을 알 수 있다.

미국 노동부의 국제 비교 자료에 따르면, 2011년 기준 일본의 1인당 실질 국내총생산^{GDP}은 3만 4300달러로 1990년에 비해 16%가량 증가했다. 연간 1%에 못 미치는 증가세였지만, 일본의 노동력이 급감하고 있고 고령인구는 급증하고 있는 현실을 감안하면 양호한 성적표였다. 일본 통계청에 따르면, 일본의 노동가능인구(15~64세)는 1996년부터 감소하기 시작했다. 2013년 4월 기준 일본의 노동가능인구는 총 7936만 명으로 1990년 초에 비해 7% 이상 적었다. 그 결과 총인구 대비 취업자 비중은 2012년 기준 56.1%로 1990년의

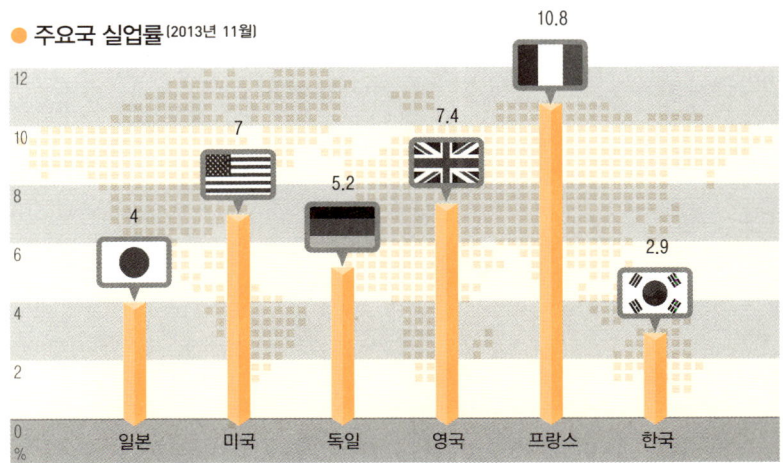

● 주요국 실업률 (2013년 11월)

출처 : 경제협력개발기구

61.3%에 비해 5%포인트 이상 낮아졌다. 전체 인구 가운데 부가가치를 생산하는 인구의 비중이 그만큼 줄었다는 의미이다.

이로 인해 일본 생산연령층의 노인 부양 부담은 크게 높아졌다. 대신 그들은 다른 어떤 선진국보다도 일자리를 구하기 쉬워졌다. 일본 경제의 생산 물량이 계속 증가해온 반면, 인구 감소와 고령화 덕분에(?) 일자리를 둘러싼 경쟁률은 낮아졌기 때문이다. 2013년 3분기 기준 일본의 고용률 즉, 노동가능인구 중에서 일자리를 갖고 있는 사람의 비중은 71.8%로 1990년의 68.8%에 비해 3%포인트 높아졌다. 그 결과 2013년 11월 기준 일본의 실업률은 4.0%로 경제협력개발기구OECD 회원국 가운데 한국(2.9%) 다음으로 낮았다.

일본의 지난 20년은, 적어도 국민들의 후생에 있어서는 그리 불행하지 않았다. 그런데도 불구하고 일본의 아베 신조 정권이 지극히 위

● 일본 vs. 중국 경제 규모 비교(명목국내총생산)

출처 : 세계은행

험한 모험적 화폐부양책에 나서는 이유는 무엇일까.

경제 규모에 대한 집착으로 추정할 수 있다. 세계은행에 따르면, 일본의 경제 규모를 보여주는 명목국내총생산^{GDP}은 2010년 들어 중국에 역전당했다. 2011년에는 격차가 20%가량 벌어졌으며, 역전폭은 나날이 빠른 속도로 확대될 전망이다. 그 결과 지역 패권의 중심축이 중국으로 넘어가 버렸다. 중국은 미국과 세계 양대국^{G2}의 지위로서 어깨를 겨루는 반면, 일본의 국력은 날로 늙어가고 있다.

아베 신조 총리는 2014년 1월 스위스 다보스 포럼에서 "현재 중국과 일본의 관계가 제1차 세계대전 직전의 독일과 영국 간의 갈등관계와 유사하다"면서 두 나라 사이에서 제1차 세계대전과 같은 물리적 충돌이나 분쟁이 발생할 수 있다고 말해 국제적인 파문을 일으켰다. 취임 후 야스쿠니 신사를 참배하고, 중국이나 한국 등 주변국들과 영토 분쟁을 일으키는 한편, 평화헌법 개정을 통해 재무장을 추진하는 등 일련의 움직임은 모두 늙은 패권국가의 행동양식이었다. 아베노믹스는 이 같은 패권 추구를 뒷받침할 수 있는 경제적 기반을 마련하기 위한 것으로 볼 수 있다. 급부상한 중국이 지역 내에서 과거 자신들이 행했던 것과 같은 패권적 행위를 하고 있는 데 대한 공포감의 산물일 수도 있다.

Global Monitor Live Report

국가로서의 일본이
노벨경제학상을 수상한다는 시나리오

"한국과 싱가포르, 태국 등지 고객들의 시각이 바뀌었다. 이제는 미국이나 유럽의 국채 시장 역시 일본화japanization의 길을 걷게 됐다고 판단하는 듯하다."

2012년 11월 노무라증권은 보고서에서 아시아 주요국 고객들을 탐방한 결과를 이렇게 기술했다. 보고서가 말하는 '일본화'란 국채 수익률이 일본처럼 장기간 아주 낮은 상태를 이어가는 현상을 의미한다.

경제 영역에서 '일본화'라는 용어는 보다 다양하게 사용된다. 노무라 보고서처럼 장기간 지속하는 낮은 시장금리를 의미하기도 하고, 장기간의 부양적 통화·재정 정책을 뜻하기도 하며, 그러한 정책에도 불구하고 장기간의 경제 수축과 디플레이션이 반복되는 거시적 현상(예를 들면 유동성 함정)을 말하기도 하며, 이 모두를 뜻하기도 한다. 하지만 이 같은 기술들은 모두 표면적으로 나타난 결과물에서 공통점을 찾아내고 있을 뿐, 지난 20년간 일본 경제의 총체적 부진에 작용하고 있는 본질과 근인根因을 다루지는 않고 있다.

그렇다면 경제를 일본화로 이끄는 근본 원인은 무엇일까. 이를 찾아가는 과정에서는 그 뿌리에 보다 근접해 있는 '현상'을 추출하는 것이 도움이 될 텐데, 그것은 바로 낮은 부도율이다.

도이치뱅크가 최근 발표한 보고서는 그런 점에서 매우 흥미로운 시사점을 준다. 보고서에 따르면, 금융위기 이후 경제성장률과 기업 부도율 간의 일반적인 상관관계가 대폭 약화됐다. 즉, 경제성장률이 낮아지더라도 부도율은 좀처럼 높아지지 않더라는 것이다. 과거의 기준에서 판단해 볼 때 현재의 부도율은 지나치게 낮게 형성돼 있다는 얘기이다. 보고서는 그 배경으로 중앙은행들의 통화증발정책과 대량 부도 사태를 막기 위한 정부당국의 금융지원정책을 꼽았다. 이 같은 현상은 특히 유럽에서 두드러지고 있다.

이러한 정책과 그 결과로 나타나는 낮은 부도율 현상의 원조는 당연히 일본이다. "일본 정부는 그동안 부실기업에 대한 직접적인 금융 지원을 늘리고, 상대적으로 양호한 기업들에게는 부실한 납품업체들을 돕도록 독려해 왔으며, 은행에 대해서도 대출을 확대하도록 압박함으로써 경제를 떠받쳐 왔다."(「이코노미스트」 2009년 6월 18일자 'No exit' 중에서) 「이코노미스트」는 이를 '가족 자본주의'$^{family\ capitalism}$라고 비유했다. 도이치뱅크에 따르면, 1981년 이후 일본 투자적격 기업 회사채의 5년 평균 누적 부도율은 0.1% 수준에 불과하다. 즉, 투자적격 기업의 99.9%는 5년 이내에 부도를 낼 가능성이 없다는 뜻이다.

이처럼 낮은 부도율은 무디스 평정 기준을 적용할 경우 정확히 최상위 등급^{Aaa}에 해당한다. BBB 등급까지 모두 포함한 일본의 투자적격 기업들이 미국 정부 못지않게, 혹은 그 이상으로 안전하다는 의미이다. 이에 비해 미국 투자적격 기업의 5년 평균 누적 부도율은 일본의 13배에 달한다. 미국 연방준비제도가 무제한 양적완화와 무기한 제로금리정책의 수렁에 스스로 빠졌다지만, 부도율이란 기준을 적용한다면, 미국은 아직 '일본화'의 자격 요건을 갖추지 못했다. 일본화의 경로를 밟아 가고 있는 곳은 전술했듯이 유럽이다. 유럽 투자적격 기업들의 1981년 이후 5년 평균 누적 부도율은 0.5% 수준으로 미국의 절반도 되지 않는다.

이런 점에서는 한국도 일본화의 경향을 뚜렷하게 나타내고 있다. 한국은행의 보고서 「기업 구조조정의 거시경제적 효과」(2011년 7월)에 따르면, 영업이익으로도 이자를 다 내지 못하는, 그래서 빚을 더 내서 이자를 갚아야 하는 한국 기업의 수(2010년 기준)가 전체의 64.0%에 달했다. 3년 이상 이런 사정에서 못 벗어나고 있는 기업(일반적으로 이런 회사를 '한계기업'이라고 부른다)은 전체의 32.9%에 이르고, 7년 넘게 이러고도 살아남아 있는 기업의 비중도 무려 8.4%에 달한다. 이런 부실기업들의 비중이 그동안 쉼 없이 높아져 왔다는 점은 더욱 큰 문제이다. 그리고 그 배경에는 정부의 다양한 중소기업 지원 금융정책이 있음을 보고서는 실증하고 있다.

매우 당연한 얘기겠지만, 보고서가 실시한 계량분석에 따르면, 한계기업들은 생산성과 수익성이 크게 뒤떨어지며, 고용창출능력과 투자확대능력도 절대적으로 저열하다. 이런 한계기업들의 비중이 높아지고 있다는 것은 그 경제의 생산성과 수익성, 고용 및 투자 창출 능력이 떨어지고 있음을 의미한다.

즉, '일본화'의 핵심은 바로 좀비^{zombie} 경제이다. 일본화란 정부의 인위적인 구조조정 억제정책으로 연명하게 된 좀비기업들이 국가 자원의 상당 부분을 빨아먹어 경제 전체가 빈혈에 빠져버린 상태를 의미한다. 일본화는 그 자체로 종결된 '상태'가 아니라 진행하는 '과정'이다. 그리고 그 모델인 일본의 경제는 지금 일본화의 종착점을 향해 가고 있다. 통화 발행을 폭발적으로 더 늘려 물가상승률을 2%로 끌어올리고, 엔화를 대폭 절하하며, 정부의 재정 지출도 대폭 확대하겠다는 게 일본 새 정부의 구상이다.

일본 새 정부의 획기적 정책이 이끌 일본화의 종착점은 셋 중 하나일 것이다.

① 엔화 가치와 일본 국채시장 및 정부 재정의 붕괴로 귀결되거나,
② 이를 우려한 새 정부가 새 정책을 없던 일로 해서 지금과 같은 無성장, 無인플레이션, 無부도, 無이자, 低실업, 高정부부채 구도를 무한정 끌고 가면서 아주 서서히 가라앉거나,
③ 새 인플레이션정책이 모든 경제학 이론을 무색하게 할 정도로 성공하는 것이다.

아베 신조 정권이 일본화를 ③의 경우로 귀결시킨다면 일본은 국가 자체로서 노벨 경제학상을 수상(마치 '경제난에도 불구하고 과거처럼 전쟁을 일으키지는 않았다'는 이유로 평화상을 받은 유럽연합처럼)하게 될 것이다. 살벌한 자본주의 경쟁경제의 대안으로 '상생 가족 자본주의'의 길을 인류에 제시한 공로이다.

이 경우 한국은행 보고서의 다음과 같은 정책 제안은 무효가 된다. "(정부는) 한계기업들이 금융 지원을 받아 계속기업으로 존속할 소지를 최소화해야 한다."

「글로벌모니터」 2012년 12월 20일

Chapter 08 **재닛 옐런,** 왕좌에 오르다

벤 버냉키는 1930년대 대공황을 연구한 학자 가운데 최고로 꼽히는 권위자이다. 글로벌 금융위기가 발생하기 불과 1년여 전에 그가 연방준비제도의 의장직을 맡게 된 것은 결코 우연이 아니었을 수 있다. 1929년 뉴욕 증시 붕괴를 능가하는, 전대미문의 금융시장 파국을 맞닥뜨린 버냉키 의장은 천문학적인 유동성을 투입하며 진화에 나섰다. 80년 전의 연준과는 전혀 달랐다. 그는 준비된 소방수였다. 큰 충격과 후유증을 피할 수는 없었지만, 1930년대와 같은 실물경제의 대공황은 비껴갈 수 있었다. 그러나 버냉키는 장기간의 저성장과 고실업, 디플레이션 압력만큼은 퇴치하지 못했다. '헬리콥터 벤'이라는 별명처럼 그는 재임 중 3조 달러 이상의 통화를 금융시스템에 투하했으나, 미국의 인플레이션은 살아나지 못했다. 10여 년 전 일본은행의 실패를 꼬집으며 디플레이션 탈출법을 지도했던 버냉키는 '일본에 사과해야 한다'는 비아냥까지 들어야만 했다.

그리고 2014년 2월, 재닛 옐런이 버냉키로부터 미국 중앙은행의 의사봉을 넘겨받았다. 여성으로는 연준 100년 역사상 처음으로 의장직을 맡게 된 그녀는 '통화정책으로 실업을 퇴치할 수 있다'는 신념을 갖고 있다. 일자리를 만들기 위해서는 인플레이션을 감수할 수도 있어야 한다고 그녀는 생각한다. 반대로 물가를 잡기 위해 고용을 희생하는 정책에 대해서는 강한 반감을 갖고 있다. 저물가와 고실업에 시달리고 있는 미국에게 그녀는 어쩌면 준비된 중앙은행장인지도 모른다. 마치 금융위기 직전에 연준을 넘겨받았던 대공황 전문가 벤 버냉키 박사처럼 말이다. 1980년대 초 폴 볼커 연준 의장이 인플레이션을 잡기 위해 고실업을 야기했던 것과 마찬가지로, 혹은 정반대의 맥락으로 옐런 의장은 앞으로 고용을 되살리기 위해 인플레이션을 불러일으킬 것이다.

인플레이션은 인도주의 정책이다!

20년 가까이 지난 일이다. 1995년 1월 31일, 미국 중앙은행의 통화정책 결정기구인 연방공개시장위원회FOMC 정례회의가 열렸다. 당시 회의에서 FOMC는 재할인율을 4.75%에서 5.25%로 0.5%포인트 인상했다. 새해 들어서도 연준의 긴축행진은 멈춤이 없었다. 그러나 당시 회의보다 핵심적인 이슈는 '물가안정 목표제'inflation targeting*였다. 확고한 인플레이션 관리를 위해서는 명시적인 물가상승률을 목표치로 설정해야 한다는 주장이 의회에서 강력히 제기됐던 것이다. 지금은 보편화돼 있지만 당시만 해도 물가안정 목표제는 아주 새로운 정책 시도였다. 그리고 막 유행하기 시작한 제도이기도 했다. 뉴질랜드와 칠레, 캐나다, 이스라엘, 스웨덴, 핀란드, 스페인, 호주 등이 이 제도를 잇달아 도입한 상태였다.

당시 미국에서는 인플레이션이 고개를 들고 있었다. 연준은 1년 가까이 긴축정책을 펼치며 대응했다. 그 과정에서 시장금리는 큰 폭으로 뛰어올랐다. 연준의 공격적인 긴축으로 채권 가격이 급락하자 시장에서는 '대학살'이라는 비명이 터져 나왔다. 그러나 연준은 주저함이 없었다. 전임 폴 볼커 의장이 큰 비용을 치르면서 정착시켜 놓은 물가안정

한국은 외환위기 이후에 물가안정 목표제를 사용하기 시작했다. 현재 한국은행은 3년에 한 차례씩 정부와 협의해 향후 3년간의 중기적 물가안정 목표치를 설정한다. 2013~2015년 중 목표는 소비자물가상승률을 기준으로 '2.5~3.5%'로 정해져 있다.

기반을 어떻게든 지켜야만 했다. 이를 위해 새롭게 제기된 '물가안정 목표제' 아이디어를 놓고 앨런 그린스펀 당시 연준 의장은 FOMC 회의에서 토론을 유도했다. 새 제도에 찬성

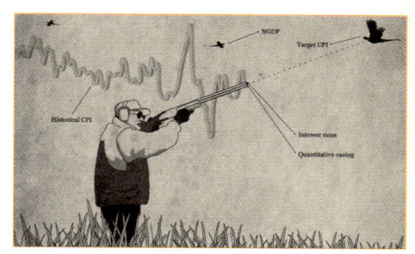

하는 위원과 반대하는 위원을 한 명씩 선정해 각자의 주장을 펼치도록 한 것이다.

알프레드 브로더스 리치몬드 연방준비은행 총재가 찬성론을 맡았다. 그리고 재닛 옐런 당시 연준 이사가 반대 입장을 대표했다. 브로더스 총재의 주장이 끝나자 옐런 이사가 반론을 펼쳤다. 시작부터 강공이었다. 당시 속기록에 따르면, 그녀의 첫마디는 "공식적인 물가상승률 목표제를 도입하는 데 대해 강력히 반대합니다I am strongly opposed to the adoption of formal multi-year inflation targets"였다. 물가안정 목표제는 연준이 추구해야 할 다양한 궁극 목표는 도외시한 채 오로지 한 가지에만 매달리도록 하는 제도라고 그녀는 비판했다.

당시 옐런 이사의 주장에 따르면, 연준은 국민의 이익을 위해 봉사해야 하는 조직이다. 그리고 국민이 원하는 것은 물가안정만 있는 게 아니다. 가계와 기업들은 물가가 뛰는 것뿐 아니라 경기와 고용이 불안해지는 것 역시 싫어한다. 그리고 연준은 경기와 고용을 적절히 조정하는 능력과 수단을 보유하고 있다. 따라서 연준은 여러 가지 목표를 동시에 추구해야 한다. 물가안정만을 단일 목표로 삼아서는 안 된다고 옐런 이사는 역설했다.

이미 법률은 연준으로 하여금 물가안정과 완전고용을 함께 추구

하도록 책무를 지워놓고 있다. 그런데 만약 연준이 물가안정을 단일 목표로 삼게 된다면 완전고용 책무는 소홀히 할 수밖에 없다는 게 옐런 이사의 주장이었다. 물론 연준이 물가안정에 주력하는 대신 완전고용은 행정부의 재정정책이 맡을 수도 있을 것이다. 옐런 이사는 그러나 "재정정책이 경기 안정화를 위한 능력을 상실한 상황에서는 위험할 수 있다"고 말했다. 중앙은행이 고용 회복 임무를 전적으로 떠맡을 수밖에 없게 된 10여 년 후를 예견한 듯한 발언이었다.

일반적으로 물가와 고용은 상충하는 관계에 있다. 물가를 안정시키기 위해서는 고용의 희생이 불가피하며, 고용을 끌어올리는 과정에서는 물가가 상승하기 쉽다. 대부분의 경우 정부와 중앙은행은 물가와 고용을 적정 수준에서 조화를 이루도록 경제를 운영해 왔다. 그러나 이는 운이 좋은 때에나 해당하는 일이다. 둘 중 하나는 희생해야 하는, 고뇌에 찬 결단을 내려야 하는 시기가 있기 마련이다. 1970년대부터 1980년대 초까지 이어진 스태그플레이션이 대표적인 사례이다. 그린스펀의 전임자인 폴 볼커 의장은 이때 물가안정을 위해 고용을 희생시켰다.

그러나 옐런 이사의 생각은 달랐다. 그녀는 "심지어 물가가 목표치 위까지 높아진 상황에서도 물가가 더 오르도록 놔두는 것은 때때로 현명하고 인도적인 wise and humane 정책이 된다"고 주장했다. 고물가와 고실업에 동시에 시달리는 딜레마의 상황에서는 물가보다는 고용안정에 힘써야 한다는 것이다. 그녀는 1970년대의 공급 충격이 가장 대표적인 사례라고 말했다. 석유파동으로 인해 인플레이션이 치솟고 실업이 급증한 경우이다. 이때 연준은 물가가 더 오르는 것을 감수하고라도 완화적인 통화정책을 통해 일자리를 창출해내야 한다는 게 옐런 이사의 생각이었다. 그러나 만약 물가안정을 단일 목표로 삼는다면, 연준은 반대로 공격적으로 통화를 긴축해야만 했을 것이다. 실업이 더 증가하는 것은 물론이다. 옐런 이사는 그래서 "우리에게 오로지 인플레이션 목표만을 달성하라고 하는 것은 가혹한 일"이라고 말했다.

한편, 버냉키 의장은 재임 중 기회가 있을 때마다 "장기간의 실업이 그 당사자와 가족들에게 큰 고통을 준다"고 지적하면서 경기 부양의 필요성을 역설한 바 있다. '인플레이션을 감수하는 실업퇴치정책이 인도주의적'이라는 옐런의 주장은 이런 생각과 맞닿아 있다. 폴 크루그먼 미국 프린스턴대학 교수는 2012년 발간된 저서 『지금 당장 이 불황을 끝내라 End This Depression Now!』에서 "일을 하고 싶은데도 일자리를 구하지 못하는 사람들은 소득의 감소뿐 아니라 자아감의 위축으로 인해 심각한 고통을 겪게 된다. 이런 점에서 지난 4년간 미국에서 이어지고 있는 대규모 실업 사태는 끔찍한 비극이다"라고 말했다.

물론 연준이 명시적인 물가안정 목표를 정해 두면 대중의 신뢰가 높아질 것이다. 물가가 불안해질 조짐을 보이면 중앙은행이 어떻게든 나서서 인플레이션을 막을 것이라고 대중은 믿게 될 것이다. 따라서 이 경우 대중은 물건이나 부동산 등을 미리 사들이는 행위를 하지 않을 것이다. 대중이 이렇게 스스로를 억제하면 연준은 고용을 아주 조금만 희생하고도 물가를 잡을 수 있게 된다. 중앙은행에 대한 신뢰가 높으면 높을수록 정책 비용은 줄어든다는 가설이 여기에서 비롯된다.

물가와 고용은 상충관계에 놓여 있다. 따라서 인플레이션 억제정책은 대개 고용과 경제 성장의 감소 및 둔화를 야기하게 된다. '희생비율'sacrifice ratio 이란 이러한 정책비용을 따질 때 사용하는 개념이다. 물가 변화에 대한 생산손실액의 비율을 의미한다. 중앙은행에 대한 신뢰가 높을수록 희생비율은 낮아지는 것으로 알려져 있다. 물가상승률을 똑같이 1%포인트 끌어내리더라도 중앙은행에 대한 신뢰가 높은 나라에서는 생산손실이 덜 발생한다는 뜻이다.

그러나 당시 옐런 이사는 이러한 상관관계를 부인했다. 물가안정 목표제를 도입한 나라들의 경험을 보면 그 성과는 실망스러웠다는 것이다. 심지어 세계에서 가장 높은 신뢰를 얻고 있는 독일 중앙은행인 분데스방크조차도 물가를 안정시키는데 미국보다 더 높은 비용을 치러야만 했다고 그녀는 지적했다. 오히려 옐런 이사는 "물가안정 목표제가 연준의 신뢰를 갉아먹을 수 있다"고 주장했다. 분데스방크도 고용을 함께 고려하는 게 현실인데, 누가 연준의 물가안정 단일 목표를 믿으려 하겠느냐는 것이다. 그래서 그녀는 물가안정 단일 목표제는 "말장난hoax으로 여겨질 것"이라고 우려했다.

거침없이 자신의 주장을 설파한 그녀의 생각은 확고했다. "우리는 의회에 가서 증언할 때도 이렇게 말해야 한다. 물가안정이 우리에게 주는 이익은 뚜렷하지 않다. 물가안정을 위해 치르는 경기불안 비용은 물가안정을 통해 얻는 이익을 능가하기 십상이다. 왜냐하면, 기업들은 물가가 불안해질 때뿐 아니라 매출 전망이 불투명해진 경우에도 경영 계획을 세우고 설비투자를 확대하기 꺼리기 때문이다." 옐런 이사는 더 나아가 "어느 정도 moderate 의 인플레이션이 발생한다고 해서 경제 성장 속도나 경제 규모가 감소한다는 증거가 없다"고까지 말했다. 당시 의회에서 제기되고 있는 '0% 물가상승률' 옹호론을 겨 냥한 발언이었다.

Tapering, 돈 줄기가 가늘어지다

그리고 정확히 19년 뒤, 옐런 이사가 연방준비제도의 지휘봉을 넘겨받기 1년 전부터 미국의 물가상승률은 0%대를 넘나들고 있었다. 그러나 글로벌 금융시장의 최대 화두는 단연 '테이퍼' taper 에 모여 있었다. 점점 줄어 가늘어진다는 뜻의 '테이퍼'는 양적완화 규모를 차츰 줄여나간다는 의미였다. 그 해 5월 22일 벤 버냉키 의장이 의회 증언에서 "올해 안에 양적완화 규모를 축소하기 시작할 계획"이라고 밝힌 뒤부터 '테이퍼'는 기정사실화됐다. 다음 달인 6월 19일 버냉키 의장은 기자회견에서 "양적완화를 내년(2014년) 상반기 말 즈음에 완전히 종료할 계획"이라고까지 선언했다.

버냉키의 선언은 글로벌 금융시장에 큰 충격파를 일으켰다. 연준의 양적완화 축소는 부양의 축소, 더 나아가 긴축의 개시로 받아들여졌다. 매달 시장에 새로 공급하는 유동성을 줄여 없애 나갈 뿐 아니라 기준금리도 곧 인상하겠다는 발표로 여겨졌

다. 시장금리가 폭발적인 속도로 뛰어올랐다. 1.6%대로까지 떨어졌던 10년 만기 미국 국채 수익률은 '테이퍼' 이슈를 타고 4개월여 만에 3% 수준으로 수직상승했다. 주택담보대출 이자율도 함께 치솟았다. 주택시장이 바짝 긴장했다. 자칫하다가는 가까스로 되살아나던 경기와 고용의 회복세마저 망쳐버릴지 모를 일이었다.

연준이 돈 풀기를 중단하겠다고 선언함에 따라 이머징 마켓 금융시장은 큰 충격에 빠져들었다. 더욱 더 높은 금리를 찾아 전 세계로 흩어졌던 돈들이 미국으로 재빨리 회수됐다. 이머징 마켓의 통화가치가 급락했다. 이머징 국가의 중앙은행들은 환율을 안정시키기 위해 미국 국채에 투자해 뒀던 외환보유액을 헐어 시장 개입에 나섰다. 달러가 부족해진 이머징 국가들이 미국 국채를 팔기 시작하자 미국 국채금리는 더욱 빠른 속도로 상승했다. 그러자 이머징 마켓으로부터의 자금 이탈이 더욱 빨라졌다. 이 돈을 붙잡아 두기 위해서는 미국보다 더 빠른 속도로 금리를 높여야만 했다. 이머징 국가의 중앙은행들이 경쟁적으로 금리 인상에 나섰다. 그러자 이머징 국가들의 실물경제가 급격히 냉각됐다. 하지만 환율을 안정시키기 위해서는 별다른 도리가 없었다. 개방된 자본시장을 운영하면서 환율과 금리까지 모두 원하는 대로 가질 수 없다는 '삼위일체 불가론'impossible trinity을 이머징 국가들이 피할 수는 없었다.

양적완화는 미국의 장기국채 수익률을 끌어내리기 위한 정책이었다. 따라서 양적완화의 축소, 종료는 장기금리의 상승과 장기국채 가격의 하락을 예고한 것이었다. 따라서 미국 국채에 투자했던 여타 투자자들도 국채 가격이 더 떨어지기 전에 경쟁적으로 국채를 팔겠다고 나섰다. 국채 가격이 추락하고 장기금리는 치솟게 된 또 다른 배경이었다. 제3차 양적완화 도입 이후에 전개됐던 것과 정반대의 양상이 글로벌 금융시장을 지배했다.

연준으로서도 이처럼 큰 충격이 연쇄적으로 발생할 것이라고는 미처 생각하지 못했던 듯했다. 버냉키 의장을 비롯한 연준의 고위 인사들이 잇따라 진화에 나섰다. 양적완화의 축소, 종료는 긴축을 의미하는 것이 전혀 아니며, 금리 인상을 앞당길 생각도 전혀 없다고 거듭 설득했다. 제로금리정책을 오히려 더 장기간 제공함으로써 경기부양 기조가 줄어들지 않도록 하겠다고 거듭 약속했다. 금융시장이 가까스로 안정돼 나갔다. 양적완화의 축소가 조기 금리 인상을 의미하는 게 아니라고 설득한 것이 특히 주효했다. 10년 만기금리가 순식간에 3% 수준으로 치솟자 이자율 매력을 느낀 투자자들도 생겨났다. 국채를 싼값에 사겠다는 자금이 다시 유입되면서 미국의 장기금리는 더 이상 오르지 않게 됐다.

그리고 2013년 12월, 연방공개시장위원회는 결국 월간 양적완화 규모를 850억 달러에서 750억 달러로 100억 달러 줄이는 '테이퍼'를 결정했다. 연준의 테이퍼 결정에 금융시장은 오히려 반색했다. 그만큼 미국의 경기 회복세가 강하다는 방증이었고, 그럼에도 불구하고 연준은 계속해서 제로금리를 제공하겠다고 약속한 결과이기도 했다.

그러나 시장 참여자들에게는 두고두고 풀리지 않는 의구심이 남아 있었다. 양적완화 축소, 종료가 연준의 말처럼 경기와 고용의 회복세에 따른 것이라면, 결국에는 금리 인상도 조기에 단행되지 않겠느냐는 것이다. 물론 이에 대해 연준은 "제로금리는 장기간 계속해서 제공할 것이며, 따라서 부양의 기조는 줄어들지 않는다"는 약속을 거듭해서 시장에 전달했다. 그러나 이러한 약속은 새로운 의구심을 불러일으켰다. 경기와 고용의 회복세가 강해졌는데도 왜 연준은 부양 기조를 줄이지 않겠다고 하는 것일까. 부양 기조를 줄이지 않겠다면서 양적완화는 왜 축소, 종료하려는 것일까.

양적완화가 공식적으로 설정한 목표는 "고용시장 전망의 상당한 회복"이었다. 때마침 미국의 고용지표들은 좀 더 빠른 속도로 개선되고 있었다. 그러나 연준이 테이퍼에 나선 것은 고용이 회복되고 있었기 때문만은 아니었다. 오히려 양적완화가 불러일으키는 다양한 부작용들이 가시적으로 나타나고 있었기에 내려진 결정이었다. 2013년 12월 FOMC 회의를 기술한 의사록은 당시 연준이 왜 양적완화를 줄여 없앨 수밖에 없는지를 잘 설명해 주고 있다. 다음은 당시 의사록의 주요 내용이다.

"대부분의 위원들은 양적완화를 당장 혹은 가급적 조기에 끝내야만 할 만큼 그 한계비용이 한계효용에 비해 충분히 크지 않다고 판단했다. 다만 서너 명의 위원들은 비용이 훨씬 크다고 보면서 설사 위원회가 꾀하는 양적완화의 거시경제적 목표가 달성되지 않은 상태라 하더라도 프로그램을 당장 또는 가급적 조기에 종료하는 게 옳다고 밝혔다. 위원들은 추가 양적완화의 한계비용이 금융안정을 저해하는 데서 주로 발생한다는 점을 가장 우려했다. 고도로 부양적인 통화정책 스탠스가 금융부문의 과도한 위험 추구를 조장할 수 있다는 것이다. 금융안정에 미치는 위험은 금리정책보다 양적완화정책에서 다소 더 크게 나타날 것으로 판단했다."

 이날 회의에서 FOMC 위원들은 양적완화의 부작용에 대해 보다 구체적으로 토론할 기회를 다시 가졌는데, 두 가지 문제가 집중적으로 거론됐다. 먼저 양적완화가 당장 금융 거품을 일으킬 위험이 크다는 점을 위원들은 지적했다. 의사록에 따르면 대여섯 명의 위원들은 중소기업 주식의 주가수익배율^{PER}이 대폭 상승한 점, 자사주 매입이 증가한 점, 빚을 내서 주식에 투자하는 신용 거래가 늘어난 점 등을 지적했다. 또 한 위원은 레버리지드 론$^{leveraged\ loan}$(기업 인수합병 자금을 조달하기 위해 받는 대출)이 증가한 가운데 대출 조건은 크게 완화됐다는 점을 문제로 꼽았다. 자기자금이 아닌 빚을 내서 회사를 인수하는 행위가 빈번해지고, 이렇게 고도로 위험한 투자에 돈을 너그럽게 빌려주는 행태가 확산되고 있다는 것이다. 일부 위원들은 따라서 통화정책을 결정하는 데 있어서 금융안정을 보다 광범위하게 고려할 것을 주장했다. 금융 거품을 일으키는 통화정책은 피해야 한다는 주장이다.

 위원들이 우려한 또 하나의 부작용은, 돈을 너무 많이 풀어놓으면 미래에 긴축정책으로 전환하기가 곤란해질 수 있다는 점이었다. 연준이 더욱 적극적으로 통화를 거둬들이기 위해서는 보유 채권을 파는 수밖에 없다. 이때 연준은 대규모의 자본손실(이 부분에 관해서는 37쪽 '연방준비제도는 결국 파산할 것인가?' 참조)을 입을 것이기 때문에 소극적인 긴축에 머물 개연성이 크다는 것이다. 연준이 실제로 그렇게 소극적으로만 긴축정책을 펼친다면 인플레이션 위험은 커질 것이다.

 부작용이 이렇게 늘어나고 있는 반면, 양적완화를 통해 얻을 수 있는 정책 효과는 갈수록 줄어들 것이라는 게 당시 FOMC 위원들의 생각이었다. 의사록에 따르면, 당시 위원들의 과반수가 이렇게 생각하고 있었다. 일부 위원들은 "양적완화는 본질적으로 그 효익을 측정하기도 어렵다"고까지 주장했다. 그러니 연준은 양적완화를 가급적이면 조기에 중단해야만 했다. 그리고 마침 운이 좋게도 경기와 고용은 되살아나고 있었다.

"물가를 희생시켜서라도"······ 전도顚倒된 폴 볼커

연준이 양적완화를 왜 끝내버리려고 결정했는지를 파악하는 것은 매우 중요하다. 향후 연준이 사용할 수 있는 통화부양 수단을 가늠할 수 있기 때문이다. 만약 연준이 '양적완화가 적은 부작용으로 큰 성과를 냈다'고 판단했다면 향후에도 필요한 경우 대규모의 채권 매입정책은 다시 가동될 수 있을 것이다. 그러나 효과에 비해 부작용이 더 큰 정책이었다고 평가했다면 다시는 유사한 정책이 등장할 가능성은 없을 것이다. 2013년 12월 회의 당시 FOMC 위원들의 논의를 종합해 본다면, 결론은 후자에 가깝다. 따라서 양적완화는 앞으로는 다시 보기 어려운, 단지 한 시대를 잠깐 풍미했던 정책 실험으로만 남게 될 가능성이 높다.

옐런 의장은 애초부터 양적완화보다는 금리정책을 활용한 경기부양을 선호했던 것으로 보인다. 2012년 11월 당시 연준 부의장이었던 옐런은 UC버클리대학 연설에서 자신이 생각하는 '최적의 통화정책'optimal policy을 공개한 바 있다. 이는 향후 옐런이 이끄는 연준이 어떠한 통화정책 수단을 구사할 것인지를 엿볼 수 있게 했다. 이 연설은 FOMC가 월간 400억 달러 규모의 모기지 채권을 사들이는 제3차 양적완화를 도입한 지 2개월 뒤, 월간 450억 달러 규모의 국채를 추가 매입하기로

폴 볼커

결정하기 한 달 전에 행해진 것이다. 아래에 소개될 그녀의 연설을 통해 우리는 옐런이 양적완화보다는 제로금리 장기 유지 약속을 가장 기본적인, 보다 바람직한 통화부양 수단으로 생각하고 있음을 알 수 있다. 2013년 4월 옐런은 FOMC 위원들 중 누구보다도 일찌감치 양적완화 축소 필요성을 역설하기도 했다.

그녀는 당시 「중앙은행 커뮤니케이션의 혁명과 진화 Revolution and Evolution in Central Bank Communications」라는 제목의 연설에서 자신이 생각하는 금융위기 이후 통화정책의 특성과 요체, 연준의 이중 책무 달성을 위한 바람직한 정책 방향과 구체적인 정책 수단의 운용 방향을 상세하게 밝혔다. 그녀는 그동안 연준이 밝혀온 것보다, 그리고 시장이 예상하고 있는 것보다 훨씬 강력한 부양정책을 희망하고 있었다. 이는 1980년대 초 폴 볼커 연준 의장의 공격적인 인플레이션 퇴치정책을 연상케 했다. 두 사람 사이에 차이가 있다면, 옐런은 볼커와는 정반대로 완전고용을 위해 일시적으로 물가안정을 희생시키려 한다는 점뿐이었다. 18년 전 '물가목표제'에 강력히 반대했던 그녀의 신념은 그대로 살아 있었다. 그리고 그녀의 정책 수단은 '기대심리의 조작'이라는 새로운 개념이다.

옐런 당시 부의장은 연설에서 "오늘날 경제에 미치는 통화정책의 효과는 FOMC의 현행 정책금리나 양적완화에만 의존하는 것은 아니다"라고 말했다. 그녀는 "오히려 통화정책 효과는 연준이 설정한 미래 실업률 및 물가목표에 대한 대중의 기대심리에 의존한다"고 말했다. 향후 수년간 연준이 실업률과 물가상승률을 어느 수준으로 끌어올리고 끌어내릴 계획인지에 대한 기대심리를 변경시킴으로써 경제 주체들의 소비와 투자 행태를 변경시키고 이를 통해 고용과 인플레이션 목표를 달성하게 된다는 의미이다.

옐런은 아울러 연준의 미래 물가 및 고용 목표에 대해 대중이 '이해'하고 '신뢰'해야만 통화정책의 효과가 극대화될 수 있다고 말했다. 이 같은 구상이 반영된 것이 '포워드 가이던스'이다. 연준은 2012년 12월부터 '실업률 6.5%와 물가상승률 전망 2.5%'를 제로금리정책이 추구하는 목표로 제시했다. 연준이 미래 고용과 인플레이션을 어떤 수준으로 변화시키려 하고 이를 위해 어떠한 정책을 펼칠 것인지를 구체적으로 알려 약속함으로써 대중의 '이해'와 '신뢰'를 도모하려는 노력이었다. 옐런은 이 같은 포워드 가이던스를 설계하는 실무 책임자 역할을 맡았는데, 그녀가 연준의 '커뮤니케이션 TF 팀장'을 맡은 것은 '대중의 기대심리 변경'을 통화정책의 요체로 생각하는 그녀의 철학과 무관하지 않았다.

옐런의 통화정책은 연준의 이중 책무인 고용과 물가를 '균형 있게' 다룬다는 점에서 특히 달랐다. 완전고용과 물가안정은 어느 것이 더 우선시되거나 중요시되지 않는, 동등한 목표라는 것이다. 이 같은 옐런의 생각은 2012년 1월 FOMC가 발표한 '장기 정책 목표와 전략'

성명서에 그대로 반영됐다. 당시 시장은 연준이 설립 이후 처음으로 장기 물가안정 목표를 2%로 제시한 대목에 주목했었다. 그러나 그 발표 안에는 두고두고 깊은 의미를 갖게 될 내용이 따로 담겨 있었다. 당시 성명서에서 FOMC는 '균형 잡힌 접근법'balanced approach의 개념을 설명하면서 "물가와 고용의 목표치 이탈 정도를 고려해야 하며, 두 가지가 같은 시기 안에 동시에 목표 수준으로 돌아가지 않을 가능성에 대해서도 염두에 둬야 한다"고 밝혔다.

예를 들어 물가가 목표치를 웃도는 2%대 초반으로 '약간' 높은 상황에서 실업률은 역시 완전고용 수준을 '대폭' 상회하고 있다고 가정하자. 인플레이션과 실업 문제가 공존하는 딜레마에 처해 있는 것이다. 당시 옐런이 이끌어 낸 FOMC의 성명서는 이런 상황에서 '고용 회복'에 더 큰 방점을 두고 부양정책에 나서야 한다는 지침을 제공하고 있다. 고용의 목표 이탈 수준이 물가에 비해 더 심각하기 때문이다. 이 과정에서 물가가 '수년간' 목표치를 더 벗어난 상승세를 탄다고 하더라도 일단은 고용을 정상으로 회복시킨 뒤에 물가안정을 도모하는 정책 수순 즉, '부양 이후 긴축' 경로를 따라야 한다는 정책 가이드라인을 공식화한 것이다. 이 같은 지침은 폴 볼커의 '인플레이션 파이팅'과 동등한 스탠스와 강도로 '실업 파이팅'에 나서야 한다는 것을 의미한다. 옐런은 당시 연설에서 고용과 물가 중 하나를 다른 하나를 위해 일시적으로 희생시키는 것이야말로 '균형 잡힌 접근법의 요체'라고 특히 강조했다. 물가상승률이 목표치를 웃도는 인플레이션 상황에서의 정책지침이 이러할 진대, 지금처럼 디플레이션 위험이 제기되는 환경이라면 연준의 통화정책 방향과 강도에 관해서는 이론의 여지가 없어진다.

커뮤니케이션 TF팀장으로서 옐런은 이처럼 이미 FOMC의 통화정책 스타일에 심대한 변화를 이끌어 냈다. 그러나 모든 걸 그녀의 뜻대로 다 관철한 것은 아니었다. 그녀는 연준이 물가와 마찬가지로 고용에서도 구체적인 목표 수치를 제시해야 한다고 믿고 있었다. 예를 들어 물가상승률 2%와 상응하는 실업률 5% 또는 6%를 연준의 공식적인 통화정책 목표로 삼자는 것이었다. 그러나 이에 대해서는 연준 내부에 이견이 워낙 많았고 옐런은 자신의 의지를 실현하지 못했다.

더욱 중요하게는, 당시 FOMC가 제시한 금리 인상 검토 개시 시기(2015년 6월 말)가 옐런의 그것과 차이가 있었다는 점이다. 옐런은

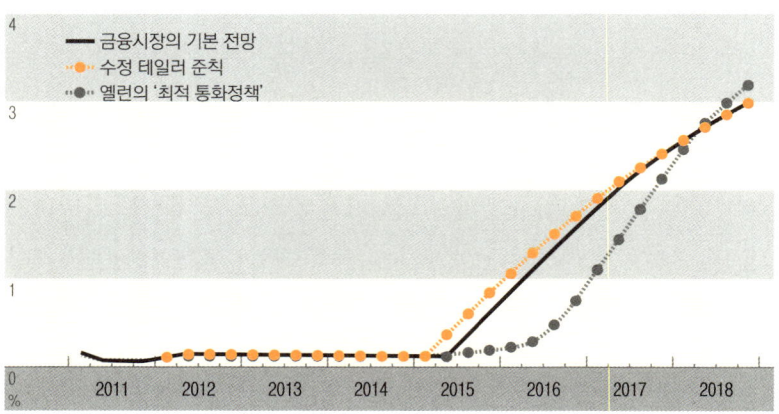

● 옐런의 최적의 통화정책 경로

2012년 연설 당시 옐런이 제시한 최적의 통화정책 경로 그래프. 주황색 점선은 수정 '테일러 준칙' 모델을 통해 도출한 적정 기준금리. 검은색 선은 뉴욕 연준이 프라이머리 딜러들을 대상으로 벌인 설문조사에서 파악된 시장의 기준금리 전망. 회색 점선은 옐런이 제시한 향후 최적의 기준금리 경로이다. 옐런이 생각하는 미래의 기준금리는 시장이 예상하고 있는 것보다 훨씬 낮음을 알 수 있다.

출처 : 연방준비제도, 재닛 옐런 부의장 연설문

당시 연설에서 '최적의 통화정책'이라고 이름 붙인 미래 정책금리 경로를 그래프로 소개했는데, 그녀가 제시한 최적의 금리 인상 시기는 2016년 초였다. FOMC의 생각과는 반년 가량 시차가 있었던 것이다.

더욱 주목할 대목은 최초의 금리 인상 이후의 행보였다. 그녀는 당시 시장이 예상하고 있는 것보다 '훨씬 더딘' 속도의 금리 인상 페이스를 제시했다. 이 같은 '지연된 금리 인상' later liftoff 구상은 당시 FOMC 성명서에도 어느 정도 반영됐다. "경제 회복이 강화된 뒤에도 상당한 기간 동안 고도의 통화부양책이 남아 있을 것"이라고 약속한 대목이다. 그러나 그 상당한 기간과 고도의 부양 수준이 어느 정도인지에 대해서 연준은 구체적으로 제시하지 않았다. 2012년 연설 당시 옐런은 이 점을 아쉬워했다.

당시 옐런은 이 '최적의 정책금리' 전개 구도를 연준 내부에서 사용하는 'FRB/US' 모델을 통해 산출했다. 그러나 시장은 연준과 다른 구형 모델(테일러 준칙)을 통해 미래의 정책금리 구도를 예상하고 있었다. 옐런은 이 점을 지적하며 시장이 연준의 부양 의지를 과소평가하고 있다고 말했다. 이를 교정하기 위해 옐런은 앞으로 시장에 '연준이 생각하는 향후 수년간의 최적 물가상승률 및 실업률 전개 구도'를 제시할 필요가 있다고 밝혔다. 당연히 연준이 생각하고 목표로 삼는 물가의 전개 양상은 시장의 그것보다 훨씬 높으며 실업률은 훨씬 낮다. 이 사실을 더욱 분명히 알리게 되면 시장은 연준의 '보다 장기간의 제로금리' lower for longer 제공 의사와 이를 통해 달성하고자 하는 물가와 실업률 목표 수치를 보다 정확하게 '이해'하고 '신뢰'할 수

● 예상 실업률 경로

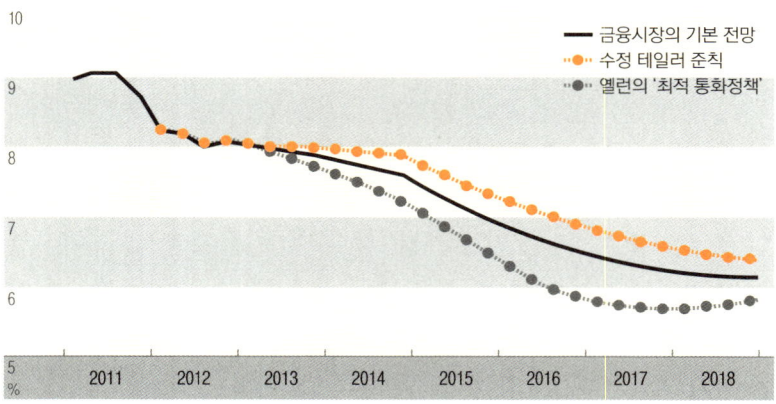

● 개인소비지출 물가상승률 경로

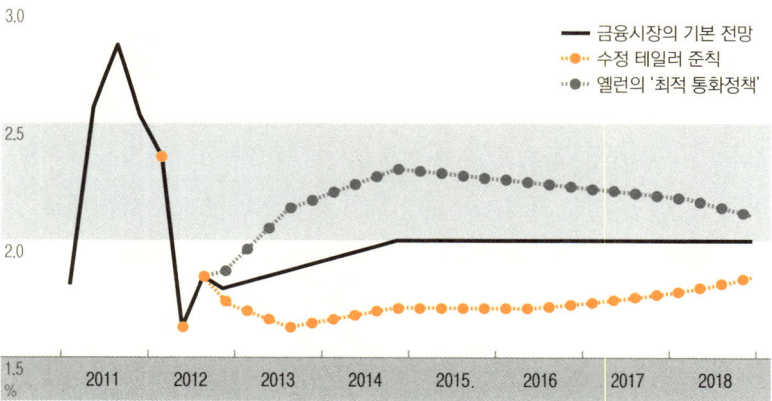

위 첫 번째 그래프는 옐런 당시 부의장이 연설에서 제시한 향후 실업률 경로를 보여준다. 주황색 점선은 수정 '테일러 준칙'에 의해 도출된 앞으로 예상되는 실업률이다. 검은색 선은 뉴욕 연준이 프라이머리 딜러들을 대상으로 벌인 설문조사에서 파악된 시장의 예상 실업률이다. 회색 점선은 옐런이 제시한 실업률 목표 경로이다. 시장이 예상하는 것보다 실업률을 훨씬 낮은 수준으로 끌어내리겠다는 의지가 내포돼 있다. 위 두 번째 그래프는 개인소비지출 물가상승률 경로이다. 시장이 예상하고 있는 것보다 물가상승률을 훨씬 높은 수준으로 용인하겠다는 옐런의 뜻(회색 점선)을 한 눈에 파악할 수 있다.

출처 : 연방준비제도, 재닛 옐런 부의장 연설문

있을 것이라는 게 당시 옐런의 생각이었다.

"잃어버린 경제 기반의 회복"……명목GDP 타기팅

그리고 1년 뒤인 2013년 11월 13일, 차기 연준 의장 후보로 지명된 옐런이 미국 상원 인사청문회 회장에 섰다. 옐런 지명자는 "연준이 할 일이 아직 남아 있다"고 밝혔다. 그리고 그녀는 연준의 목표가 경제위기 이전의 경제 규모 즉, 과거 명목국내총생산 NGDP 추세로의 회복에 맞춰질 것임을 시사했다. 청문회 기조 발언에서 옐런 지명자는 "우리는 그동안 훌륭한 진전을 보여 왔으나 금융위기 때 상실한 경제 기반을 되찾기 위해서는 갈 길이 멀다"고 말했다. 그녀는 아울러 "실업률이 절정기 당시의 10%에서 떨어져 지난 10월에는 7.3%를 기록했으나, 여전히 너무 높다"고 지적하고 "이는 고용시장과 경제가 잠재능력에 못 미치는 활동을 보이고 있음을 반영하고 있다"고 말했다.

차기 연준 의장으로서 1차 목표는 경제 활동이 잠재수준을 회복하는 것이며, 궁극적인 목표는 금융위기 당시에 잃어버린 경제 기반의 회복에 맞춰질 것임을 시사한 것이다. 향후 연준이 명목국내총생산의 특정 수준을 명시적인 목표로 삼는 'NGDP 레벨 타기팅'에 나설 가능성을 시사하고 있다. NGDP 레벨 타기팅은 통화정책의 목표를 보다 명쾌하고 쉽게 전달함으로써 경제 주체들의 자발적인 행동을 이끄는 장점이 있다.

미국 상원 인사청문회 당시 재닛 옐런

221

위기 이후 미국의 경제 규모(명목GDP)는 위기 이전의 추세선은 물론이고 잠재수준에도 계속 못 미치고 있다. 현재 미국 경제의 총산출이 잠재적인 공급능력보다 훨씬 적은 불완전 가동 상태에 머물러 있다는 의미이다. 이러한 격차는 디플레이션 압력으로 나타나고 있다. 옐런 지명자가 말한 "잃어버린 경제 기반"이란 아래 그래프의 주황색 점선을 의미한다. 그녀는 연준의 통화부양정책을 통해 미국의 GDP를 회색 점선처럼 획기적으로 끌어올려 잠재수준(검은색 선)은 물론이고 위기 이전의 추세선(주황색 점선)으로까지 높여야 한다는 것을 역설한 것이다. 미국의 총산출(회색 선)이 잠재수준을 웃돌게 되면 인플레이션 압력이 발생한다. 이는 2012년 11월 연설에서 옐런이 제시한 미래 물가상승률 전개 양상과 일치한다.

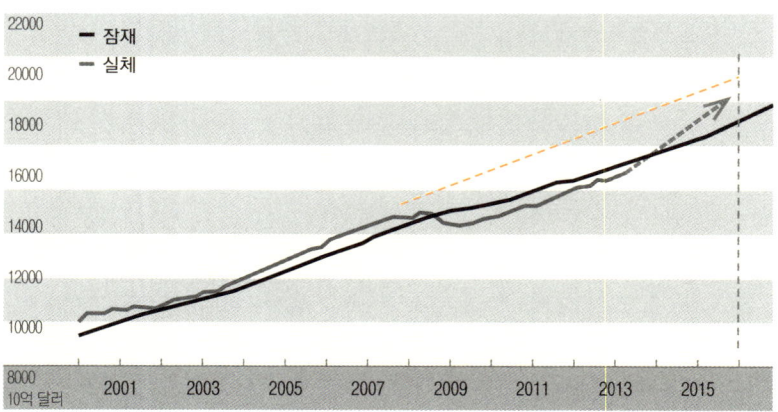

● 미국 명목국내총생산 NGDP

위 그래프에서 검은색 선은 미국 의회예산국^{CBO}이 산출한 미국 잠재 명목GDP의 추세이다. 주황색 점선은 위기 이전의 미국 명목GDP 추이를 연장한 선이다. 그리고 회색 실선은 미국의 실제 명목GDP 추이이다.

이 같은 정책 수단은 2011년 10월 골드만삭스의 수석 이코노미스트 얀 하치우스와 크리스티나 로머 버클리대학 교수에 의해 제기돼 큰 화제를 모았다. 로머 교수는 2009년 오바마 행정부의 초대 경제자문위원회CEA 의장을 지낸 실세 학자이다.

로머 교수의 제안은 옐런 지명자의 생각과 상당 부분에서 일치하고 있다. 명목GDP는 한 나라의 경제가 생산하는 부가가치의 총량에 가격을 곱한 것이다. 경기와 물가를 합친 개념이다. 따라서 명목GDP를 목표로 삼는다는 것은 완전고용과 물가안정을 동시에 균형 있게 추구한다는 것을 의미한다. 인사청문회 기조 발언에서도 옐런 지명자는 "연준이 무엇을 달성하려는지, 이를 위해 연준은 어떤 일을 하려는 지에 대해 대중이 이해하고 있을 때에 통화정책의 효과는 극대화된다"는 자신의 지론을 거듭 강조했다. '커뮤니케이션이야말로 현대 통화정책의 요체'라는 옐런의 주장은 로머 교수가 말하는 '기대심리 관리'expectation management를 달리 표현한 것에 불과하다. 양적완화를 줄여 없애기로 한 연준은 이제 '레짐 시프트'를 향해 가고 있다(옐런과 로머의 '차이점'에 대해서는 9장에서 다시 다루기로 한다).

그린스펀의 유훈   옐런 의장이 취임을 앞둔 2013년 하반기, 미국 경제는 그토록 기다리던 가속도를 내기 시작했다. 3분기 중 4.1%로 뛰어오른 경제성장률이 4분기에도 2.4%의 비교적 높은 수준을 기록했다. 금융위기 이후의 '뉴 노멀'로 간주되던 2%의 낮은 잠재성장률을 대폭 웃도는 확장 속도를 냈다. 하반기의 경제 성장 속도는 상반기보다 두 배가량 더 빨라졌다.

그러나 안심할 수는 없는 노릇이었다. 2013년 12월 들어 고용 창출이 대폭 둔화되는가 하면 기업들의 투자가 급격히 위축되고 주택시장은 빠르게 냉각되는 모습을 보였다. 중국의 실물경제가 다시 가라앉기 시작했고 금융시장의 자신감이 눈에 띄게 약해지고 있었다. 연준으로서는 상황을 낙관하기 어려웠다. 무엇보다 디플레이션 압력이 좀처럼 사라지지 않고 있었다. 12월에도 미국의 근원 소비지출^{PCE} 물가상승률은 1%대 초반을 벗어나지 못하고 있었다. 유로존의 물가상승률은 2014년 1월 들어 0.7%로 더 떨어졌다. FOMC는 2014년 1월 회의에서 "경제가 가속도를 내고 있다"며 양적완화 규모를 더 줄이기로 결정하면서도 "양적완화는 신중한 행보$^{measured\ step}$로 줄여나갈 것이며, 물가상승률이 2% 목표를 밑도는 동안에는 제로금리를 더 장기간 제공하겠다"는 약속을 거듭 확인했다.

연준의 통화정책은 10년 전을 그대로 빼닮아 있었다. 2003년 6월 25일, FOMC는 기준금리를 1.0%로 0.25%포인트 인하했다. 당시로써는 '45년 만에 가장 낮은 수준'으로 기준금리가 설정된 것이었다. FOMC는 성명서에서 "앞으로 인플레이션이 뛰어오르기보다는 물가상승률이 대폭 떨어지는 반갑지 않은 현상이 발생할 가능성이 더 높다. 앞으로도 저물가 현상은 계속해서 두드러진 우려 사항으로 남게 될 듯하다"고 밝혔다. 당시만 해도 고용이 개선돼 가고 주가가 빠르게 반등하는 등 경기 회복 징후들이 도처에서 확인되고 있었다. 닷컴 거품 붕괴와 9·11사태, 그 뒤로 이라크 전쟁 등 만연했던 불확실성이 제법 걷힌 덕이었다. 그러나 연준은 조심스러웠다. 물가상승률이 1%대 중반으로 떨어지는 등 미국 경제는 전에 없던 디플레이션 조짐을 보이고 있었기 때문이다. 다음 해 1월, 앨런 그린스펀 당시 연준 의장은 연설에서 경기 회복세에도 불구하고 금리를 추

앨런 그린스펀

가 인하했던 결정의 배경에 대해 이렇게 설명했다.

"예를 들어 A라는 정책이 있다고 치자. 현재 경제 분석 모델에 따르면, A정책은 중앙은행의 목표를 달성하기에 가장 적합한 정책이다. 그러나 A정책은 동시에, 확률은 낮지만 만에 하나 실제 경제가 분석 모델과 다르게 전개되는 경우 심각한 부작용을 낳을 위험이 있다. 또 한편으로 B라는 정책이 있다고 가정하자. B정책은 현재 경제 상황에서는 덜 효과적이기는 하지만, 대신에 실제 경제가 예상과 다른 경로로 전개될 경우에는 상대적으로 더 나은 결과를 낳을 수 있다. 지난해 우리는 지나친 완화 기조라고 판단됨에도 불구하고 금리를 추가 인하하는 조치(정책B)를 취했다. 비록 확률은 낮지만 디플레이션이 발생할 위험에 대비하기 위해서였다."

불확실성이 높은 시기에 내려지는 이 같은 결정 방식은 우리 실생활에서도 흔하게 볼 수 있다. 예를 들어 오후 두 시 정각에 출발하는 항공편을 예약해 놓았다고 가정하자. 집에서 공항까지 가는데 걸리는 시간은 평균 한 시간 정도이다. 이 경우 우리는 오후 한 시 정각에 맞춰서 집을 나서지는 않는다. 적어도 10~20분 이상 넉넉한 여유를 갖고 출발한다. 길이 막히거나 차량이 고장 나는 등의 혹시라도 있을

지 모를 불확실성에 대응하기 위해서이다. 공항에 너무 일찍 도착해서 생기는 비용보다는 비행기를 놓치는 경우 발생하는 부작용이 훨씬 크기 때문이다. 이런 정책 선택 방식에 대해서는 비판도 많았다. 마치 공항에 서너 시간이나 일찍 가서 기다리는 것처럼 보험료를 너무 과도하게 지불할 수 있다는 것이다.

그러나 10년 뒤 연준은 다시 한 번 유사한 예방적 조치를 취했다. 2013년 9월 18일 회의에서 연준은 양적완화 규모를 850억 달러로 그대로 유지했다. 거의 모든 시장 참가자들이 '축소'를 예상했고, 내부 인사들의 반발도 컸지만, 연준은 결정을 뒤로 미뤘다. FOMC는 성명서에서 "지속적인 저물가 현상이 경제에 위험을 야기할 수 있다"는 우려를 표명해, 혹시라도 있을지 모를 디플레이션 가능성에 대비하려는 조치였음을 알렸다. 크게 뛰어오른 시장금리나 그다음 달 예상되는 연방정부 셧다운 사태가 경기 회복세에 충격을 줄 가능성도 대비할 필요가 있었다고 벤 버냉키 의장은 설명했다.

다시 10년 전으로 돌아가 보자. 2004년 6월 30일 FOMC는 기준금리를 인상했다. 디플레이션에 대한 예방적 조치로 금리 인하를 단행한 지 1년 만에 부양 축소가 개시된 것이다. 경제가 더욱 가시적으로 회복돼 나가고 있음이 확인됨에 따라 내려진 결정이다. 그러나 금리 인상폭은 0.25%포인트에 그쳤다. 기준금리는 1.25%로 여전히 경제에 강력한 부양을 제공하고 있었다. 당시 FOMC는 추가적인 금리 인상이 있을 것임을 예고하면서도 "물가가 계속 낮게 유지될 것으로 전망되는 만큼 부양은 신중한 속도measured pace로 제거해 나갈 것"이라고 밝혔다. 연준은 이후 2006년 6월까지 단 한 차례도 쉼 없이 금리를 인상해 나갔지만 매번 금리 인상폭은 0.25%로 제한됐다. 첫 금리 인상 당시 성명서에 등장한 '신중한'이라는 단어는 2년간의 금리 인상 사이클을 규정한 키워드였다.

당시 미국 경제는 이미 2004년 하반기 들어서부터 열기를 뿜고 있었다. 실업률이 5%대 초반으로 떨어졌고, 물가상승률은 내부 목표치인 2%를 뛰어넘은 상태였다. 주택시장과 주식시장에서는 붐이 한창이었고, 경상수지 적자는 국내총생산GDP의 6%에 가까운 수준으로 급격히 불어나고 있었다. 그러나 FOMC가 '신중한'이라는 단어를 폐기한 것은 금리 인상 기조가 거의 마무리 돼 가던 2006년 1월이 되어서였다. 연준은 2006년 5월에 가서야 처음으로 '인플레이션 위험'을 언급했으나, 금리 인상 행진은 그다음 달이 되어서야 종료됐다.

역사는 10년 뒤 반복됐다. 2013년 12월 18일 FOMC는 양적완화 규모를 처음으로 줄이기로 결정했다. 성명서에는 "자산 매입 규모의 축소는 신중한 행보로 해나가겠다"는 문구가 들어갔다. 그 안에는 낯익은 단어가 들어 있었다. 벤 버냉키 의장은 기자회견에서 "매번 회의 때마다 100억 달러씩만 줄이는 걸 기본 방침으로 하겠다"고 밝혔다. 10년 전 자신들이 금리를 매번 0.25%포인트씩만 인상했던 것과 마찬가지 방식이다. 이에 따라 양적완화 종료 시점은 반년 전 제시했던 것보다 적어도 6개월은 뒤로 늦춰졌다. 연준은 금리 인상 시기 역시 당초에 제시했던 것보다 훨씬 뒤로 미뤘다. FOMC는 그동안 실업률이 6.5% 이하로 떨어지면 금리 인상을 고려하기 시작하겠다고 밝혀왔으나, 물가상승률이 2%를 계속 밑돌 것으로 예상되는 동안에는 실업률 하락에도 불구하고 제로금리를 계속 제공하겠다는 새로운 방침을 밝혔다.

이런 '신중한 행보'를 결정하는 것조차도 여의치가 않았다. 에릭 로젠그렌 보스턴 연방준비은행 총재는 당시 회의에서 양적완화 축소 결정에 반대표를 던졌다. "경제성장률이 잠재수준을 지속적으로 웃도는 것이 확인되기 전에 자산 매입을 줄이는 것은 성급하다"는 이유에서였다. 연준의 통화정책 기조에는 10년 전 그린스펀의 유훈이 계속 작용하고 있었던 것이다. "혹시 있을지 모를 큰 위험을 피하기 위해 일시적인 인플레이션은 감수할 수 있다"는 그린스펀의 유훈은 어쩌면 1995년 1월 재닛 옐런 당시 연준 이사의 주장에서 비롯됐을 수도 있다.

로머의 2013년 10월 25일 존스홉킨스대학 연설
「금융위기 이후의 통화정책」

크리스티나 로머 교수

"경제 주체들의 기대심리를 관리 expectation management 하는 것은 통화정책에서 아주 중요한 요소이다. 특히 기준금리가 제로까지 인하돼 더 이상 내릴 수 없는 상황에서는 더욱 긴요하다. 이 경우 기대심리를 관리하는 데에는 몇 가지 방법이 있다. 첫째는 미래 기준금리에 대한 사람들의 기대를 변경하는 것이다. 기준금리를 수년간 제로로 유지할 것이라는 확신을 부여한다면 모기지 금리와 같은 장기 이자율을 인하할 수 있을 것이다. 둘째는 사람들의 미래 인플레이션 기대를 변경하는 것이다. 경제 주체들이 예상하는 인플레이션을 높이게 되면 실질이자율을 끌어내릴 수가 있다. 셋째는 경제 성장에 대한 기대를 바꾸는 것이다. 미래 성장에 대한 기대심리는 현재 경제 활동에 강력한 영향을 미친다. 경제 성장 속도가 빨라질 것이라는 기대가 형성되면 기업들은 투자와 고용을 늘리게 된다. 소비자들은 새 차를 사고 주방 보수에 돈을 들일 것이다. 따라서 중앙은행이 성명서와 정책 행위를 통해 보다 강력한 경제 성장 기대심리를 일으키게 되면 경제에 강력한 자양강장 효과를 낼 수 있을 것이다.

제로금리 상황에서 미국이 행한 가장 성공적인 통화부양정책 사례는 1930년대에 있었다. 당시 프랭클린 루스벨트 대통령은 금 가치를 재평가함으로써 미국 경제에 대한 통화 공급 규모를 연간 약 10%씩 늘릴 수 있었다. 이에 힘입어 마이너스 10%가량의 디플레이션을 예상하던 경제 주체들은 플러스 3%의 인플레이션을 예상하게 됐다. 이 같은 인플레이션 기대심리 변화는 실질이자율을 극적으로 인하했다. 중앙은행이 경제 주체들의 기대심리를 변경시켜 자신들이 원하는 방향으로 이끌기 위해서는 '레짐 시프트' regime shift (통화정책 체제의 획기적 변화)가 필요하다는 것을 보여준 사례이다.

2011년 나를 포함한 여러 경제학자들은 연준이 새로운 운영 수단을 도입해야 한다고 촉구한 바 있다. '명목GDP의 경로를 목표로 설정'하는 것이다. 명목GDP 목표를 설정할 때는 경제위기 이전인 2007년을 출발 기준점으로 삼아야 한다. 이렇게 함으로써 연준은 아주 중요한 효과를 얻을 수 있다. 명목GDP 타기팅은 '레짐 시프트'에 해당한다. 경제 주체들의 기대심리는 의심의 여지 없이 바뀌게 될 것이다. 이런 과감한 정책 변화는 연준이 지금껏 해온 점진적인 노력에 비해 경제 주체들의 기대심리를 바람직한 방향으로 훨씬 더 효과적으로 이끌게 될 것이다."

Chapter 09 **인플레이션 기대심리를 부추겨라!**

2014년 2월 3일, 재닛 옐런이 벤 버냉키로부터 미국 연방준비제도의 지휘봉을 넘겨받던 날 뉴욕 증시의 다우존스산업지수는 326포인트나 급락했다. 증시 부진은 한 달째 이어지고 있었다. 다우지수는 새해 첫 한 달 동안 여섯 차례나 세 자릿수의 하락폭을 기록했다. 뉴욕 증시를 대표하는 S&P500지수는 한 달 동안 3.6%나 떨어져 4년 만에 최악의 1월을 보냈다. 새해 들어 경기 회복세가 가속도를 낼 것이라는 기대감이 조금씩 옅어지고 있었던 탓이다. 자칫하다가는 경제가 다시 위축될지도 모른다는 불안심리가 주식시장을 휘감고 있었다.

더욱 큰 우려는, 연준이 양적완화를 줄여 없애 나가는 작업을 이미 개시해버렸다는 점이다. 양적완화는 그동안 제로금리정책의 한계를 보완해 주는 추가적인 동력 added fuel 으로 여겨져 왔었다. 그러나 연준은 이 정책이 수반하는 온갖 부작용 때문에 결국 폐기를 결정한 상태다. 이런 마당에 경기가 다시 기우뚱할 조짐을 보인다면 연준이 과연 제대로 대응해 낼 수 있을지 의문스러웠다. 추가적인 동력의 폐기는 그 자체로 경제를 감속시키는 것으로도 여겨졌다.

양적완화 없는 세상, 옐런이 직면한 도전 8장에서 소개했듯이 옐런에게는 복안이 있었다. 시장이 예상하고 있는 것보다 더 낮은 수준으로 실업률을 끌어내릴 것임을, 이 과정에서 시장이 예상하고 있는 것보다 더 높은 수준으로 물가가 상승하는 것을 용인할 생각임을 구체적으로 제시하는 정책이다. 이를 위해 연준은 시장이 예상하고 있는 것보다 더 오랫동안, 시장의 예상보다 더 낮은 금리를 제공 lower for longer 할 것을 약속함으로써 시장의 기대심리를 변경하려고 하는 것이다.

버냉키의 부양정책과 옐런의 계획은 각각의 장단점이 있다. 버냉키의 부양정책은 양적완화와 제로금리 포워드 가이던스라는 두 가지 강력한 '수단'을 사용한 장점을 갖고 있었다. 반면, 버냉키의 부양책은 '목표'가 뚜렷하지 않았다. 경제 주체들이 미리 행동에 나서도록 유도하려면 중앙은행이 달성하려는 목표의 수준과 시한이 뚜렷하게 제시돼야만 하지만, 버냉키의 정책은 그것이 결여돼 있었기에 비용 대비 효과가 제한적이었다.

옐런의 부양책은 그런 측면에서 장점이 있었다. 그녀가 2012년 11월에 제시한 '최적의 통화정책 경로'는 경제 주체들에게 연준이 달성하고자 하는 경제의 수준과 시한을 명쾌하게 전달하고 있다. '명목GDP 타기팅' 역시 그런 의미에서 진전된 정책 체제 policy regime 라고 할 수 있다. 그러나 옐런에게는 수단이 부족했다. '보다 연장된 제로금리'는 그 자체로서 포워드 가이던스의 기능을 강화하는 역할을 하기는 하지만 양적완화만큼 강력한 경기 부양능력이 있을지 여부는 불확실했다.

사실 명목GDP 타기팅 역시 양적완화라는 '수단'을 활용하는 것을 전제로 고안된 아이디어였다. 양적완화가 없는 '명목GDP 타기팅'은 오로지 경제 주체들의 심리 변화에만 의존하는 것으로 물리적 추동력이 약할 수밖에 없다.

● 물가상승률 예상 경로

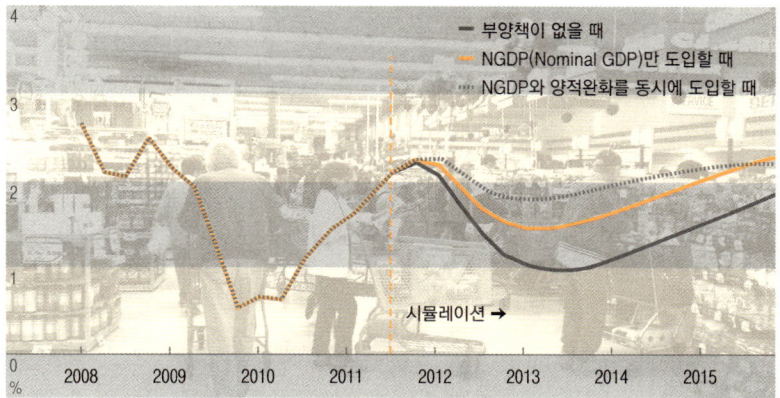

● 실업률 예상 경로

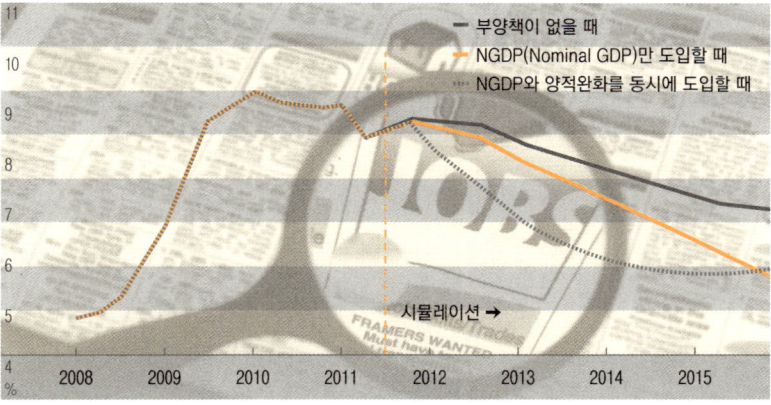

위 그래프에서 회색 실선은 아무런 부양정책을 사용하지 않았을 경우 예상되는 물가상승률 및 실업률의 경로다. 주황색 실선은 NGDP 타기팅만을 도입하는 경우, 회색 점선은 양적완화를 NGDP 타기팅과 동시에 사용하는 경우 각각 예상되는 경로다. 양적완화를 사용한 NGDP 타기팅 정책이 실업률을 훨씬 낮게 끌어내리고 물가상승률을 훨씬 높게 견인할 것이라는 전망을 제시하고 있다.

출처 : 얀 하치우스 골드만삭스 수석 이코노미스트의 리포트
「명목GDP 레벨 타기팅의 경우(2011년 10월 14일)」

옐런의 핵심 정책 수단인 포워드 가이던스는 또 다른 문제를 안고 있었다. 2013년 12월부터 연방공개시장위원회^{FOMC}는 다음과 같은 조건하에서 제로금리를 유지할 것임을 약속하는 새로운 형태의 포워드 가이던스를 사용해왔다.

"위원회는 적어도 ① 실업률이 6.5%를 웃돌고, ② 향후 1~2년 뒤 물가상승률 전망치가 목표 수준인 2%보다 0.5%포인트를 웃돌지 않고, ③ 장기 인플레이션 기대심리가 계속해서 잘 억제돼 있는 동안에는 예외적으로 낮은 현재의 연방기금금리 수준이 적절하다고 간주할 것이다."

세 가지 전제 조건이 모두 충족되는 경우에 금리를 인상하지 않는다는 의미였다. 다시 말해 한 가지 조건이라도 위배된다면 금리 인상에 나선다는 뜻이기도 했다. 그러나 연준의 예상과 달리 실업률은 급속도로 떨어지고 있었다. 일자리를 구하지 못한 노동자들이 경제 활동을 아예 포기해버리면서 통계상의 실업자 수가 격감한 탓이다. 그러다 보니 시장은 금리 인상이 불가피하게 앞당겨질 것으로 우려하기 시작했다. 그래서 연준은 2013년 말 들어 포워드 가이던스를 보완하기에 이르렀다. 다음과 같은 문구가 성명서에 새로 삽입됐다.

"위원회가 내다보기에는, 실업률이 6.5% 이하로 떨어진 시기를 한참 지나서도$^{well\ past}$, 특히 인플레이션 전망이 계속해서 위원회의 2% 장기 목표치를 밑도는 경우에는 현행 연방기금금리 목표 범위를 유지하는 것이 적절할 듯하다."

따라서 새로운 포워드 가이던스를 통해 유추할 수 있는 '금리 인상 시나리오'는 다음과 같다. ① 실업률이 6.5% 아래로 떨어진 상태에서 물가상승률 전망이 2.0%에 근접하거나, ② 물가상승률 전망이 2.5%를 웃돌거나, ③ 인플레이션 기대심리가 발생하는 경우이다.

하지만 이 역시 문제점을 완전히 해소하지는 못했다. 물가상승률이 약간이라도 높아지기 시작한다면 곧 금리 인상이 단행될 수 있다는 신호로 여겨지기 십상이기 때문이다. 무엇보다 큰 문제는 이 포워드 가이던스가 금융의 기본 원칙과 부합하지 않는다는 점이다. 이자율은 반드시 '기간'과 결부돼 있다. 3개월, 6개월, 1년, 3년, 5년, 10년 등 캘린더 상의 만기 구조를 갖고 있다. 그러나 연준의 포워드 가이던스에는 '기간' 개념이 존재하지 않는다. 따라서 경제지표 변동에 따라 금리 인상 예상 시기는 수시로 바뀌게 되며 단기금리의 변동성은 커지게 된다. 금리의 변동성이 확대되면 경제 주체들의 행동은 소극적으로 바뀔 수밖에 없다.

사실 연준의 포워드 가이던스는 원래 '캘린더 베이스'calendar base로 설정됐었다. 2012년 말까지만 해도 연준은 "예외적으로 낮은 현재의 연방기금금리는 적어도 오는 2015년 상반기 말까지는 유효할 것"이라고 약속했었다. '앞으로 2년 반 동안'은 금리를 인상하지 않겠다는 확약이었던 셈이다. 그렇다면 적어도 2년 만기 국채금리는 연방기금금리 목표치인 0~0.25%에 근접하게 된다.

그러나 2012년 12월 들어 이 약속의 기준은 캘린더 날짜에서 실업률과 물가상승률 같은 경제지표로 바뀌었다. 금리정책은 달력의 날짜가 아니라 경제지표의 변화에 맞춰서 정해져야 한다는 원칙에 부합시키기 위해서였다. 경제지표가 움직이는 양상에 따라 시장이 미리 금리 인상 시기를 예측할 수 있다는 장점도 있었다. 그러나 이 같은 장점들을 얻는 과정에서 새로운 비용이 발생하게 됐다. 경제 주체들이 보기에 연준의 금리 인상 시기는 이론적으로 불과 6개월 뒤일 수도 있고 3~5년 뒤일 수도 있는 매우 불확실한 것이 돼 버렸다.

 버냉키와 옐런의 부양책이 공통으로 안고 있는, 어쩌면 가장 심각한 한계도 그대로 남아 있었다. 바로 제로금리의 함정이다. 1장에서 우리는 '제로금리의 하한 문제'zero lower bound problem를 다룬 바 있다(19~21쪽 참조). 중앙은행의 기준금리는 이론적으로는 마이너스로도 인하할 수 있지만, 현실적으로는 그렇게 할 수 없다. 금리를 마이너스로 떨어뜨리면 아무도 은행에 예금하지 않으려 할 것이기 때문이다. 사람들이 모두 현찰화폐만을 보유하려 한다면 은행에는 대출해 줄 돈이 남아 있지 않을 것이다.

 만약 현재 제로 수준인 기준금리조차도 매우 높은 상태라면 즉, 금리가 마이너스로 떨어져야만 경제 주체들이 저축보다는 소비와 투자를 할 유인을 얻을 정도로 현 경제 상황이 취약하다면 옐런의 통화정책은 무용지물일 것이다. 실제 일본은행은 '20년'이라는 초장기간 동안 제로금리정책을 써 왔지만 경제를 자극하는 데 실패했다. 일본 경제가 요구하는 적정금리는 제로보다 훨씬 낮은 마이너스였을 것이라는 추론이 가능하다.

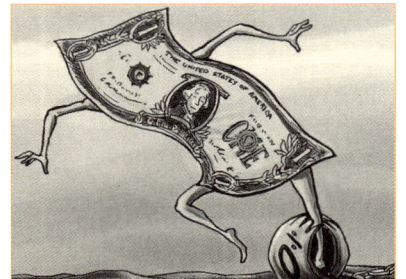

 2장에서 소개했듯이 로렌스 서머스 전 재무장관은 "미국 경제가 요구하는 실질균형이자율 역시 2000년대 중반부터 마이너스 2~3%로 떨어져 있을 수 있다"고 주장했다. 그렇다면

현재의 실질 기준금리인 마이너스 1%(물가상승률 1%를 적용)는 대단히 높은 수준이다. 기준금리가 0%인 상황에서는 아무리 양적완화를 해도 장기 시장금리 역시 0% 아래로 떨어질 수 없다. 상당수의 학자들은 연준이 5년 넘게 제로금리를 유지하고 세 차례의 양적완화까지 시행했음에도 불구하고 대출과 소비와 투자가 별로 증가하지 않은 이유가 여기에 있다고들 주장한다. 그렇다면 옐런 의장의 연준으로서는 실질금리를 마이너스로 떨어뜨릴 수 있는 새로운 정책 수단을 고안해야만 할 것이다.

폐광에 화폐 파묻기

2011년, 폴 크루그먼 프린스턴대학 교수는 CNN에 출연해 기괴한(?) 불황 탈출법을 제안했다.

"외계인들이 지구를 공격하려 한다고 국민을 위협하자. 그러면 이에 대응하기 위한 방대한 준비가 필요할 것이다. 이 경우에는 인플레이션이나 재정 적자 같은 것은 부차적인 것으로 남게 된다. 이렇게 해서 재정 지출을 대폭 늘리면 불황을 18개월 안에 끝내버릴 수 있다. 외계인 침공 정보가 사실이 아닌 것으로 나중에 판명되더라도 문제는 없다."

1990년대 말의 Y2K 소동이나, 2000년대 초의 '이라크 대량살상 무기' 이슈를 연상케 하는 크루그먼의 주장은 불황을 타개하는 재정 지출의 역할을 강조하기 위한 것이었다.

미국의 대공황 극복 경험 이후로 재정 지출은 가장 전통적인 경기 부양책으로 여겨져 왔다. 존 메이너드 케인스는 그의 저서 『고용, 이자 및 화폐에 관한 일반이론The general theory of employment interest and money』에서 이렇게 주장했다.

"정부가 빈 병에다가 지폐를 잔뜩 채워 넣은 뒤 이 병들을 폐광산에 깊숙이 파묻는다. 그리고 그 위는 인근 도시에서 나온 쓰레기로 뒤덮는다. 민간기업에게 그 땅을 임대해 주고 지폐가 들어 있는 병을 다시 캐내도록 한다. 그러면 실업 문제가 해결될 것이다. 그 결과로 공동체의 실질소득과 부富는 지금보다 훨씬 큰 규모로 증가하게 된다."

크루그먼 교수의 '외계인 침공 위협'은 이런 아이디어에서 비롯됐다. 그는 대공황도 사실은 제2차 세계대전 덕분에 종식됐다고 주장한다. 전쟁과 같은 대규모 재정 지출이 결국에는 경기를 되살렸다는 것이다. 전쟁을 하자고 주장할 수는 없으니 "외계인이 쳐들어온다는 거짓말이라도 하자"는 비유로 재정 지출 확대의 절박성을 강조했다.

빈 땅을 팠다가 다시 메우는 일은 누가 보더라도 아무런 부가가치를 창출하지 못한다. 여기에 국민의 세금이 투입된다면 이는 심각한 낭비일 수 있다. 하지만 여기에 들어가는 비용은 그렇게까지 크지는 않다는 게 재정 지출 확대론자들의 주장이다. 금융위기 이후에는 작은 정부를 주창하는 보수주의 진영에서도 케인스 식의 재정 부양정책을 수용하는 경향을 보인다. 미국 시카고대학 로스쿨 교수이자 연방항소법원 판사인 리처드 포스너가 그중 한 명이다.

포스너 교수는 자신의 저서 『자본주의의 실패사례A failure of capitalism』에서 "무가치한 프로젝트에 지출하는 것도 공황에 대한 효과적인 대응이 될 수 있고, 역설적으로 저렴한 대응이 될 수 있다"고 말했다. 포스너 교수는 이를 '도둑고양이 보호사업'이라는 가상의 프로젝트로 설명했다.

리처드 포스너

"건설 근로자들의 실업이 특히 심한 지역에서 정부가 도둑고양이를 보호하는 호화시설 건축 사업을 추진한다. 여기에 드는 사업비용은 1000만 달러이고, 이를 통해 얻을 수 있는 편익은 100달러(고양이 애호가들이 그 시설에 기꺼이 지불하려는 금액)에 불과하다. 이 프로젝트는 해당 지역의 총수요를 증대시킨다. 근로자와 납품업체들의 소득이 늘어난다. 경제 주체들은 경제적 미래에 대한 확신이 생겨나 소비를 늘리게 된다. 그들은 세금도 더 많이 낼 것이다. 실업급여 등 정부의 복지 비용은 줄어든다."

포스너 교수가 말했듯이, 대규모의 비자발적 실업이 존재하는 상황에서는 실업자들을 공공 프로젝트에 동원하는데 따르는 사회적 기회비용은 극히 제한적이다. 실업자들이 공공근로에 참여함으로써 발생하는 기회비용은 그들의 '여가'뿐이다. 아울러 공황의 원인이자 결과로 대중이 저축을 과도하게 늘리고, 공황으로 인해 민간의 차입이 감소하고, 그 결과 여유자금이 풍부한 경우에는 정부의 채권 발행에 따르는 구축효과 crowding-out effect를 걱정할 필요가 없다. 중앙은행이 금리를 낮추는 정책을 펼친다면 금상첨화일 것이다.

케인스는 1930년대 대공황을 기술한 글에서 당시의 경제가 '마그네토 문제'로 어려움을 겪고 있다고 진단했다. 마그네토란 당시 자동차 시동을 걸 때 사용하던 자석 발전기다. 크루그먼 교수는 이를 현대적으로 비유해 "100달러를 주고 배터리를 교체하기만 하면 3만 달러짜리 자동차를 다시 굴러갈 수 있게 만들 수 있다"고 주장한다. 대량 실업은 표면적으로 뭔가 거대한 구조적 문제가 작용하고 있는 듯하지만, 사실은 배터리 고장에 불과하다는 것이다.

배터리 교체에 들이는 비용 때문에 정부의 부채가 급증하는 문제도 걱정할 필요가 없다고 크루그먼 교수는 주장한다. 대대적인 정부 지출로 경기가 살아나고 인플레이션이 발생하면 정부의 세금 수입이 증가할 뿐 아니라, 정부부채의 수준을 평가하는 부채비율의 분모(명목GDP)가 커질 것이기 때문에 빚 문제는 오히려 줄어든다고 말한다. 예를 들어 정부부채가 100이고 명목GDP도 100인 경우 이 국가의 정부부채비율은 100%이다. 그러나 이후 정부부채가 110으로 늘

정부의 재정 지출 확대로 기업의 투자가 위축되는 구축효과

정상적인 상황에서는 정부가 차입을 대규모로 늘리는 경우 민간이 사용할 수 있는 금융 자원이 줄어들게 된다. 이로 인해 민간은 생산적인 경제 활동에 사용하는 자금을 조달하는 과정에서 더 높은 이자를 지급하는 추가 비용이 발생하게 된다. 이는 결국 민간의 생산 활동을 저해하게 된다. 이러한 부작용을 두고 구축효과라고 부른다. 유휴 노동력이 많지 않은 상황에서 정부가 벌이는 대규모 사업 역시 구축효과를 일으킨다.

어나더라도 명목GDP가 120으로 증가하게 된다면 부채비율은 92%로 하락한다. 8장에서 다뤘듯이 명목GDP는 인플레이션을 내포하고 있다. 실물경제가 전혀 성장하지 않더라도 인플레이션이 발생하면 명목GDP는 증가한다. 인플레이션은 사람이든 정부든 부채를 진 주체에게 유리한 것이다. 그래서 크루그먼 교수는 "인플레이션은 이익이다"라고 주장한다.

사실 버냉키 의장의 양적완화정책도 이런 구도를 전제로 한 것이었다. 그가 2002년에 말했던 '헬리콥터에서 돈 뿌리기'는 정부의 지출 확대를 지원하는 보조적 역할을 의미하는 것이었다. 그러나 정작 버냉키 자신이 연준 지휘봉을 잡고 금융위기 탈출을 시도하게 된 때에는 이 구상을 실현할 수가 없었다. 미국의 정치여론은 재정 적자와 국가부채가 늘어나는 것에 대해 엄청난 반감을 품고 있었기 때문이다(112쪽 참조).

2013년 들어 미국의 재정수지는 급격하게 개선됐다. 일부 개인 소득세를 인상하고 시퀘스터(재정 지출 일괄 삭감)를 발동한 데다, 제3차 양적완화정책으로 주택건설과 소비가 활기를 띠면서 세금 수입도 증가한 결과다. 이에 따라 미국 의회는 2014 회계연도 예산안에서는 시퀘스터를 완화했다. 지출이 좀 더 늘어난 것이다. 그러나 이것만으로 미국 경제가 더욱 빠른 속도로 성장할 수 있을지 여부는 불확실하다. 미국 경제가 다시 둔화된다고 해서 의회가 지출을 더 확대할지 여부는 더욱 불투명하다. 재닛 옐런 연준 의장은 다시 한 번 더 경기와 고용과 인플레이션을 부양하는 임무를 전담해야만 할 수도 있다. 그렇다면 연준은 혼자 힘으로 어떻게 이 어려운 작업을 수행할 수 있을까. 좀 더 새로운 아이디어가 필요하다.

현찰에 세금을 매기자!

행정부가 발행하는 채무증서(국채 treasury note)에는 이자가 붙는다. 하지만 중앙은행이 발행하는 채무증서(지폐 bank note)는 이자를 지급하지 않는다. 따라서 보통의 경우에는 현찰을 보유하는 것보다 은행에 예금하는 것이 유리하다. 예금보장한도를 넘어서는 대규모 여유 자금이 있는 사람이라면 이자가 은행보다 좀 낮더라도 국채를 사는 것이 안전하고 이롭다. 그러나 이는 어디까지나 경제가 정상적인 상황인 경우에나 적합한 상식이다.

만약 지금과 같이 이자율이 지극히 낮은 시기에는 현찰 보유에 따르는 기회비용이 극히 제한된다. 현찰화폐는 채권이나 은행예금 등과 달리 익명성이 완전히 보장된다. 현찰을 축장해 둔 채 모든 거래를 현찰로만 하게 되면 세금을 피할 수 있다. 현찰을 쌓아두는데 따르는 각종 비용(금고 구입, 경비원 고용 등)을 감안하더라도 현찰 축장은 나름의 이익이 상당하다.

현찰은 이자를 지급하지 않는다. 이것은 달리 표현하자면, 언제 어떤 상황에서도 0%의 확정이자율을 지급하는 증권이라고도 볼 수 있다. 만약 물가가 지속적으로 하락하는 디플레이션 상황이라면 현찰은 플러스의 실질이자율을 지급하는 매우 유용한 재산 보관 수단이자 투자 대상이 된다. 따라서 디플레이션 상태에서는 현찰을 보유하고자 하는 유인이 더 높아진다. 이런 시기에 만약 중앙은행이 기준금리를 마이너스로 인하한다면 현찰 축장 욕구는 폭발적으로 증가한다. 은행의 예금금리가 마이너스로 떨어지면 예금자는 은행에 보관료 형식의 비용(마이너스 이자)을 지불해야 하기 때문이다. 기준금리를 제로 밑으로는 더 내릴 수 없는 '제로금리의 하한 문제'는 이처럼 현찰에 제공되는 '0%'의 이자율에서 비롯된다. 그렇다면 제로금리의 하한 문제를 푸는 방법도 여기에서 비롯돼야 한다. 현찰에 제공하는 이자율을 마이너스로 내린다면 기준금리도 마이너스로 인하할 수 있게 된다.

이 같은 논의는 금융위기 발발 직후인 2009년부터 본격적으로 이뤄지기 시작했다. 영국 중앙은행인 영란은행의 통화정책위원을 지냈고 지금은 시티그룹의 수석 이코노미스트로 활동하고 있는 윌럼 뷰이터가 아이디어를 내면서 논의가 활발해졌다. 최근에는 미시간대학의 마일스 킴볼 교수가 더욱 정치(精緻)한 구도로 구상을 가다듬었다.

대략의 구상은 이렇다. 제로금리의 하한 문제를 해결하는 가장 확실한 방법은 현찰을 없애는 것이다. 그 뒤에는 중앙은행이 기준금리를 마이너스로 떨어뜨려도 현찰을 축장할 방법이 없다. 모든 돈은 은행에 그대로 남겨둘 수밖에 없다. 따라서 금융 중개 기능은 상실되지 않는다. 대신 경제 주체들의 지출은 대폭 늘어날 것이다. 보관료를 무느니 차라리 뭐라도 사는 게 유리할 수 있기 때문이다. 대출도 크게 증가할 것이다. 돈을 빌려 쓴 대

가로 이자를 지불하기는커녕 오히려 이자를 받을 수 있기 때문이다. 그러면 총수요와 통화량이 급팽창하면서 생산 활동과 인플레이션이 신속하게 되살아날 것이다.

그러나 현실적으로 현찰화폐(지폐)를 없애는 것은 불가능하다. 많은 반발이 있을 것이다. 모든 거래를 전자화폐(신용카드나 인터넷 뱅킹 등)로만 하도록 강제한다면 불편이 매우 커질 것이며, 경제 활동을 위축시킬 수도 있다. 따라서 현실적인 대안은 현찰에 마이너스 이자를 매기는 것이다. 현찰을 은행에 예금할 때와 찾을 때에는 소정의 수수료를 지불하도록 강제하는 것이다.

이 수수료율(현찰교환금리)은 기준금리를 결정하는 것과 마찬가지로 중앙은행이 경제 상황에 맞춰 변경한다. 예를 들어 디플레이션 퇴치가 필요한 시기에 중앙은행은 기준금리를 마이너스 1%로 내리고, 현찰교환금리는 마이너스 2%로 인하한다고 가정하자. 이때 1000달러의 현찰을 은행에 예금한 사람의 잔고는 즉각 980달러로 줄어들게 된다. 그리고 이 980달러의 원금에는 연이율 마이너스 1%의 예금금리가 적용된다. 1년 뒤 이 예금은 970.2달러로 감소한다.

현찰교환금리를 기준금리보다 낮게 적용하는 데는 이유가 있다. 기준금리와 현찰교환금리가 같다면, 예를 들어 현찰을 2년 이상 보유하려는 사람은 현찰 보유를 선택할 것이다. 2년간 지불하는 누적 이자 마이너스 2%보다는 2년 뒤에 단 한 번만 지불하는 1%의 교환 이자가 더 저렴하기 때문이다. 만약 현찰교환금리가 예금금리보다 세 배 높도록 설정한다면 3년 이상 현찰을 보유해야만 이득을 얻을 수 있다. 현찰을 장기간 보유해야만 상대적인 이득을 얻을 수 있다.

물론 이 기간에 그 현찰로 어떠한 거래도 하지 않아야 한다.

현찰화폐에 교환 비용을 부과하면 사람들은 거래 상대방에게 될 수 있으면 현찰 대신 전자화폐로 결제할 것을 요구하게 된다. 만약 현찰을 내려는 사람이 있다면 현찰 액면에서 교환이자율 2%를 차감한 금액을 거래대금으로 인정하려고 할 것이다. 현찰 보유자는 거래할 때마다 불이익을 받는 것이다. 이는 인위적으로 현찰화폐를 폐지하는 것에 비해 훨씬 민주적이다. 은행예금에서 현찰을 인출하는 경우에도 똑같이 2%의 수수료를 내도록 한다. 따라서 98만 원의 현찰을 찾는 사람의 잔고는 100만 원 감소하게 된다.

이를 통해 중앙은행이 금리를 마이너스로 인하할 수 있게 되면, 양적완화와 같은 부작용이 많은 부양정책에 의존하지 않아도 된다. 중앙은행이 본원통화를 인위적으로 대량 발행할 필요가 없기 때문에 나중에 거둬들이는 문제를 고민할 필요도 없다. 채권을 대량으로 매입해야 할 필요가 없기 때문에 채권시장의 기능을 교란시키는 문제도 피할 수 있다. 이 밖에도 정부와 중앙은행은 다양한 정책 이점을 누릴 수 있다. 거의 모든 거래가 전자화되면서 세금의 원천이 투명하게 노출된다. 지하경제가 양성화되면서 탈루 세금이 거의 사라지고 재정이 건전해진다. 재정수입은 마이너스 이자로부터도 발생한다. 중앙은행은 은행 지급준비금에서 얻는 마이너스 이자뿐 아니라 현찰교환이자까지 받을 수 있기 때문이다. 중앙은행의 화폐 발행 비용도 크게 줄일 수 있다. 세금 탈루가 주로 고소득층에서 이뤄진다는 점을 감안하면 조세 형평성이 높아지는 장점도 있다. 고액 현금거래의 상당 부분이 마약이나 조직폭력 같은 범죄와 관련돼 있음을 감안한다면 이들 사회악의 거래 기반을 와해하는 효과도 낳는다.

이 경우 소액 거래 활동에는 분명히 큰 불편이 따른다. 1달러짜리 공책 한 권을 사기 위해 초등학생이 체크카드를 갖고 다니는 것도 문제가 있을 것이다. 따라서 현찰교환이자는 고액권에만 적용하는 현실적인 대안을 생각할 수 있다. 예를 들어 100달러 같은 고액권에 대해서만 불이익을 가하더라도 현찰을 쌓아두는 데에는 상당한 불편과 비용을 부과할 수 있다. 100만 달러의 현찰을 숨겨두려면 20달러짜리 지폐 5만 장이 필요하다. 100달러짜리 지폐를 쌓아두는 것에 비해 다섯 배나 큰 금고나 공간이 필요할 것이다.

이런 정책을 통해 경기와 인플레이션이 되살아나면 중앙은행은 현찰교환금리를 0%로 정상화한다. 이후 기준금리를 더 인상하더라도 현찰교환금리는 과거 정상적인 시기에서처럼 0%로 유지한다.

지하감옥에 갇힌 인플레이션을 방면하라!

"인플레이션이 실재實在하고 있다는 신호가 없는데도, 수많은 인플레 위험 논의들이 결국에는 망령을 불러내고 있다. 이미 오래 전에 패퇴한 인플레이션이라는 악마를 지하감옥에서 다시 방면放免해내려 하고 있다."

2013년 4월, 미국 시카고 연방준비은행FRB의 찰스 에번스 총재는 보스턴에서 열린 한 행사에서 이렇게 말했다. 그는 실업률 6.5%를 목표로 하는 제로금리 연장정책과 무제한 양적완화정책을 고안한 연준의 대표적인 경기 부양론자다. 에번스 총재는 "우리는 인플레이

션을 모니터링 해야 하고, 유념
해야만 한다. 하지만 그것에 너
무 집착해서는 안 된다"고 말했
다. 그는 왜 인플레이션 위험을
두고 '이미 오래전 지하감옥에
갇혀버린 망령일 뿐'이라고 자
신하고 있을까.

찰스 에번스(좌)와 데니스 록하트(우)

이에 대해서는 같은 날 다른 곳에서 연설한 데니스 록하트 애틀랜타 연준 총재가 설명했다.

"인플레이션을 불러일으킬 만한 '화학'chemistry 즉, 강력한 신용팽창과 훨씬 더 강력한 경제 성장세가 존재하지 않기 때문이다."

연준의 중도파로 분류되는 록하트 총재는 동시에 "인플레이션을 억제할 수 있는 다양한 정책 수단들을 연준이 보유하고 있다"는 점도 강조했는데, 국제통화기금IMF은 이 점을 가장 큰 방패로 보고 있다. 중앙은행이 인플레이션을 일으키지 않을 것이며, 그런 조짐이 있을 때는 반드시 차단될 것이라는 대중의 신뢰가 인플레이션을 지하감옥에 가둬놨다는 것이다.

IMF는 에번스 총재가 '지하감옥' 연설을 했던 것과 비슷한 시기에 발표한 세계경제전망World Economic Outlook 보고서에 인플레이션에 관한 논문 하나를 실었다. 「개는 짓지 않았다. 인플레이션에는 재갈을 물린 것일까, 아니면 단지 잠시 잠들어 있을 뿐인가?」

논문은 "강력하게 억제된 인플레이션 기대심리가 과거에도 미래에도 인플레이션을 발현시키지 못하게 할 것"이라고 판단하면서 "인

● 경기 침체 기간에 물가상승률과 실업률(경기 침체 개시 이후의 분기별 평균 변동폭)

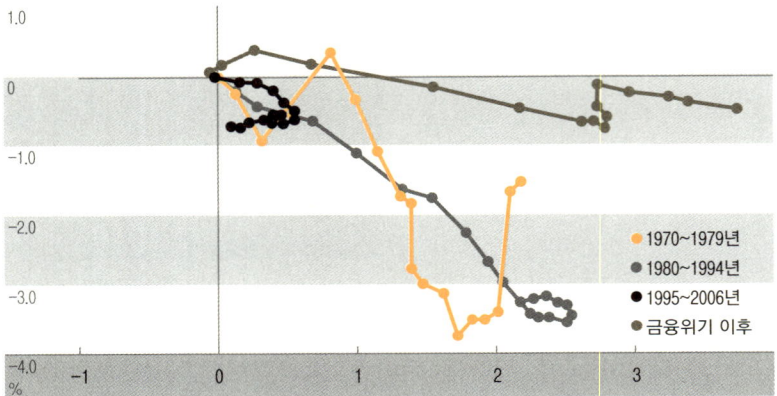

- 1970~1979년
- 1980~1994년
- 1995~2006년
- 금융위기 이후

● 시대별 물가상승률과 실업률의 상관관계

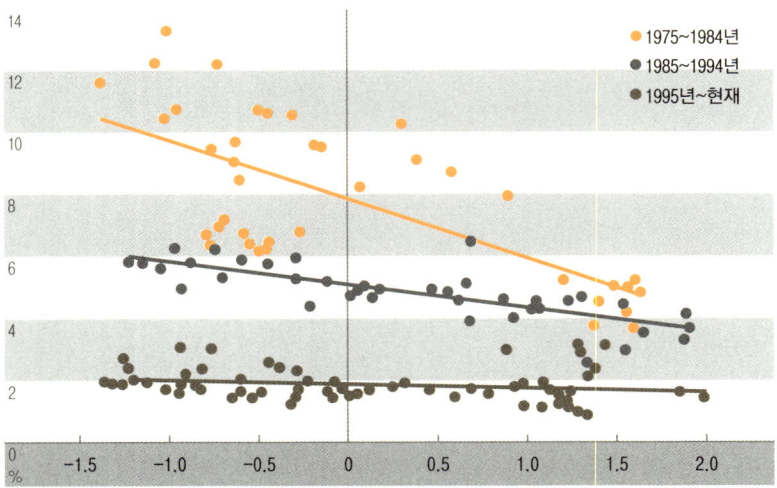

- 1975~1984년
- 1985~1994년
- 1995년~현재

출처 : IMF

플레이션 공포가 고도로 부양적인 통화정책을 수행하는데 걸림돌이 돼서는 안 된다"고 결론지었다.

그동안 중앙은행들과 투자자들의 인식을 지배해 왔던 '필립스 곡선'은 더 이상 존재하지 않는다는 사실을 이 논문이 실증했다. 실업률이 낮아지면 인플레이션이 높아지고, 실업률이 높아지면 인플레이션은 떨어진다는 필립스 곡선은 1990년대 중반 이전의 과거에만 존재했을 뿐이라는 것이다. 1995년 이후 지금까지 선진국들의 물가상승률은 실업률이 높든 낮든 상관없이 중앙은행들의 목표선인 2% 부근에서만 소폭 등락하는 데 그쳤다. 사선 형태였던 필립스 곡선은 이제 수평선처럼 누워버렸다. 이 같은 현상은 금융위기 당시에 더욱 가시적으로 나타났고, 그것이 이 논문의 모티브로 작용했다. 실업률이 대폭 상승했음에도 불구하고 물가는 별로 떨어지지 않았던 것이다.

이 같은 현상을 두고 매파진영에서는 달리 해석했다. "금융위기 당시에도 실제로는 아웃풋 갭 output gap*이 그리 크지 않았다는 증거"라거나 "위기 이후의 고실업이 불황 탓이 아닌 구조적인 요인에 기인한 것"이라고 주장했다. 이를 근거로 이들은 "경기를 부양하려는 통화완화정책이 인플레이션을 불러일으킬 것"이라고 우려했다. 이 같은 논쟁은 연준 내부에서도 반복해서 치열하게 전개됐다.

반면, 논문은 다른 곳에서 이유를 찾았다. 경제위기 당시 실업률이 급등하는 상황에서도 선진국들의 인플레이션 기대심리는 떨어지지 않은 채 중앙은행이 제시한 목표선에서 굳건히 유지됐다. 이렇게 확고한 기대심리가 실제 물가의 하

> **아웃풋 갭** 잠재공급능력과 실제 산출량의 차이를 아웃풋 갭이라고 한다. 잠재공급능력보다 실제 GDP가 낮으면 물가 하락 압력이 발생한다. 반대로 잠재공급능력보다 실제 GDP가 높으면 물가 상승 압력이 발생한다.

락을 막았다는 것이다. 아울러 임금 삭감에 대한 저항, 그리고 여타 경직적인 요소들이 역시 물가 하락이 발생하지 않도록 했다고 논문은 분석했다. 논문은 따라서 "평탄하게 누운 필립스 곡선과 강력하게 뿌리박아 안정된 인플레이션 기대심리를 볼 때, 일시적인 경기 과잉 부양은 인플레이션에 단지 작은 영향을 미칠 뿐"이라며 인플레이션을 걱정하지 말고 강력한 통화부양정책을 수행하라고 주장했다.

그러나 2% 수준에서 고정된 인플레이션 기대심리는, 더 높은 인플레이션이 필요하다고 보는 사람들에게는 그 자체로 문제였다. 중앙은행이 아무리 돈을 풀어도 인플레이션을 일으키는 게 불가능해질 수도 있기 때문이다. 그래서 버클리대학의 로머 교수는 "그동안 인플레이션 퇴치 정책에서 승리한 것이 지금 와서는 '제로금리의 하한 문제'를 야기했다"고 주장한다. 인플레이션 기대심리가 낮게 유지됨에 따라 인하할 수 있는 실질 기준금리의 폭도 작아졌으며, 이로 인해 위기에 대응할 수 있는 정책능력이 줄어들었다는 것이다.

그래서 로머 교수는 "인플레이션 목표치를 인상하자"고 주장한다. 예를 들어 인플레이션 목표치가 지금처럼 2%이고 명목 기준금리를 인하할 수 있는 하한이 0%라면, 중앙은행이 달성할 수 있는 실질 기준금리의 하한은 -2% 수준에 불과하다. 그런데 만약 중앙은행이 인플레이션 목표치를 4%로 높이게 된다면 실질이자율을 -4%로까지 내릴 수 있다.

로머 교수와 옐런 연준 의장은 여러 면에서 유사한 정책 구상을 갖고 있지만, 구체적인 면에서는 차이를 보이고 있다. 대표적인 부분이 인플레이션에 관한 것이다. 옐런은 실업퇴치 과정에서 나타날 수 있는 '일시적인' 인플레이션을 용인해야 한다는 수동적 입장이다. 반면, 로머는 실업을 퇴치하기 위해 인플레이션의 수준을 '영구적'으로 높여야 한다는 적극적 견해를 표방하는 것이다.

IMF의 수석 이코노미스트인 올리비에 블랑샤르는 좀 더 구체적으로 제안했다. 현재 대개 2%로 잡아 놓고 있는 중앙은행들의 물가안정 목표를 4% 수준으로 인상하자는 것이다. 블랑샤르의 주장에 대해 폴 크루그먼 교수가 격찬한 것은 당연한 일이었다. 기회가 있을 때마다 "인플레이션은 좋은 것"이라고 주장해 온 크루그먼 교수는 "블랑샤르는 경제 작동방식에 관해서 전반적으로 나와 비슷한 입장을 취하고 있다. 블랑샤르와 같은 유명 경제학자가 그런 생각을 하고 있다는 건 놀라운 일이 아니다. 충격적인 것은 IMF가 그러한 생각을 발표할 수 있도록 허락했다는 사실"이라며 반가워했다.

블랑샤르는 2010년 2월 두 명의 동료학자들과 함께 쓴 「거시경제 정책을 다시 생각해 보다 Rethinking Macroeconomic Policy」라는 제목의 보고서에서 그동안 보편화되어 있던 재정, 통화, 금융감독 정책 패러다임을 전반적으로 재점검했다. 그리고 그는 2% 물가목표제는 유가 급등과 같은 인플레이션 상방 충격에 잘 대응하도록 고안된, 구시대에 적합한 제도였을 뿐 금융위기와 같은 인플레이션 하방 충격을 극복하기에는 적합하지 않았다고 결론을 내렸다. 2% 물가목표제는 실질금리를 대폭 인하해야 하는 뉴 노멀 시대에 중앙은행이 쓸 수 있는 정책 여지를 협소하게

올리비에 블랑샤르

만든다는 것이다.

　물론 물가상승률이 높아지고 물가의 변동성이 확대된다면 자원 배분이 왜곡되고 경제 활동 계획을 수립하는 게 어려워지는 등의 부작용이 발생할 수 있다. 그러나 블랑샤르는 이러한 문제들은 대부분 교정이 가능하다고 주장했다. 특히 "경험적인 증거를 보건대, 물가상승률이 한 자릿수인 한에서는 인플레이션이 경제 활동에 부정적인 영향을 미친다고 보기는 어렵다"고 주장했다. 1995년 옐런 당시 연준 이사가 FOMC 토론 석상에서 했던 것과 같은 말이다(206쪽 참조). 설사 그러한 비용들이 발생한다고 하더라도 '제로금리의 하한 문제'를 피함으로써 얻을 수 있는 이득이 더 클 수 있다고 그는 강조했다.

　이러한 생각은 학자들 사이에서만 공유되고 있는 것은 아니다. 현재 샌프란시스코 연방준비은행 총재직을 맡고 있는 존 윌리엄스는 일찌감치 2009년 10월 논문에서 이렇게 주장했다.

　"금리를 4%포인트 더 내릴 수만 있었어도 실업이 지금처럼 증가하는 것을 막을 수 있었을 것이다. 그리고 고용과 물가를 보다 신속하게 정상화할 수 있었을 것이다. 하지만 '제로금리의 하한 문제'가 이러한 정책 대응을 불가능하게 했다. 이로 인해 약 4년간 미국 경제는 1조 7000억 달러의 추가적인 GDP 손실을 보게 됐다. 금융위기와 같은 대규모의 충격을 막기에는 2%의 물가목표는 완충능력이 부족할 수 있다."

　이런 주장대로라면, 지금껏 비정상적인 것으로 여겨졌던 물가 오름세가 앞으로는 정상적이고 바람직한 것으로 간주될 것이다. 우리의 생활 비용이 지금보다 두 배 더 빠른 속도로 증가하는 게 당연시돼야 한다. 그 비용을 따라가려면 우리의 소득도 지금보다 두 배 더 빨리 늘어나야 한다. 그러면 기업들의 인건비 역시 지금보다 두 배 더 빨리 증가해야 할 것이다. 이 경우 시장금리의 수준도 함께 높아질 것이 분명한데, 물가를 인위적으로 조작하는 이 실험이 이밖에 다른 어떠한 변화와 충격을 불러올 것인지는 지극히 불확실하다.

Chapter 10 'Neo New Normal'
새로운 위기를 잉태한 화폐 실험들

'뉴 노멀'new normal은 금융위기 이후를 상징해 온 말이다. 빚더미에 앉게 된 선진국 경제가 저성장과 디플레이션 압력 속에서 천문학적인 규모의 화폐를 찍어내던, 인플레이션과 경제 성장을 되살리려 갖은 애를 쓰던 시기다. 그렇다면 그 결과로서 탄생하게 되는 선진국 경제의 성장과 인플레이션의 시대를 우리는 '네오 뉴 노멀'neo new normal이라고 부를 수 있을 것이다.

2014년은 세계 경제가 '네오 뉴 노멀'로 넘어가는 전환기다. 그러나 그 전환의 과정은 순탄치가 않다. 살아나는 듯하던 선진국 경제가 다시 주춤하는 모습을 보이면서 더 많은 화폐 발행을 요구하기 시작했다. 반면 뉴 노멀의 시대를 빚으로 지탱해 오던 이머징 마켓은 본격적으로 위기의 소용돌이에 휩싸이게 됐다. 부채를 이용한 이머징의 성장이 한계를 보인 가운데, 선진국 경제의 '전환' 조짐으로 글로벌 자금 흐름이 뒤바뀐 탓이다. 전환의 과정이 순탄치 않을수록 선진국들은 더욱 절박하게 인플레이션정책에 매달릴 것이다. 그리고 한국에는 더욱 강력한 '인플레이션정책 동참' 압력이 가해질 것이다.

'네오 뉴노멀' 전환기의 신호탄은 2013년 5월 1일에 쏘아 올려졌다. 이날 미국 연방공개시장위원회FOMC는 "양적완화를 줄일 수도 있다"고 발표했다. 1.6% 수준으로까지 떨어져 있던 미국의 10년 만기 국채 수익률이 이 선언을 기점으로 상승하기 시작했다. 세계 최대 채권펀드 '핌코'PIMCO의 설립자이자 최고 투자담당 임원CIO인 빌 그로스는 심지어 "30년간의 채권 강세장이 마감했다"고 진단했다. '채권왕'bond king이라고 불려 온 그의 통찰력은 정확했다. 금리는 그 뒤로 지속적으로 상승했다. 같은 달 22일 벤 버냉키 연준 의장이

"2013년 안에 양적완화를 줄이기 시작하겠다"고 발표했고, 다음 달에는 "2014년 상반기 말에는 양적완화를 종료하겠다"고까지 선언했다. 금리는 거침없이 솟아올랐다.

연준이 양적완화를 줄여 없애겠다고 밝힌 것은 그 부작용이 워낙 컸던 탓이기도 했지만, 그만큼 미국 경제가 나아졌기 때문이기도 했다. 1~2단 기어 사이를 오가던 미국의 경제, 고용 성장세가 막 3단 기어로 높아지려는 조짐을 보이고 있었다. 세계 최대의 수입국가인 미국의 경제가 살아난다면 전 세계 경제에도 희소식이 아닐 수 없었다. 그러나 뜻밖에도 불똥이 이머징 마켓으로 튀었다. 미국의 금리가 치솟자 이머징 금융시장이 휘청대기 시작했다. 이머징 금융시장에 몰려 와 있던 외국인 투자자금들이 미국으로 되돌아가기 시작했다. 미국 경제의 성장 속도가 더 빨라지고 금리도 더 높아진 탓이었다.

세계 경제의 중심이 될 수도 있다는 이머징 국가의 착각

선진국 경제가 수시로 덜컹대던 '뉴 노멀' 당시 이머징 마켓은 평온했다. 내수경기에 불이 붙고 외국인 투자자금이 몰려들면서 경제는 더욱 뜨겁게 달아올랐다. 저성장과 디플레이션으로 상징됐던 선진국의 뉴 노멀은 이머징 국가에게는 호황과 인플레이션을 의미했다. 그러나 선진국의 성장이 되살아나기 시작한 '네오 뉴 노멀'로의 전환기에는 이머징 국가가 불황과 디플레이션을 맞을 차례가 된다.

모건스탠리의 수석 국제 이코노미스트 호아킴 펠스는 "세계 경제와 금융시장은 음양의 원리에 따라 움직인다"고 말했다. 미국 경제가 살아난다는 것은 이머징 마켓에게 나쁜 소식이라는 것이다. 미국의 성장이 빨라지고 금리가 상승하면 이머징 마켓의 고금리 매력은 사라지게 된다. 선진국 돈을 빌려서 이머징 마켓에 투자하는 이른바 캐리 트레이드가 큰 손실을 볼 수도 있다.

2014년 1월, 글로벌 자금이 이탈하면서 이머징 금융시장은 전년에 이어 2차 파동을 겪었다. 탈출하는 자금을 붙잡으려면 이머징 마켓은 더 높은 금리를 제공해야만 했다. 하지만 이머징 마켓의 체력은 이미 고갈돼 있었다. 금리를 대폭 인상한다면 실물경제가 무너질 지도 모를 일이었다. 그렇다면 외환시장에 달러화를 대량으로 공급하는 수밖에 없다. 하지만 이것 역시 여의치 않았다. 외환보유액도 고갈돼가고 있었기 때문이다. 이머징 마켓이 주저하는 사이 자금 이탈은 더욱 가속화됐다.

아르헨티나가 외환시장 방어를 포기하자 페소화가 하루 사이에 15%나 폭락했다. 아르헨티나는 2002년에 국가부도를 냈던 나라다. 이번에 또 외환보유액을 소진해 버린다면 외채를 갚지 못하는 사태를 다시 맞을 수밖에 없었다. 아르헨티나는 결국 환율을 포기했다. 페소화 가치가 추락하고 물가가 치솟는 걸 감수하기로 했다. 아르헨티나가 무너지자 충격파가 여타 이머징 국가로 연쇄적으로 전달됐다. 며칠 뒤 터키 중앙은행이 심야에 긴급회의를 열어 전격적인 결정을 내렸다. 4.5%이던 기준금리를 10.0%로 무려 두 배 이상 인상했

다. 남아프리카공화국이 뒤를 따랐다. 한 곳이라도 미적대는 곳이 있다면 집중포화를 맞을 분위기였다. 이머징 마켓은 살아남기 위해 금리 인상 경쟁에 돌입했다.

　달이 지면 해가 뜨듯이 이머징 국가의 체력이 고갈되는 시점에 선진국 경제가 살아나는 모습을 보였다. 그러나 해가 뜨면 달이 진다. 선진국 경제가 살아나자 이머징 경제는 더욱 빠른 속도로 침체에 빠져들었다.

　이머징 국가의 위기는 이미 예고된 것이었다. 뉴 노멀 시대 선진국들이 저성장에 허덕이는 동안 이머징 국가들은 강력한 내수부양정책을 펼쳤다. 수출로 먹고살던 경제가 동반침체에 빠지지 않기 위해서는 불가피한 선택이었다. 금리를 내리고 재정 지출을 대폭 확대하자 이머징 국가의 소비와 투자가 강력하게 살아났다. 경제성장률이 다시 솟아올랐다. 선진국들의 제로금리 양적완화정책은 이머징 마켓에 기름을 부었다. 휘발성 강한 자금들이 물밀 듯이 밀려왔다. 저성장에 시달리는 선진국보다는 이머징 마켓에서 돈을 굴리는 게 훨씬 높은 수익을 올릴 수 있기 때문이었다. 선진국에서 낮은 금리로 빌린 돈들은 이머징 마켓 곳곳에 투입됐다. 이머징 국가가 선진국을 대신해 고성장한 덕분에 금융위기 이후 수년간 세계 경제는 그럭저럭 굴러갈 수 있었다. 세계 경제의 헤게모니는 마치 이머징 국가에 넘어간 듯했다.

　중국은 이머징 마켓의 부침을 상징하는 곳이다. 금융위기 이전까지만 해도 중국은 수출에 의존해 성장했다. 미국이 저금리와 주택 거품에 기대어 흥청망청하는 동안 중국의 수출은 폭발적으로 성장했다. 반면 내수 소비와 투자는 그리 활발하지 않았다. 그 결과 미국의 경상수지 적자가 대폭 확대되고 중국의 흑자는 천문학적으로 불어났다. 이른바 '글로벌 불균형'global imbalance이었다. 2006년 미국의 경상수지 적자는 국내총생산GDP의 6%에 육박했고, 중국의 경상수지 흑자는 GDP의 10%를 넘었다.

그러나 2008년 금융위기가 터지면서 불균형 사이클에 제동이 걸렸다. 미국 경제가 순식간에 얼어붙자 중국의 수출이 막혀 버렸다. 중국 경제 역시 추락이 불가피해 보였다. 이때 중국 정부가 나섰다. 2007년에만 해도 GDP의 19% 수준에 불과하던 재정 지출을 2009년 들어 23%로 대폭 늘렸다. 균형 수준이던 재정수지는 2009년이 되자 GDP의 2.6%에 달하는 적자로 돌아섰다. 내수 중심의 경제 성장이 시작됐다. 정부가 앞장서자 투자가 폭발적으로 증가했다. 2007년에만 해도 GDP의 42% 수준에 그쳤던 총투자율이 2009년 들어 48%로 솟아올랐다. 소비도 활기를 띠기 시작했다. 그 결과 2008년 53%에 달했던 총저축률이 2011년에는 50%로까지 낮아졌다. 저축이 줄어든 가운데 투자가 급증하자 경상수지 흑자가 대폭 감소했다. 2007년 GDP의 10.1%에 달했던 경상수지 흑자는 2011년 들어 1.9%로까지 떨어졌다. 반면 미국의 경상수지 적자는 금융위기 이후 빠르게 축소됐다. 2006년에 GDP의 5.8%에 달했던 미국의 경상적자는 2012년 들어 2.7%로 줄어들었다. 금융위기 이전과는 정반대의 양상이었다. 이른바 '글로벌 재균형'global rebalance이 나타났다.

하지만 글로벌 경제의 재균형은 이머징 경제의 불균형을 의미했다. 상당수의 이머징 경제가 과열 상태에 들어갔다. 물가가 뛰어오르고 경상수지는 대폭 악화됐다. 버는 것 이상으로 소비하고 투자한 탓이다. 그 원천은 빚이었다. 선진국들이 빚을 줄이기 위해 허리띠를 졸라매고 있는 동안 이머징 마켓은 부채를 늘리기에 몰두했다. 한동

글로벌 불균형의 새로운 국면

2000년 이후 미국과 중국 경제가 대표해온 글로벌 불균형은 대략 세 국면으로 나눌 수 있다.

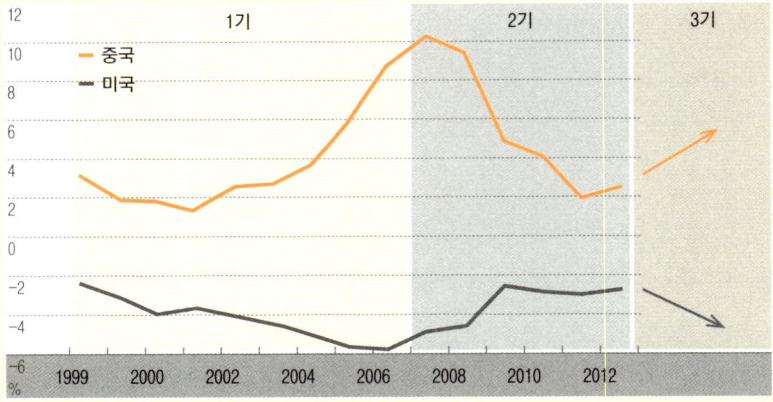

● 미국과 중국의 GDP 대비 경상수지

출처: 경제협력개발기구

1기: 2006년 말까지 중국의 경상흑자는 폭발적으로 늘어났고, 미국의 경상적자는 대폭 악화됐다. 이 시기는 미국 내수 부문의 과소비 시기다. 그 배경에는 미국의 완화적인 거시정책이 있었다. 미국 정부는 대규모 재정수지 적자를 내고 있었고, 연준은 저금리정책을 장기간 유지했다.

안은 좋았다. 미래의 소득을 현재로 앞당겨와 소비하고 투자하자 경제 성장 속도는 더욱 빨라졌다. 그러나 부채의 성장 견인력은 날로 떨어질 수밖에 없었다. 부채가 불어나면 불어날수록 이자로 나가야 하는 돈이 증가했고 쓸 수 있는 돈은 차츰 줄어들었기 때문이다.

2기 : 2007년부터는 반대 양상이 나타났다. 미국이 경기후퇴기에 돌입하면서 내수가 위축됐다. 그래서 미국의 경상적자는 줄어들었다. 중국의 흑자도 감소했다. 1기 국면 동안 중국에 축적된 해외로부터의 과잉 유동성이 중국의 부동산 붐을 일으켜 수입 수요를 대폭 증가시킨 것이다. 이후 촉발된 글로벌 금융위기는 이 추세를 더욱 빠르게 진행시켰다. 수출 경기가 악화된 중국은 강력한 내수부양 드라이브를 걸었고 부동산 투자는 폭발적으로 증가했다. 수입 수요 역시 대폭 늘어났다. 이는 중국의 경상수지 흑자를 더욱 빠르게 감소시켰다. 반면 미국의 경상수지는 횡보했다. 경제가 회복되기 시작했지만 속도가 그리 빠르지는 않았던 탓에 수입 수요는 제한적으로만 증가했다. 미국에서 원유를 대량생산한 것도 영향을 미쳤다. 셰일가스 혁명에 힘입어 미국은 석유 수입이 줄어들고 수출은 증가했다.

3기 : 2014년부터 경상수지 추세는 새로운 국면에 접어들었다. 미국의 경제 성장세가 속도를 내면서 수입 수요는 좀 더 빠르게 증가할 것으로 예상된다. 셰일가스 효과로 전체 경상수지가 과거처럼 급격하게 악화되지는 않겠지만, 석유를 제외한 부문의 무역적자는 확대될 것으로 보인다.
반면, 중국은 그동안의 '과잉'을 시정하는 작업에 착수해 있다. 중국은 '투자 중심의 내수에서 소비 중심의 내수로 전환'을 선언했다. 그러나 사실은, 경제 성장 속도를 늦추는 내수억제정책으로의 전환이다. 내수의 구성을 투자에서 소비로 돌린다는 것은 내수억제 과정의 충격을 완충하려는 것일 뿐이지, 과거와 같은 내수활황을 유지하겠다는 뜻으로는 볼 수 없다. 중국 경제의 수출 비중은 다시 높아질 것이다. 이는 중국의 저축이 증가한다는 것을 의미하며, 경상흑자 확대 추세가 재개된다는 것을 뜻한다.

그리고 2013년 무렵이 되자 이머징 국가들은 빚을 더 내도 성장할 수 없는 지경까지 이르렀다. 기초체력은 거의 바닥이 나 있는 상태였고, 남은 것은 고성장의 후유증, 거대한 빚더미뿐이었다. 허약한 체질로 근근이 버틸 수는 있었지만, 찬바람이라도 불게 되면 큰 병을 얻을 지도 모를 정도가 돼 버렸다. 그리고 때마침 미국 경제가 살아나기 시작했고, 연준은 양적완화를 줄이겠다고 선언했다. 이머징 국가가 세계 경제의 헤게모니를 차지할 것이라는 생각은 착각에 불과했다. 이머징 국가 역시 5년 전 미국이 겪었던 것과 똑같은 위기에 봉착해 버렸다.

세계 경제의 관심은 이머징 국가 중에서도 중국으로 집중됐다. 중국은 여전히 경상수지 흑자를 유지하고 있고 세계 최대의 외환보유액을 가진 나라이지만, 그동안 가장 급하게 빚을 늘려 온 경제이기도 했다. 중국과 같은 거대한 나라가 부채위기에 빠져들게 된다면 글로벌 경제는 다시 한 번 커다란 충격을 받을 수밖에 없을 것이다.

노무라증권의 2014년 경제전망 보고서에 따르면, 중국의 민간부채는 GDP의 200%에 육박하고 있다. 금융위기 이후 불과 4년 반이라는 짧은 기간 동안 부채비율이 60%포인트나 높아졌다. 노무라증권은 "과거 선진국 사례를 보면, 대개 민간의 GDP 대비 부채비율이 30%포인트 급등한 지 5년 뒤에 금융위기가 발생했다. 이러한 '5-30' 규칙이 금융위기 이후 많은 아시아 국가에서 목격되고 있다"고 우려했다. 그러면서 노무라는 "이제는 아시아가 엄격한 거시정책과 구조개혁 등 긴축을 수행해야 할 차례다. 그렇게 하지 않으면 아시아는 금융위기를 맞게 될 것"이라고 말했다. 노무라에 따르면, 한국은 GDP 대비 민간부채비율이 200%에 달해 주요 조사대상국 가

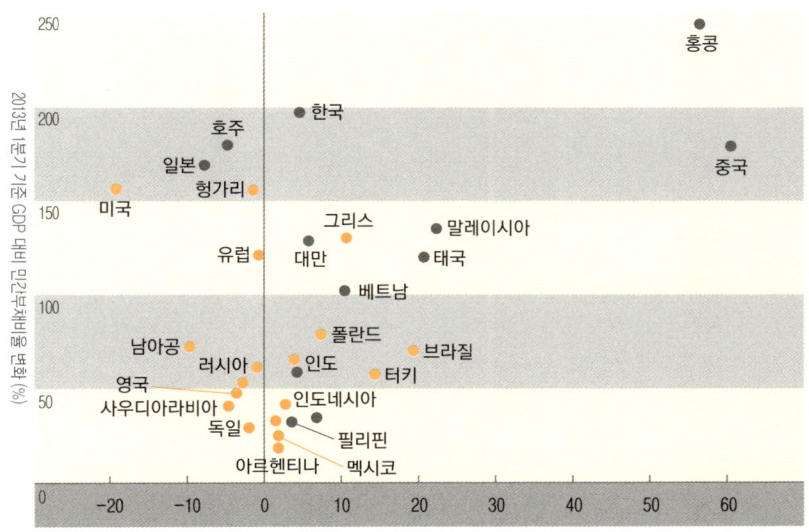

● 주요국 민간 부문 부채 수준 및 증감 속도

출처 : 노무라증권 2008년 4분기 ~ 2013년 1분기 중 부채비율 변화 (%포인트)

운데 두 번째로 높았다. 금융위기 이후 부채 증가 속도가 크게 둔화된 것이 다행이라면 다행이다. 그러나 노무라가 말하는 '5-30' 규칙에 예외가 없다면, 한국 역시 안심할 수 없을 것이다.

선진국으로 수출되는 이머징 국가의 디플레이션

노무라의 지적처럼 이제는 이머징 국가들이 부채감축deleveraging과 구조조정에 돌입할 때를 맞았다. 그 고통은 유로존의 주변국peripheries 그리스, 포르투갈, 아일랜드, 스페인, 이탈리아가 겪은 것 못지않게 클 것이다. 이머징 국가들의 연쇄적인 금리 인상은

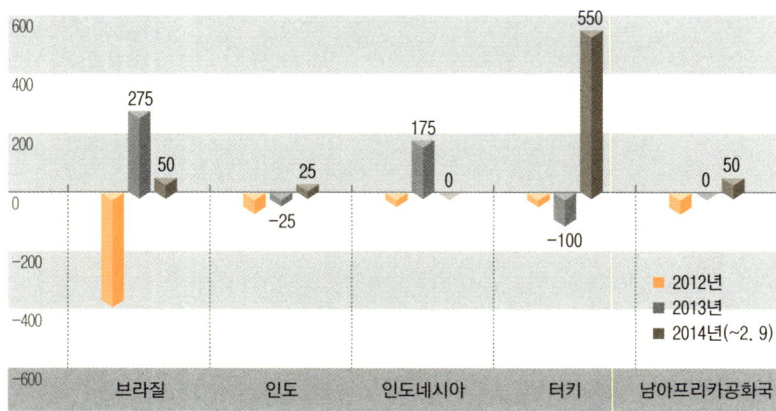

● 2012년 이후 주요 이머징 국가 기준금리 조정폭 (단위 : bp=0.01%)

2012년에만 해도 주요 이머징 국가 중앙은행들은 금리를 인하해 내수경기를 부추기는 정책을 펼쳐왔다. 그러나 2013년 자금의 해외 이탈이 본격화되자 기준금리를 급격히 인상하기 시작했다. 2013년에도 금리를 인하하며 글로벌 자금 흐름을 거슬렀던 터키는 2014년 초에 훨씬 큰 비용을 치러야만 했다.

출처 : Central Bank News

이들이 그 과정에 돌입했음을 의미한다. 앞으로는 돈을 빌려 쓰기가 훨씬 어려워진다. 실물경제는 더욱 빠르게 냉각될 것이다. 금리가 오르고 경제가 위축됨에 따라 기존에 지고 있던 빚은 이자를 감당하기가 더욱 어려워진다. 그래도 어떻게 해서든 허리띠를 졸라매고 빚을

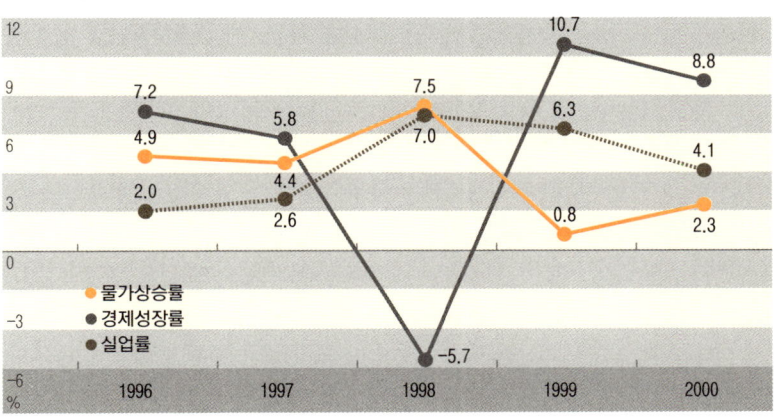

● 외환위기 전후 한국의 주요 경제지표

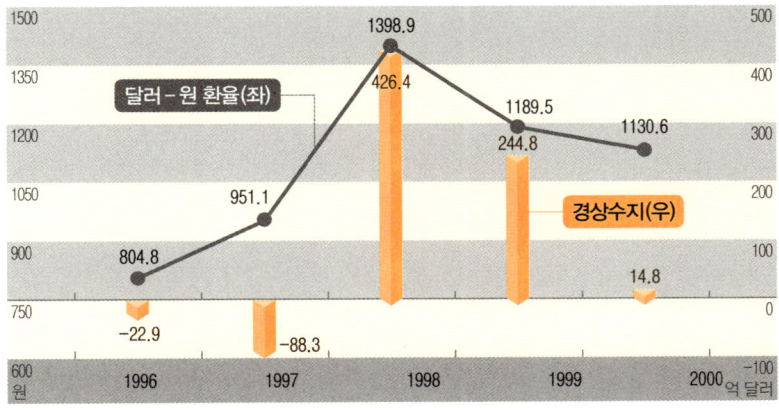

출처 : 한국은행, 통계청

갚아 나가야 한다. 따라서 실물경제는 더욱 위축된다. 이 악순환의 과정에서 적지 않은 채무자들이 도태되기 십상이다. 은행의 부실은 대폭 늘어날 것이고, 여차하면 정부가 은행에 구제금융을 투입해야 할 것이다. 그러니 정부 역시도 경기를 떠받칠 여력이 별로 없다. 특히 정부의 빚이 많은 국가들은 더욱 그러할 것이다. 지난 5년여간 미국 정부조차도 피할 수 없었던 과정이다.

이머징 국가들은 1990년대 말 외환위기를 겪었던 한국의 모습을 닮을 듯하다. 경제가 침체에 빠져들었음에도 불구하고 물가상승률은 껑충 뛰어오를 것이다. 통화가치가 대폭 절하되면서 수입물가가 치솟을 것이기 때문이다. 한국의 경우 1998년 경제성장률이 -5.7%로 추락한 반면 물가상승률은 7.5%에 달했다. 국민들의 실질소득은 격감했다. 과소비와 과잉 투자는 저절로 사라져버렸다. 1997년에 818억 달러의 적자를 냈던 한국의 경상수지는 다음 해 426억 달러의 흑자로 급변했다. 통화가치가 절하(환율 상승)된 덕에 수출이 대폭 증가한 반면, 수입물가가 폭등하고 국내 경기가 침체에 빠지면서 수입은 대폭 감소한 결과다. 그러나 다음 해에는 일시적인 디플레이션을 겪어야 했다. 환율 상승이 멈추면서 수입물가가 안정된 가운데 내수경기 침체가 이어진 탓이다. 다만 경제성장률은 크게 뛰어올랐다. 전년 침체에 따른 기저효과 base effect 가 크게 작용한데다, 무엇보다 당시 해외 경제가 강하게 성장*한 덕에 수출을 대폭 늘릴 수 있었다.

따라서 앞으로 이머징 국가들은 극심한 내수 침체 속에서 수출로 경

1990년대 말 당시 미국은 경제성장률이 5%를 넘나드는 고성장을 하고 있었다. 물가안정 속에 높고 안정적인 성장이 이뤄지는 이른바 '대안정기' the great moderation 의 절정기였다. 이를 두고 그 당시 미국은 "신경제를 맞았다"고 환호했었다.

기를 떠받치게 될 것이다. 문제는, 한국의 외환위기 당시와 달리 지금 선진국 경제의 성장세가 그리 강하지 않다는 데 있다. 따라서 이머징 경제의 구조조정 과정은 더 길어지고 더 고통스러워질 가능성이 있다. 이머징 경제가 신속히 되살아나기 위해서는 미국 등 선진국 경제가 더욱 빠르게 회복해 나가야만 한다.

이머징 국가의 위기는 선진국에도 큰 도전이 아닐 수 없다. 아직 경기 회복세가 그리 강하지 않은 상태에서 이머징 국가마저 침체에 빠져든다면 선진국의 수출이 위축될 것이기 때문이다. 더욱 큰 문제는 이머징 국가의 디플레이션 압력이 선진국으로 수출될 것이라는 점이다. 통화가치가 급락한 이머징 국가가 선진국으로의 수출 가격을 인하할 가능성이 크기 때문이다.

아르헨티나의 예를 들어보자. 2013년 말 달러당 6.5페소이던 환율이 2014년 1월 말에는 8.0페소가 됐다. 따라서 아르헨티나의 수출업자는 한 단위에 800달러를 받던 수출상품 가격을 650달러로 낮춰도 매출액이 줄어들지 않는다. 이머징 경제의 침체는 임금 하락까지 야기해 수출 가격 인하 여력을 더욱 확대할 수 있다. 가뜩이나 디플레이션 위협에 시달리고 있는 선진국 경제는 더욱 큰 물가 하락 압력을 받게 된다.

가장 큰 위험 요소는 중국이다. 2014년 초부터 글로벌 금융시장이 이머징 마켓과 동시에 흔들리게 된 배경에도 중국이 있었다. 중국의 실물경제가 연초부터 빠르게 냉각되는 조짐을 보였기 때문이다. 이머징 마켓에게 중국은 엄청난 원자재 수입국이었다. 중국이 빚을 늘려 고속 성장을 하는 동안 이머징 마켓도 함께 성장할 수 있었다. 그

런데 만약 중국의 실물경제가 이런 식으로 위축되면 중국의 과잉 부채 문제는 더욱 심각하게 전개될 수 있다. 그러면 중국에 대한 이머징 마켓의 수출도 큰 어려움을 겪게 될 것이다.

중국 경제의 경착륙hard landing은 선진국에도 엄청난 위협이다. 중국의 경제 규모(연간 명목GDP)는 약 9조 달러에 달한다. 경제권을 기준으로 보면 유로존과 미국에 이어 세계에서 세 번째로 크다. 국가별로 따지면 세계에서 두 번째로 큰 나라다. 해마다 7~8%에 달하던 이 거대 경제의 성장 속도가 꺾이게 된다면 전 세계 경제 모두가 큰 영향을 받을 수밖에 없다.

따라서 미국 등 선진국들의 내수부양 압력은 더욱 커질 수 있다. 둔화된 해외 수요를 메우기 위해서는 자국 내 소비와 투자를 더 늘리는 수밖에 없다. 선진국들은 이머징 국가의 위기로 더욱 심화될 수 있는 디플레이션 압력을 퇴치하기 위해서라도 내수부양을 확대해야 할 처지에 놓일 수 있다. 선진국 중앙은행들은 더욱 절박해질 것이다. 현재의 디플레이션 위험이 커지면 커질수록 미래의 인플레이션 위험도 커질 것이다.

미국식 인플레이션과 강요된 고혈압

인플레이션이란 물가가 지속적으로 상승하는 현상을 말한다. 물가상승률이 중앙은행의 안정 목표치(2.0%)를 계속 웃도는 경우라고 할 수 있을 것이다. 금융위기 직전의 미국도 인플레이션을 겪었다. 하지만 그 정도는 심하지 않았다. 2005년부터 2008년 상반기까지 미국의 근원 개인소비지출 PCE 물가상승률은 목표선인 2%를 약간 상회하는 수준을 이어갔을 뿐이다. 대중의 인플레이션 기대심리가 잘 억제돼 있었던 데다 '세계 최대의 시장'이라는 특수한 지위 덕도 크게 봤다.

전 세계 기업들이 가장 치열하게 경쟁하는 수출시장 미국에서는 웬만해서는 전통적인 형태의 인플레이션이 나타나지 않는다. 공급능력을 크게 웃도는 과잉 수요가 발생하더라도 물가는 제한적으로만 오를 뿐이다. 미국의 물가가 오를 조짐을 보이면 해외 각국에서 저가 제품들이 신속하게 공급되면서 인플레이션을 억제하기 때문이다. 2000년대 미국의 저금리정책으로 달러화 약세 기조가 이어졌지만, 수입물가 상승폭은 미미했다. 대미 수출기업들은 미국시장에서의 점유율 상실을 우려해 달러 약세에도 불구하고 가격을 인상하지 못했던 것이다. 미국 경제의 이 같은 특수한 지위는 대신 경상적자 확대를 통해 경기 과열을 주로 반영했다.

미국식 인플레이션은 이처럼 제한적인 물가 상승과 대규모의 경상수지 적자로 나타난다. 1990년 이후 가속화된 세계화 현상이 이런 변화를 이끌어냈다. 하지만 미국이라고 해서 불균형을 계속 감내할 수만은 없다. 대규모의 경상적자 현상이 길어질수록 해외 자금에 대한 의존도가 높아지기 때문이다. 적절한 수출 증대를 동반해야만 미국 경제의 고성장이 지속될 수 있다.

그래서 2013년 10월, 미국 재무부는 의회에 제출한 「국제 경제 및 환율정책 보고서」에서 우방국인 독일을 맹비난했다. 독일이 전 세계 경제에 디플레이션 압력을 가하고 있다는 것이었다. 미국이 독일의 경제정책에 대해 그렇게까지 높은 수위로 공격한 적은 거의 없었다. 두 나라 사이에 일순간 긴장이 형성됐다.

"독일의 경상수지 흑자는 2013년 상반기에 GDP의 7%를 넘어섰다. 독일은 경제 성장의 3분의 1에 달하는 상당한 부분을 수출에 의존하고 있다. 독일 내부적으로 경제 균형이 이뤄지지 않고 있다는 의미다. 유로존 내부의 재균형 고통을 완화하기 위해서는 대규모의 흑자를 지속적으로 내는 독일 같은 나라가 내수를 늘리고 흑자를 줄이는 행동에 나서야 한다. 독일의 경상흑자 규모는 중국보다도 커졌다. 다른 유로존 국가들은 균형 회복을 위해 수요를 억누르고 수입을 줄이는 심각한 압력하에 있다. 그러나 독일의 수출 의존과 무기력한 내수 증가세는 이러한 재균형 과정을 저해하고 있다. 이로 인해 유로존뿐만 아니라 전 세계적으로 디플레이션 압력이 발생하고 있다. 독일과 같은 흑자국의 내수가 강해진다면 유로존의 재균형에 도움이 될 것이다."

당시 보고서는 한국에 대해서도 문제를 제기했다.

"IMF에 따르면 한국 원화의 실질실효환율은 2~8% 저평가돼 있다. 한국 정부는 원화의 평가절상을 막기 위해 외환시장 개입을 재개한 것으로 여겨지고 있다. 우리는 이러한 보도에 대해 우려하고 있다. 한국 정부는 브라질, 인도, 러시아처럼 외환시장 개입 즉시, 그 규모를 공표해야만 한다. 그리고 한국 정부는 은행에 대한 외환 익스포저 규제를 순수한 거시 건전성 목적으로만 사용해야 한다. 우리는 이 규제를 이용해 한국 정부가 자본 유입을 통제하거나 원화 상승을 억제하지 않도록 압력을 가할 것이다. 무엇보다도 우리는 한국 정부가 수출에 대한 성장의존을 낮추기 위한 과감한 정책을 취하도록 강력하게 촉구할 것이다."

그리고 두 달여 뒤인 2014년 1월 초, 미국의 잭 류 재무장관이 독일을 방문했다. 때마침 유로존의 물가상승률은 0.8%로 다시 떨어지고, 독일의 무역흑자는 수입 감소에 힘입어 2년 반 만에 최대치로 불어났다는 발표가 있었다. 류 장관은 언론 인터뷰에서 다시금 독일을 압박하는 발언을 했다. "어떤 나라들은 다른 나라들에 비해서 수요를 증대시키고 성장을 촉진할 여력을 더 많이 갖고 있다. 유럽에서는 더 높은 성장이 필요하다. 미국은 지금 성장을 촉진하기 위해 최선의 노력을 다하고 있다." 미국과 보조를 맞춰 경제를 부양해야 할 대상이 독일만은 아니었다. 류 장관은 이렇게 말했다. "아시아도 마찬가지다."

미국이 요구, 또는 압박하는 것은 '글로벌 리플레이션 공조' coordinated global reflation다. 리플레이션이란 디플레이션을 막기 위해 인플레이션을 살려내는 정책을 말한다. '네오 뉴 노멀'을 보다 확고하게 안착시키기 위해 전 세계 가용자원을 총동원하려는 시도다. 상황은 2002년을 닮아있다. '네오 뉴 노멀' 시대의 양상을 전망하는 데에는 당시를 돌이켜보는 것이 효과적일 것이다.

디플레이션 공포가 전 세계에 회자되던 2002년, 미국에 벤 버냉키 연방준비제도 이사가 있었다면, 일본에는 구로다 하루히코 재무관(국제금융 담당 차관, 현재 일본은행 총재)이 있었다. 그 해 11월 버냉키 이

구로다 하루히코

사는 그 유명한 "헬리콥터로 돈 뿌리기"를 주창했었고, 바로 다음 달 구로다 당시 재무관은 "미국과 일본, 유로존, 중국이 참여하는 글로벌 리플레이션 정책 공조"를 제안했다. 이 제안이 있은 뒤 '리플레이션'은 글로벌 경제정책의 화두로 떠올랐다.

구로다는 당시 「파이낸셜타임즈」에 기고한 칼럼('글로벌 리플레이션으로 전환해야 할 때다' Time for a switch to global reflation)에서 자기 나라 중앙은행인 일본은행의 소극적인 통화정책을 비난했다. 그는 "일본은행이 3%의 물가상승률 목표를 설정해야 한다"고 촉구하면서 "이를 달성하기 위해 일본은행은 장기국채와 여타 금융상품을 매입하는 방식으로 본원통화를 무기한 constantly 확대해야 한다"고 주장했다. 버냉키 이사의 한 달 전 주장("헬리콥터 머니")을 수용한 것이다. 구로다는 "명목금리는 0% 밑으로 내려갈 수 없기 때문에 통화부양을 제공하기 위해서는 물가 기대심리를 급격하게 변경함으로써 실질금리를 인하하는 수밖에 없다"고 말했다.

아울러 당시 미국 연준의 공격적인 금리 인하 정책을 칭찬하면서 유럽중앙은행에 대해서도 물가목표를 2~3% 수준으로 상향해야 한다고 권유했다. 미국과 일본과 유로존이 동시에 공격적인 통화부양에 나서면 세 개 통화의 환율에 미치는 영향은 극히 제한되며, 이는 글로벌 경제에 최소한의 비용만으로도 강력한 효과를 발휘할 것이라고 구로다는 주장했다.

당시 구로다가 제창한 리플레이션 국제 공조는 '3+1'의 구도였다. 중국의 참여가 필요하다고 본 것이다. 중국 역시 부양적인 통화정책을 도입하거나 위안화를 절상해 자국 내 디플레이션을 종식시키는 한편, 디플레이션의 수출도 막아야 한다고 그는 역설했다.

> **디스인플레이션** 물가상승률을 끌어내려 인플레이션을 억제하는 정책 또는 물가상승률이 지속적으로 둔화돼 디플레이션 위험이 나타나고 있는 현상을 의미한다.

당시 한국은행도 공조에 참여했다. 2.5%(근원인플레이션율 기준)로 설정했던 중기 물가안정 목표를 2.5~3.5%로 상향한 것이다. 당시 한국은행은 "물가목표를 낮게 유지할 경우 성장 둔화 등 디스인플레이션^{disinflation}* 비용이 많이 들고, 통화정책의 신축적 운용이 제약되는 부작용이 우려되기 때문"이라고 배경을 설명했다. 통화정책의 초점이 디스인플레이션에서 리플레이션으로 이동한 것이다. 한국은행의 정책금리인 콜금리 목표치는 이후 1년여 동안 네 차례에 걸쳐 1%포인트 인하됐다. 우리나라의 '부동산 2차 파동'의 뿌리가 여기에 있었다.

구로다가 '글로벌 리플레이션 공조'를 주장한 데는 사연이 있었다. 그전까지만 해도 구로다는 엔화 가치를 절하하는 정책을 강력하게 펼쳤다. 1999년 말 103엔 수준이던 달러-엔 환율을 2002년 초 135엔으로까지 끌어올렸다. 전자, 자동차, 조선 등 핵심 산업에서 일본과 치열하게 경쟁하고 있던 한국으로서는 여간 곤혹스러운 일이 아니었다. 한국도 화폐를 증발해 원화를 동반 절하해야만 수출경제를 지탱할 수 있을 듯이 보였다. 한국은 외환위기에서 벗어난 지 채 몇 년 되지 않아 체질이 여전히 취약한 상태였기 때문이다.

2000년 들어 1100원으로까지 떨어졌던 달러-원 환율이 달러-엔을 따라 빠르게 상승(원화가치의 동반 절하)했다. 구로다의 엔 절하 정책이 맹위를 떨치던 2002년 초에는 1300원 위로까지 올라갔다. 그러나 일본 엔화의 절하 속도를 따라가기에는 역부족이었다. 일본은 당시 '잃어버린 10년'에서 벗어나기 위해 발버둥을 치고 있었다.

결국 당시 한국 정부가 외교적인 대응에 나섰다. '미스터 원'이란

집값이 폭등하던 2002년, 한국은행에서는 무슨 일이 있었나

2003년 6월, 이성태 당시 한국은행 부총재가 국회 재정경제위원회에서 폭탄 발언을 했다. 금융통화위원회가 금리 인하 지향적인데다가, 2002년의 경우에는 심지어 외압까지 가해져 긴축정책이 무산됐다는 것이었다. 2002년은 구로다가 '글로벌 리플레이션 공조'를 주창한 바로 그 해다.

국회 속기록에 따르면, 이성태 당시 부총재는 국회에서 이렇게 말했다. "(지금 금통위에서 금리를) 내리는 것은 아주 쉽게 통과되는데, 올리는 것은 도저히 안 됩니다. (중략) 2002년 6월에 총액대출한도를 2조 정도 줄이려고 총재님하고 다 얘기해서 의안을 만들어 배포까지 했습니다. 그런데 모처에서 '총액대출한도를 줄이고 그럴 때가 아니다'라는 전화를 받았습니다. (중략) 제가 2002년에 총재님이 전화받는 것을 바로 옆에서 한 번 들은 적이 있습니다."

이 부총재가 술회한 2002년은 집값 폭등에 분노한 서민들이 한국은행 홈페이지 자유게시판에 몰려들어 "금리를 올려라!"라고 아우성을 치던 때이기도 했다. 그해 5월

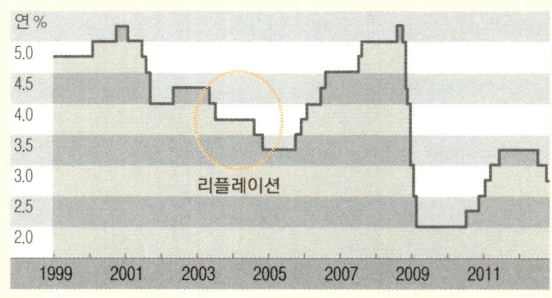

● 한국은행의 1999년 이후 정책금리 조정

리플레이션

2008년 3월부터 종전 '콜금리 목표'에서 '한국은행 기준금리'로 변경.

별명을 얻었던 김용덕 당시 재정경제부 국제담당 차관보가 "엔화가 더 하락할 경우 한국과 중국 등 수출경쟁력에 타격을 입은 여타 국가들이 압력을 넣어 엔화 절하를 막을 것"이라고 경고했다. 중국까지 가세한 반발에 구로다는 더 이상 엔화 약세를 몰고 갈 수 없었다. 그래서 그해 가을 그가 들고 나온 새로운 카드가 '글로벌 리플레이션 공조'였다. 그리고 역사는 12년 뒤 되풀이될 조짐을 보이고 있다.

0.25%포인트의 금리 인상을 단행했던 한국은행은 이후 추가 인상을 계속 시도했었다. 그러나 2002년 9월 12일 금통위가 열리기 1시간 전, 한국은행의 긴축 움직임을 사전에 감지하고 있었던 당시 전윤철 경제부총리 겸 재정경제부 장관은 공개석상에서 "현 상황에서 금리를 인상할 경우 국민과 기업에 심리적인 패닉을 줄 수도 있다"고 쐐기를 박았다. 그날 금통위는 금리 동결 결정을 내리면서도 이례적으로 "부동산 가격 상승 등 대내외 불균형이 발생할 우려가 있을 경우 적극 대응할 것"이라는 문구를 발표문에 삽입했다. 다음 달에는 금리를 인상할 가능성이 매우 높음을 강력히 시사한 것이다.

당시 박승 한국은행 총재 역시 "국제 환경 악화로 손발이 묶였다"면서도 "경제 안정을 기본 사명으로 하는 한국은행으로서는 물가뿐 아니라 국제수지와 자산가치의 안정도 함께 추구해야 한다. 현재의 금리 수준은 균형 수준보다 낮아 경기진작적이다. 지금 현안이 되고 있는 부동산 문제는 한국은행의 저금리정책에 따른 가계 대출 급증이 원인"이라고 지적했다. 한국은행은 2주 뒤에 열린 금통위에서 총액대출한도를 2조 원 축소하며 긴축 의지를 드높였다.

그러나 다시 2주 뒤에 열린 금통위는 이례적으로 정회하는 진통을 겪었다. 평소보다 한 시간가량 늦게 끝난 회의의 결과는 금리 동결이었다. 애초 0.25%포인트의 금리 인상을 단행키로 하고 총재와 금통위원들 사이에 얘기가 다 돼서 의안까지 만들었으나, 한국은행 바깥의 '압력' 전화로 무산됐다는 증언이 잇따랐다. 한국은행은 이후 금리를 오히려 네 차례나 내려 버렸다. 집값은 계속해서 올라갔고, 서민들의 원성은 하늘을 찔렀다.

**3조 달러의
인플레이션 종잣돈**

2013년 선진국 주식시장의 랠리는 강요된 측면이 강했다. 주식을 대신할 수 있는 채권에 중앙은행들이 주식보다 훨씬 거대한 거품을 씌워놨기 때문이다. 금리는 너무 낮았고 그에 비해 주식이 제공하는 수익은 상대적으로 높았다. 금융자산을 보유한 경제 주체에게는 선택의 여지가 별로 없었다. 거대한 거품에 올라타거나 '좀 덜 큰 거품'에 돈을 묻거나……. 채권을 팔고 주식을 사들이는 금융시장의 흐름과 똑같은 맥락으로 미국의 기업들은 경쟁적으로 빚을 내서(회사채 매각) 자사주를 사들여 주가를 띄워 올렸다.

양적완화 축소 선언으로 금리가 많이 올랐다지만, 2014년 2월 기준 미국의 10년 만기 국채 수익률은 3%에도 못 미친다. 5% 안팎에 달하는 미국의 명목국내총생산 성장률은 고사하고 장기적인 인플레이션 추세치(2%)를 약간 웃돌고 있을 뿐이다. 미국 국채에 투자해도 '실질적real으로' 손에 남는 수익은 거의 없다는 것을 의미한다. 게다가 향후 미국 연방준비제도가 출구전략에 나서고, 그래서 시장금리가 더욱 상승(국채 가격 하락)하게 된다면 "원금 보전"이라는 국채의 이점은 여지없이 허구로 드러나게 될 것이다.

미국의 은행예금금리는 여전히 물가상승률에도 못 미친다. 1년짜리 양도성예금증서의 수익률은 2014년 2월 기준 0.23%밖에 되지 않는다. 아무리 저물가라지만, 실질이자율 기준으로는 마이너스인 셈이다. 그럼에도 불구하고 사람들은 자산의 일정 부분으로 계속해서 국채를 사고, 예금할 수밖에 없다. 거대한 거품에 대한 투자 역시 강제되고 있는 것이다. 혹시 재발할지 모를 유동성 위기의 순간에 믿을 수 있는 것은 현금 또는 그에 준하는 국채밖에 없기 때문이다. 금융기관에는 건전성 규제라는 이름으로, 보험이나 연기금에는 유동성과 안전성이라는 명목으로, 한국과 같은 비非기축통화 국가에는 준비통화 reserve currency 라는 이유로 강제되기도 한다.

거대한 가격 거품, 실질적인 원금 손실 위험에도 불구하고 국채와 예금을 매입할 수밖에 없도록 강요된 현실을 '금융억압' financial repression 체제라고 부른다. 이 억압이 싫다면 '좀 덜 큰 거품' 즉 주식이나 주택 같은 실물자산으로 포트폴리오를 변경하는 수밖에 없다. 그래서 지금의 자산시장 랠리를 두고 '강요된 선택'이라고 주장하는 것이다.

금융억압이 강요한 예금자(채권자)들의 손실은 채무자들의 이익을 의미한다. 이자율이 인플레이션보다 낮으면 낮을수록, 혹은 이자율보다 인플레이션이 높으면 높을수록 채무자의 실질 채무는 감소한다. 글로벌 경제위기가 과도한 부채에서 비롯된 것임을 감안한다면, 금융억압은 공공의 이익(?)을 위한 정책

이 돼 버린다. 그래서 벤 버냉키는 2013년 의회 증언에서 '저금리정책은 궁극적으로 예금자들을 위한 것'이라는 역설을 설파한 것이다(36쪽 '버냉키의 이자율 패러독스' 참조).

2013년에는 '금융자산 몰수'라는 형태의 새로운 부채 탕감이 등장했다. 키프로스 고액 예금주에 대해 유로존이 '손실분담'hair cut을 요구한 것이다. 이렇게 되면 부실은행들의 부채 상환 의무는 상당 부분 일거에 면제된다. 금융억압이 채무를 '실질적'으로 탕감하는 간접적이고 은밀한 정책이라면, 금융몰수는 채무를 명목 그대로 탕감하는 직접적이고 노골적인 방식이다. 키프로스 정부, 더 나아가 트로이카 채권단(유럽연합, 유럽중앙은행, IMF)이 짊어져야 할 잠재부채도 그만큼 경감된다. 공적자금이 덜 들어가기 때문이다.

공리公利를 명분으로 한다는 점에서는 금융억압이나 금융몰수나 동일하다. 유럽연합은 이 조치가 키프로스의 특수한 상황을 반영한 일회적인 것으로 유로존 여타 국가에서는 적용되지 않을 것이라고 주장한다. 하지만 이는 위기의 전염을 막기 위한 수사일 뿐이었다. 이 일을 계기로 "은행예금도 몰수될 수 있다"는 전례가 만들어졌다.

그리고 새롭게 만들어지는 유로존의 '은행동맹' 시스템은 이러한 금융몰수를 핵심 원칙으로 삼으려 하고 있다. 부채 위기가 확산되고 심화될수록, 이를 방어하고 치유할 공적 재원이 부족해질수록, 부채 탕감의 방

식은 억압에서 몰수로 급진전하기 쉬울 것이다. 이런 상황에서 금융자산 보유자들의 선택은 더욱 좁혀진다. 몰수로부터 상대적으로 자유로운 실물자산인 기업(주식)을 매입하는 것이다.

'네오 뉴 노멀' 시대가 열리면, 금융몰수는 더욱 중요한 정책 수단이 될 수 있다. 그 대상은 미국 은행들이 연준에 예치해 둔 초과지급준비금이다. 2014년 2월 5일 기준 미국의 초과지급준비금은 2조 4500억 달러에 달한다. 2014년 말이면 이 돈이 3조 달러 수준으로 불어나게 된다. 이후 양적완화가 종료된다 하더라도 이 천문학적인 초과지급준비금은 은행시스템에 계속 남게 된다. 이 돈은 은행들이 대출 재원으로 언제든지 빼 쓸 수 있는 '유동성 팽창의 씨앗'이다.

만약 미국 경제와 인플레이션이 본격적으로 살아난다면 이 돈들은 본격적으로 승수효과를 일으키며 통화를 창출해 낼 것이다. 그렇게 되면 미국의 인플레이션은 고삐 풀린 듯이 날뛰게 될 것이다. 논

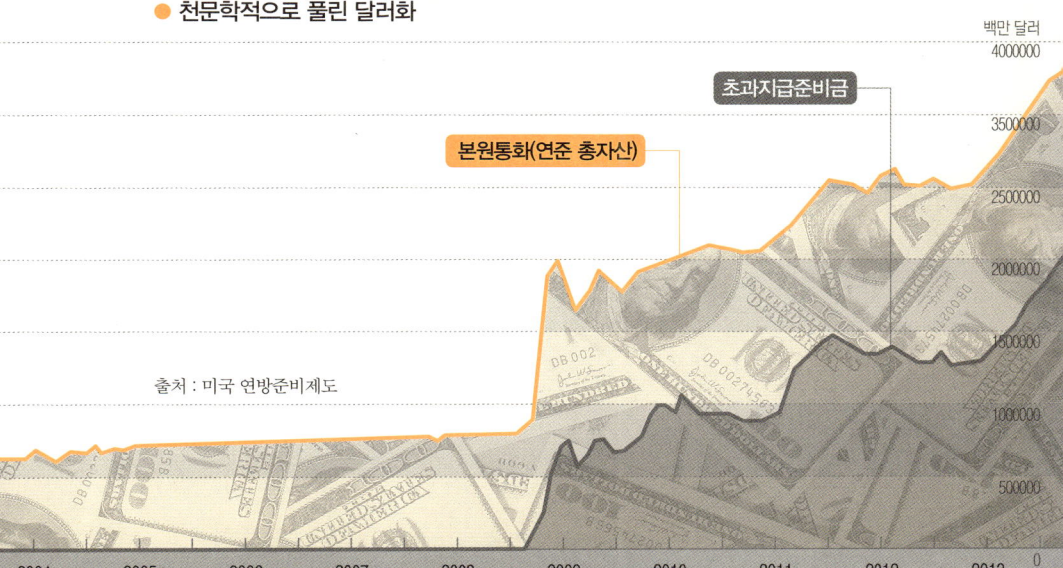

● 천문학적으로 풀린 달러화

출처 : 미국 연방준비제도

의가 분분한 연준 출구전략의 대상은 바로 이 돈이다. 네오 뉴 노멀의 시대에 이 돈이 대출로 풀리지 않도록 어떻게 묶어둘 것이냐가 출구전략의 핵심 이슈다.

연준에 맡겨진 초과지준은 은행들의 자산이자 연준의 부채다. 연준은 이 부채에 상응하는 자산(국채 및 모기지담보부채권)을 보유하고 있다. 부채를 줄이는 가장 확실한 방법은 자산을 매각하는 것이다. 하지만 이 경우 연준은 막대한 자본손실을 입게 된다. 1~2%대의 금리로 사들인 채권을 3~4%대 혹은 그 이상에서 팔아야 할 것이기 때문이다. 연준의 손실은 미국 납세자들의 손실과 동의어다. 연준이 들고 있는 수조 달러의 채권이 시장에 쏟아지면 금리는 급등할 것이다. 경제 상황을 반영하지 않는 훨씬 높은 수준으로 금리가 뛰면서 미국 경제를 질식시킬 것이다.

그래서 연준은 채권을 매각하는 대신 초과지준에 지급하는 이자율을 인상해서 돈을 묶어두는 방법을 강구 중이다. 그러나 이 금리가 은행들이 다른 곳에서 기대할 수 있는 이익에 미치지 못한다면 돈을 잡아둘 수 없을 것이다. 게다가 은행들이 초과지준을 빼내 대출자금을 내주더라도, 그 대출금은 은행예금으로 되돌아올 것이기 때문에 초과지준의 총량에는 변동이 없게 된다. 높아진 초과지준 이자율이 은행 대출 행위를 억제하는 기회비용으로 작용하기 어려운 것이다(100쪽 '유동성의 무한팽창 구조' 참조).

게다가 이 방법은 월가의 '탐욕스런' 은행가들에게 막대한 이자를 지급하는 '비민주적'이고 '불공정한' 행위라는 정치적 비난을 받을 소지가 크다. 3조 달러의 초과지준에 연 2.5%의 이자를 지급할 경우 납세자들이 부담할 돈은 한 해에만 750억 달러에 달한다. 초과지준 이자율을 5%로 인상한다면 연간 1500억 달러의 국민 세금이 은행의 수중으로 넘어간다. 그래서 연준 내부의 일부 매파 위원들은 연준이 정치적 비난을 우려해 초과지준 금리 인상에 소극적일 가능성이 있으며 이로 인해 인플레이션이 발생할 위험이 크다고 우려한다.

그렇다면 연준은 다른 선택을 할 수도 있다. 3조 달러의 '초과' 지급준비금을 '필요' 지급준비금으로 전환한다면 고민을 일거에 해결할 수 있다. 방법은 간단하다. 지급준비율을 대폭 인상하면 된다. 그러면 연준은 은행들에 이자를 줄 필요가 없다. 은행들은 이 돈으로 대출할 수도 없다. 그리 생소한 정책은 아니다. 중국은 수시로 이 정책을 쓰고 있고, 한국도 가끔 활용하고 있다. 정도의 차이가 있을 뿐이다. 은행으로서는 연간 750억 달러의 손실(초과지준 이자율 2.5% 기준)이 발생한다. 이 돈으로 수익이 더 높은 곳에 운용하지 못하는 것을 감안하면 실제 기회 손실 규모는 더욱 클 것이다.

하지만, 버냉키의 논리대로라면 공공의 이익은 결과적으로 은행에도 이익이다. 은행이 꼭 손실만 보는 것도 아니다. 지준율 인상이 아닌, 채권 매각이나 공격적인 금리 인상 방식의 정통 출구전략을 사용할 경우 은행들은 보유하고 있는 채권 가격 하락으로 훨씬 큰 손해를 볼 것이기 때문이다.

연준이 만약 금융몰수 방식(지준율 인상)의 출구전략을 사용한다면 미국의 시장금리는 덜 오르게 될 것이다. 지준율 인상으로 인한 은행들의 기회 손실은 예금자들에게 전가될 것이다. 시장금리 안정으로 과다 채무자의 부담이 완화되는 대신, 은행들의 비용 전가로 저축자에 대한 금융억압은 길어질 것이다.

　이는 자산가들의 선택 여지를 더욱 좁힐 것이다. 억압과 몰수로부터 상대적으로 자유로운 기업을 사는 것이다. 인플레이션으로 늘어난 비용을 고객에게 쉽게 전가할 수 있고, 잉여 현금이 많아서 채권 이상의 안전성을 갖춘 초국적 대기업의 주식이 쉼 없이 오르는 현상은 그래서 피할 수 없을 것이다. 그들의 이익이 쉼 없이 증가하는 현상이 불가피할 것이기 때문이다. 금융억압 시대의 증시 랠리가 '수익을 향한 몸부림'hunt for yield 이었다면, 금융몰수 시대의 증시 랠리는 '안전 자산으로의 도피'flight to safety 에 해당한다.

　그러나 이 선택이 마냥 안전한 것만은 아니다. 우량 대기업들이 보유한 잉여 현금을 노리는 게 헤지펀드들만이 아니기 때문이다. 공리 公利 라는 이름의 '레비아탄'leviathan 이 언제 어떤 형식으로든 이 돈을 탐낼 수 있음을 잊지 않는 게 좋다.

새로운 위기를 잉태한 화폐 실험들

크리스티나 로머 버클리대학 교수는 2011년 10월 버냉키 당시 연준 의장에게 보내는 편지 형식으로 「뉴욕타임즈」에 칼럼"Dear Ben: It's Time for Your Volcker Moment"을 썼다. 그녀는 1980년대 초 폴 볼커 의장의 공격적인 인플레이션 퇴치 업적을 언급하며 이번에는 버냉키 의장이 획기적인 실업 퇴치에 나서라고 촉구했다.

　로머 교수는 칼럼에서 "위기 이전의 명목GDP 추세를 회복하기 위해 연준이 무엇이든 하겠다do whatever it takes 고 약속해야 한다"고 말했다. 로머 교수는 "혁명"이 필요하다고 말했다. 2002년 버냉키 당시 이사가 "디플레이션을 퇴치하기 위해 무엇이든 하겠다"고 했던 것처럼, 그리고 2012년 7월 마리오 드라기 ECB 총재가 "유로존 사수를 위해 무엇이든 하겠다"고 다짐했던 것과 마찬가지의 대전환이다. 로머 교수는 특히 제로금리 문제에 봉착해 있는 상황에서는 '일시적으로' 인플레이션 기대심리를 끌어올리는 것이 필요하다고 주장했다. 물론 새로 연준을 이끌게 된 재닛 옐런도 그렇게 생각하고 있다(8장과 9장 참조).

볼커 의장 당시에는 가혹한 긴축정책에 분노한 농부들이 트랙터를 몰고 수도 워싱턴으로 몰려와 연준 본부를 에워싸고 시위를 벌였다. 로머 교수의 주장대로라면 이제는 연준이 인플레이션에 분노한 시위대를 맞을 각오를 해야 할 것이다.

그러나 로머 교수가 인용한 볼커 전 의장의 생각은 완전히 달랐다. 그는 2013년 5월 '뉴욕 이코노믹 클럽' 강연에서 이른바 "유연한" 물가목표제는 위험한 허상일 뿐이라고 지적했다. 유연한 물가목표제는 일시적으로 인플레이션을 허용해 경제 회복을 도모하는 것으로 이미 금융위기 이후 전 세계 중앙은행의 공통된 통화정책 전략으로 자리 잡은 정책이념이었다. 로머 교수는 여기에 더해 물가상승률뿐 아니라 '인플레이션 기대심리'까지 끌어올릴 것을 주장하고 있다. 그러나 볼커 전 의장은 "연준의 이중책무dual mandate에 관해서 얘기하는 게 요즘 유행이다. 통화정책이 완전고용과 물가안정 모두를 위해 사용돼야 한다는 것이다. 하지만 그게 유행이든 아니든 간에, 이런 이중책무라는 것은 혼란스러울 수밖에 없으며 결국에는 환상일 뿐이기도 하다"고 말했다.

볼커 전 의장은 그러면서 "연준이든 어떤 중앙은행이든, 그들이 제한된 능력으로 수행하기 어려운 일을 책임지도록 너무 많은 요구를 받아서는 안 된다. 중앙은행의 기본적인 책무는 통화가치의 안정이다"라고 역설했다. 그는 "중앙은행에 잘못된 재정정책을 지원하도록 하거나, 구조적인 불균형에 대응하도록 하거나, 물가안정과 성장과 고용을 동시에 충족시키도록 하는 등의 너무 많은 요구를 하게 되면 불가피하게 일이 어긋나게 된다"고 지적했다. 이렇게 하면 중앙은행이 가장 잘할 수 있는 물가안정이라는 책무를 소홀히 할 수밖에 없다는 것이다.

볼커는 "지금 약간의 인플레이션을 야기하는 것이 경제 주체들의 야성적 충동을 자극하고 투자를 부추기기 위해 좋은 일이라고 간주하는데, 이런 생각 안에는 중앙은행이 다른 경제적 목표를 달성하기 위해 인플레이션을 조작할 수 있다는 가정이 숨어 있다"고 말하고 "오늘 인플레이션을 높인 뒤에 나중에 다시 끌어내릴 수 있다고들 생각하지만, 인플레이션이라는 것은 아무리 신중하게 일으킨다고 하더라도 나중에는 통제하기도 되돌리기도 어렵다는 사실을 역사의 모든 경험이 보여주고 있다"고 역설했다. 그러면서 볼커 의장은 마지막 한 마디를 남겼다. "행운을 빌 뿐이다."

돌이켜보면, 2002년 버냉키의 "무엇이든 하겠다" 선언과 그에 이은 구로다의 "글로벌 리플레이션 공조" 주장, 그리고 2003년 그린스펀의 "디플레이션을 예방하기 위한 보험적 조치로서의 금융완화 정책"은 결국 2007~2008년 글로벌 금융위기의 씨앗이었다. 그렇다면 네오 뉴 노멀 시대를 열고자 하는 재닛 옐런 연준의 '최적의 통화정책'과 '명목GDP 타기팅', 일본의 아베노믹스와 구로다의 '양적·질적완화' 정책은 새로운 위기를 잉태하고 있는 위험한 실험일 수 있다. 정말 우리는 행운을 비는 것 말고는 달리 피할 방법이 없단 말인가.

경기 부양정책의 효과를 배가시키려면 야성적 충동을 자극하라!

'야성적 충동' animal spirits 이란 경제학자 존 메이너드 케인스가 자신의 저서 『고용, 이자 및 화폐에 관한 일반이론』에서 경제 불안정을 야기하는 인간 행위의 근원을 설명하기 위해 사용한 개념이다. 야성적 충동 이론은 인간이 반드시 합리적인 판단에 따라 행동하는 것은 아니라는 점을 강조하고 있다. 원문은 야성적 충동을 다음과 같이 설명하고 있다.

"경제 불안정은 투기적 행위뿐 아니라 인간 본성에 의해서도 발생한다. 그것이 도덕적인 것이든, 쾌락적인 것이든, 경제적인 것이든, 우리의 적극적인 행동은 많은 부분에서 산술적으로 계산된 기대심리보다는 자발적인 낙관에 의존하게 된다. 우리가 어떠한 적극적인 결정을 내릴 때 그에 따른 모든 결과는 여러 날에 걸쳐서 장기간 나타나게 되는데, 아마도 대부분의 경우 이는 오로지 야성적 충동의 결과라고 간주될 수 있을 것이다. 야성적 충동은 그냥 있기보다는 뭔가 하려는 자발적인 열망이다. 인간은 자신이 얻을 수 있는 효익을 수치화된 확률에 곱해서 측정하고 이를 숙고한 뒤에 어떠한 적극적인 행동을 하지는 않는다."

야성적 충동 이론은 현대 거시경제정책에서 '자신감'이란 이름으로도 사용된다. 경제 주체들이 공포에 휩싸이고 자신감을 상실한 상태에서는 정부의 경기 부양정책의 효과가 제한된다. 따라서 정부는 경제 주체들의 자신감, 야성적 충동을 회복시키는 정책도 동시에 수행할 필요가 있다. 앞서 설명했던 로머 교수의 '기대심리 변경' 정책과, 이를 위한 옐런 의장의 '커뮤니케이션 전략' 등은 모두 경제 주체들의 야성적 충동을 북돋아 경기 부양정책의 효과를 극대화하는데 목표를 두고 있다.

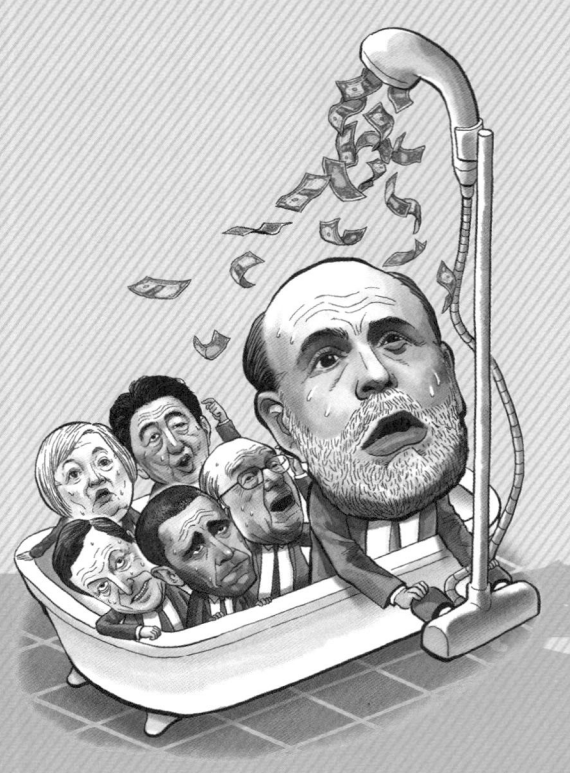

Epilogue

중앙은행의
무지無知가 불러올
의도하지 않은 결과

집필 작업이 얼추 마무리된 2014년 2월 13일, 영국의 중앙은행인 영란은행BOE은 향후 정책금리를 어떻게 운용해 나갈 것인지를 미리 알려주는 '포워드 가이던스'를 전면 개편했다. 영란은행이 애초에 발표했던 포워드 가이던스는 '실업률이 7.0%에 도달할 경우 금리 인상을 검토하겠다'는 내용을 담고 있었다. 그러나 '실업률 7.0%' 가이던스는 애초 예상했던 것보다 무려 2년여나 빨리 다가와 버렸고, 황급해진 영란은행은 완전히 새로운 내용의 가이던스를 발표하기에 이르렀다. 이 '소동'은 중앙은행의 경제 예측능력을 근본적으로 의심케 한 숱한 사례 중 하나일 뿐이다.

전면 개편된 포워드 가이던스에서 영란은행은 언제 금리를 인상할지 스스로도 확실치 않다고 토로했다. 대신 금리를 올리더라도 매우 점진적일 것이며, 금융위기 이전의 정상적이던 때보다 훨씬 낮은 수준까지만 인상할 것이라고 약속했다. 그러면서 영란은행은 "영국 경제에 존재하는 유휴자원을 2~3년 안에 완전히 종식하는 것을 통화부양정책의 목표로 삼겠다"고 밝혔다. 시한을 정해놓고 경제 규모를 특정 수준으로 끌어올리는 '명목GDP 레벨 타기팅'의 변형이었다. 그리고 영란은행은 "자산 가격 거품을 억제하기 위해 통화긴축 정책을 발동하는 것은 최후의 수단으로만 유보해 두겠다"고 스스로 손발을 묶었다.

영란은행의 통화정책 체제 변혁regime shift이 선포된 지 11일 뒤, 호주 시드니에서 열린 G20 재무장관 및 중앙은행 총재 회의가 역사적 합의를 도출했다. "향후 5년간 세계 총생산 규모를 기존 추세보다 2% 더 확대"하기로 한 것이다. '명목GDP 레벨 타기팅'은 이로써 세계 주요국들의 공통 목표가 되었다.

그리고 바로 다음날, 한국 정부는 3.7% 수준인 잠재성장률을 3년 내 4% 수준으로 끌어 올리고, 65% 수준인 고용률은 70%로 제고하며, 2만 5000달러 수준인 1인당 국민소득을 3만 4000달러 수준으로 높이는 목표를 담은 '경제혁신 3개년 계획'을 발표했다.

이어 3월 6일, 유럽중앙은행ECB은 인플레이션이 바닥을 치고 곧 반등하기 시작할 것임을 알리며 "앞으로는 중앙은행이 그냥 가만히 있기만 해도 실질금리가 계속 하락해 통화정책은 갈수록 더 부양적이 될 것"이라고 밝혔다.

지난 수년간 글로벌 금융시장은 주요국 중앙은행들이 추가적인 부양책을 동원할지에 촉각을 곤두세워왔다. 그러나 만약 주요국의 경기 회복세가 더욱 단단한 궤도에 진입하고, 실업률은 계속 떨어지고, 그래서 물가가 드디어 바닥을 치고 올라가기 시작하는 상황이라면, ECB의 말처럼 중앙은행이 긴축을 늦추는 것만으로도 과거의 '추가 부양책'과 똑같은 효과를 경제에 발현시킬 것이다.

중앙은행들은 그동안 수차례에 걸쳐서 "경기 회복세가 강화된 뒤에도 고도로 부양적인 통화정책은 상당기간 더 제공될 것"이라고 약속해 왔다. 이러한 정책 태도를 두고 일반적으로 '후행적 통화정책' behind the curve 이라고 부른다.

정상적인 시대에 중앙은행의 통화정책은 항상 선제적 pre-emptive 이어야만 하는 것으로 간주해 왔다. 통화정책이 실물경제에 완전히 파급되는 데에는 적어도 일 년 이상의 시차가 발생하기 때문이다. 따라서 정상적인 시대에 '후행적 통화정책'이란 용어는 늘 중앙은행을 비난할 때 사용됐으며, 이는 중앙은행에는 수치로 여겨졌다.

그러나 인플레이션을 갈구하는 오늘날의 중앙은행들은 이 용어를 공식적인 통화정책 전략으로 삼아 국민들에게 기회가 있을 때마다 역설하고 있다. 여기에는 커다란 메시지가 있다. "우리는 반드시 인플레이션을 일으킬 테니, 먼저 움직이는 경제 주체들은 큰돈을 벌 수 있을 것이다." 이러한 메시지를 전파하는 행위를 두고 오늘날의 중앙은행들은 '커뮤니케이션 전략'이라는 이름으로 포장했다.

스탠리 피셔 박사는 벤 버냉키 전 연준 의장의 멘토로 알려졌으며, 양적완화와 같은 비전통적이고 공격적인 통화부양정책의 이론적 배경을 제공한 인물로 꼽힌다. MIT대학 교수를 지낸 그는 금융위기 이후 주요국 중앙은행들을 주도해 온 'MIT 인맥'의 좌장 역할을 해왔다. 버냉키 의장 외에도, 마리오 드라기 ECB 총재와 머빈 킹 전 영란은행 총재, 로렌스 서머스 전 미국 재무장관(한때 버냉키 의장의 뒤를 이을 강력한 연준 의장 후보로 꼽혔었다), 올리비에 블랑샤르 IMF 수석 이코노미스트 등이 여기에 속한다. 그리고 그는 재닛 옐런을 도와 미국 중앙은행을 이끌어 갈 연준 부의장으로 지명됐다.

그러나 피셔 박사 역시도 중앙은행의 한계를 솔직히 인정한 때가 있었다. 2013년 9월, 그는 한 콘퍼런스에서 "포워드 가이던스 같은 발표는 시장을 혼란스럽게 할 수 있다. 연준이 앞으로 무엇을 할 것이라고 미리 말하는 데 대해서는 믿기가 어렵기 때문이다. 중앙은행조차도 앞으로 일 년 뒤에 무엇을 할 것인지에 대해 알 수가 없다"고 말했다. 연준 부의장으로 지명되기 석 달 전, 이스라엘 중앙은행 총재직에서 물러난 지 석 달 뒤에 한 말이다.

이 책을 통해 일관되게 설명했듯이 중앙은행들이 통화정책을 통해 '의도'하고 있는 목표는 인플레이션이다. 그리고 피셔 박사가 인정한 중앙은행의 무지無知는 앞으로 '의도하지 않은 결과들'unintended consequences을 양산할 가능성이 매우 높다는 것을 의미한다.

과학과 상식을 통해 우리는 갖가지 시나리오를 예측한다. 그리고 이 시나리오와 다른 현상이 발생할 가능성을 우리는 '위험'risk이라고 부른다. 그러나 이 위험은 어디까지나 과학과 상식의 영역 속에 존재하는 것이다.

만약 우리가 과학과 상식을 통해 수치로 그 가능성 또는 확률을 계량화할 수 없는 위험이 존재한다면, 우리는 이를 '불확실성'uncertainty이라고 부른다. 그러나 이 불확실성 역시도 우리의 인지 영역 속에 존재한다. 우리는 '불확실성'이란 이름을 통해 '우리가 알지 못한다는 사실을 알고'known unknown 있기 때문이다.

만약 우리가 '알지 못한다는 사실을 알지 못한다'unknown unknown면, 우리는 지금 '무지'無知, unawareness의 상태에 노출돼 있다고 할 수 있다. 이는 광의의 위험 가운데 가장 위험한 것이다. 주기적으로 반복돼 온, 정부와 중앙은행에 의해 더욱 증폭돼 때때로 파멸적인 결과를 낳은 공황과 대불황은 바로 이 '무지'의 결과다.

우리는 어떠한 위험을 계량화할 수 있다거나, 혹은 계량화할 수 없는 불확실성일지라도 대응은 할 수 있다고 스스로 믿는다. 그러나 이 확신이 강하면 강할수록 무지의 위험은 더욱 커진다. 그 인지하지 못했던 불확실성이 낳을 파괴적 충격은 극대화된다. 이것이 바로 지금 중앙은행들이 수행하고 있는 전대미문의 통화정책 실험이 안고 있는 위험의 본질이다.

1971년 8월 15일, 리처드 닉슨 당시 미국 대통령의 담화가 텔레비전 화면을 통해 전 세계에 전달됐다. "국제 투기꾼들로부터 노동자와 투자자, 달러화와 세계 통화를 보호하기 위해 금태환金兌換을 중지한다." 그 순간부터 달러화는 더 이상 금으로 보증되지 않는 화폐가 됐다. 미국의 중앙은행이 국민 복지 증진을 명목으로 10년간 통화량을 다섯 배나 늘린 결과였다. 공식적으로 고삐가 풀린 달러화는 더욱 맹렬히 팽창했다. 스태그플레이션을 일으켰으며 두 차례의 석유파동을 야기했다. 그리고 이는 1980년을 전후로 한 폭력적인 금리 인상으로 귀결됐으며, 달러화의 초강세를 야기했다. 그리고 이는 결국 '플라자 합의'라는 인위적인 달러화 평가절하로 이어졌다. 그리고 이 합의는 일본의 '잃어버린 20년'의 원인이 됐으며, 이는 다시 '아베노믹스'라는 극히 위험한 화폐 실험의 뿌리가 됐다.

새롭게 세계 경제 대통령의 자리에 앉은 재닛 옐런 미국 연준 의장은 완전고용과 물가안정을 서로 독립된 것으로 간주해 편의에 따라 선택할 수 있는 것이라고 20년 전부터 주장해 왔다. 완전고용을 위해서는 일시적으로 인플레이션을 감수할 수 있으며, 실업 문제를 해소한 뒤에는 얼마든지 다시 물가안정을 꾀할 수 있다는 자신감은 오늘날 연준의 공식적인 통화정책 전략이 됐다.

그러나 옐런의 주장과 달리 우리는 고실업이 정부가 일으킨 인플레이션의 결과였음을 수없이 목격해 왔다. 2008년 미국 금융위기와 남유럽 경제의 추락, 2000년의 닷컴버블 붕괴, 1997년 한국의 외환위기 등은 가장 가까운 예가 될 것이다.

1970년대의 스태그플레이션을 겪은 이후로 전 세계 중앙은행들은 '물가안정'을 공통의 목표로 삼아 왔었다. 하지만 여기서 말하는 물가^{price}가 화폐를 제외한 모든 것의 가격을 의미하지는 않았다. 중앙은행들은 물가를 '소비자물가지수'라는 지극히 협소한 개념으로 국한한 채 자신들의 목표를 고정해 왔다. 이는 '화폐 장난'$^{money\ mischief}$의 토양이자 불행의 씨앗이 돼 왔다.

　외환위기 이전까지만 해도 한국은행의 1층 로비 높은 곳에는 '통화가치의 안정'이라는 현판이 붙어 있었다. 그러나 당시 한국의 통화가치는 안정되지 못했다. 원화가치는 수년간 인위적으로 부풀려졌다. 원화 가격의 인플레이션은 심각한 과잉과 불균형을 낳았고 경제를 붕괴시켰다.

　그러나 이후 한국은행의 목표는 '소비자물가 안정'으로 더욱 협소해졌다. 한국은행의 목표에는 '금융안정'이 추가됐으나, 이것이 무엇을 시사하는 것인지는 불분명하다. 오늘날 물가안정이 인플레이션 유발을 의미하는 것처럼, 금융안정은 집값과 전셋값과 주식가격의 인플레이션을 가리킬 수도 있기 때문이다.

　중앙은행의 통화정책은 국민들의 투표로 선출되지 않은 소수의 위원에 의해 운영된다. 그들은 의회보다 훨씬 간소한 절차를 통해 의회의 재정정책보다 훨씬 강력한 권력을 행사한다. 그럼에도 불구하고 그들의 책임은 매우 좁게 한정됐으며, 그조차도 제대로 규제되지 않고 있다.

　우리는 중앙은행을 전적으로 신뢰해서는 안 된다. 중앙은행에 전적으로 의존해서도 곤란하다. 우리가 지금의 중앙은행에 대해 믿을 수 있는 것은, 디플레이션 압력이 커질수록 인플레이션 정책을 쓰려고 매달릴 것이며, 인플레이션 압력이 커질수록 디플레이션의 수도꼭지를 열어젖힐 것이라는 점이다.

옐런이 과거에 말했듯이 금융위기 이후 중앙은행들의 맹렬한 화폐발행정책은 인도적인 결과를 낳은 측면이 있다. 그들의 노력이 없었다면 지금보다 훨씬 많은 서민이 실업의 고통 속에 남아 있었을 수 있다. 그러나 이것이 그들의 정책을 정당화하지는 않는다. 그들은 단지 애초에 잘못 끼워진 단추를 계속 그대로 채워나가고 있을 뿐이다. 그러니 '인도적' 정책은 결국 '비인도적' 상황을 잉태하게 된다.

2008년 금융위기와 그 이후의 사례들은 지속 가능한 경제 번영과 공정하고 효율적인 자원 배분을 위해서 우리는 무엇을 해야만 하고 무엇을 하지 말아야 할 것인지를 잘 보여주었다. 우리는 잘못 끼웠던 단추를 다시 풀어 새롭게 채워나가야 한다. 그것은 단순히 '샤워실의 바보'를 규제하는 것과는 완전히 다른 차원의 거대한 작업일 것이다.

Appendix

지상 중계
무제한 양적완화를 예고한
벤 버냉키의 잭슨홀 연설
(원문, 번역문, 해설, 용어풀이 수록)

미국 연방준비제도 의장과 이사들의 연설문은 한 편의 경제논문이라고 할 수 있을 정도로 체계적인 이론 구조와 실증 논거를 담고 있다. 이들의 연설은 또한 조만간 정책 결정이 있을 것임을 은밀히 시사하기도 한다. 그런 점에서 연준 이사들의 연설문은 경제이론과 시사상식, 영어 등 세 가지 공부를 동시에 할 수 있는 뛰어난 교재라고도 할 수 있다. 이들 연설문을 꾸준히 익히면 외신 기사를 통해 해외 경제 정보를 직접 취득하는 능력을 배양할 수 있을 것이다.

연설문은 연준 홈페이지(http://www.federalreserve.gov)의 [News and Event] 섹션의 'Testimony and Speeches' 항목에서 쉽게 구할 수 있다. 1996년 이후의 자료들이 등록돼 있다.

다음은 2012년 8월 31일 벤 버냉키 당시 미국 연방준비제도 의장이 미국 와이오밍주 잭슨홀 경제 심포지엄에서 연설한 「금융위기 이후의 통화정책 Monetary Policy since the Onset of the Crisis」의 주요 내용 원문과 번역 및 해설이다. 잭슨홀 경제 심포지엄은 캔자스시티 연준이 매년 8월 말에 개최하는 국제 포럼으로, 역대 연준 의장들은 이곳에서의 연설을 중대한 정책 도입을 미리 알리는 기회로 활용했다.

2012년 당시 버냉키 의장의 연설은 연준이 시행해 온 양적완화정책의 정당성을 강조하는 데 주력하고 있다. 양적완화가 어떠한 경로를 자극해 경기를 부양하는 효과를 내는지, 그리고 그에 수반되는 부작용을 어떻게 관리할 수 있는지를 설명하는데 초점이 맞춰져 있었다. 이는 약 보름 뒤 연준의 제3차 양적완화 결정을 예고한 역사적 연설이기도 했다. 이 연설을 통해 우리는 연준이 주요 정책 결정을 내리기 전 어떠한 언어言語를 이용해 시장에 언질을 주는지를 파악할 수 있다.

원문 **Large-scale asset purchases** can influence **financial conditions** and the broader economy through other channels as well. For instance, they can signal that the central bank intends to pursue a persistently more **accommodative** policy stance than previously thought, thereby lowering investors' expectations for the future path of the federal funds rate and putting additional downward pressure on long-term interest rates, particularly in real terms. Such signaling can also increase household and business confidence by helping to diminish concerns about "tail" risks such as deflation. During stressful periods, asset purchases may also improve the functioning of financial markets, thereby easing credit conditions in some sectors.

번역 대규모의 자산매입정책(국채나 주택담보대출 채권 매입과 같은 양적완화 정책을 의미)은 다른 경로를 통해서도 금융환경과 광범위한 경제에 영향을 미칠 수 있다. 예를 들어 대규모 자산매입정책은 중앙은행이 애초 생각했던 것보다 더 부양적인 정책을 지속해서 추구하려고 한다는 신호를 (시장에) 줄 수 있다. 이는 투자자들의 미래 연방기금금리 전망치를 낮추고, 장기금리, 특히 실질 장기금리에 추가적인 하락 압력을 가하게 된다. 이 같은 신호는 또한 디플레이션과 같은 테일 리스크$^{tail\ risk}$(확률은 아주 낮지만 현실화될 경우 큰 충격을 줄 수 있는 위험) 우려감을 낮춰줌으로써 가계와 기업의 (경제에 대한) 자신감을 향상시킬 수 있다. 경제가 심각한 상황에서 벌이는 대규모 자산매입정책은 금융시장의 기능을 개선하고 이를 통해 일부 부문의 신용 조건을 완화하게 된다.

해설 이 대목은 장기금리를 인하하고 유동성을 확대하는 양적완화의 직접적인 효과뿐 아니라 심리에 미치는 간접적인 효과를 강조하고 있다. 경제에 대한 민간의 신뢰가 높아지면 소비와 투자 활동이 활발해지는데, 이는 가계와 기업의 소득을 증대시켜 추가적인 소비와 투자를 이끌게 된다. 이를 두고 '자신감의 승수효과'라고도 부른다.

용어
- Large-scale asset purchase(LSAP) : 대규모 자산 매입. 양적완화를 의미하는 연준의 공식 용어다. 국채와 모기지증권 등을 주로 매입하기 때문에 '증권 매입'securities purchase이라고도 표현한다.
- financial conditions : 금융환경. 금융환경을 구성하는 요소로는 금리, 환율, 주가, 장단기금리차, 국채와 회사채 간의 금리차, 유동성 수준 등 매우 다양하다. 미국의 시카고, 세인트루이스, 클리블랜드 연준 등은 각각의 기법에 따라 측정한 미국의 금융환경지수financial conditions index를 공표하고 있다.
- accommodative : '편의를 제공한다'는 의미의 형용사인데, 통화정책에서는 통상 '완화적인' 또는 '경기 부양적인' 정책 기조를 말할 때 이 단어를 사용한다.

원문 Three studies considering the cumulative influence of all the Federal Reserve's asset purchases found total effects between 80 and 120 basis points on the 10-year Treasury yield. LSAPs also appear to have boosted stock prices, presumably both by lowering discount rates and by improving the economic outlook; it is probably not a coincidence that the sustained recovery in U.S. equity prices began in March 2009, shortly after the FOMC's decision to greatly expand securities purchases. This effect is potentially important because stock values affect both consumption and investment decisions.

번역 연준의 자산매입정책의 효과에 관한 세 가지 연구결과에 따르면, 두 차례의 양적완화는 미국 국채 10년물 수익률을 총 80~120bp 하락시키는 효과를 불러왔다.
대규모의 자산매입정책은 또한 (주식가치평가에 적용하는) 할인율을 하락시키고 경제 전망을 개선함으로써 주식가격도 부양한 것으로 보인다. 연준이 채권 매입 규모를 대폭 확대하기로 한 직후인 2009년 3월부터 지속적으로 주가가 회복된 것은 결코 우연이 아닐 것이다. 이 효과는 잠재적인 중요성을 갖는데, 주식의 가치는 소비와 투자 결정에 영향을 미치기 때문이다.

해설 이 대목은 양적완화가 장기금리를 인하할 뿐 아니라 주식가격을 부양하는 효과를 내기도 한다는 점을 역설하고 있다. 즉, 주식가격의 부양은 양적완화의 핵심 목표 중 하나임을 밝힌 것이다. 통화부양정책은 다양한 경로를 통해 실물경제를 진작시킨다. 버냉키가 이 대목에서 강조한 것은 이른바 '통화정책의 자산 가격 경로'이다. 주가를 부양하면 소비와 투자가 살아나는 이른바 부의 효과 wealth effect 가 발생한다는 가설에 근거하고 있다. 그러나 금융위기 이후의 주가 급등세가 실제로 소비를 얼마나 진작시켰는지는 불분명하다. 이 책 본문에서 분석했듯이 주가 급등세는 적어도 기업의 투자를 자극하는 것은 실패했다.

원문 Model simulations conducted at the Federal Reserve generally find that the securities purchase programs have provided significant help for the economy. For example, a study using the Board's FRB/US model of the economy found that, as of 2012, the first two rounds of LSAPs may have raised the ==level of output== by almost 3 percent and increased private payroll employment by more than 2 million jobs, relative to what otherwise would have occurred.

To be sure, these estimates of the macroeconomic effects of LSAPs should be treated with caution. Overall, however, a balanced reading of the evidence supports the conclusion that central bank securities purchases have provided meaningful support to the economic recovery while mitigating deflationary risks.

In light of the evidence I discussed, it appears reasonable to conclude that nontraditional policy tools have been and can continue to be effective in providing financial accommodation, though we are less certain about the magnitude and persistence of these effects than we are about those of more-traditional policies.

번역 연준에서 시행한 모델 시뮬레이션에 따르면, 채권 매입 프로그램 (1, 2차 양적완화)은 경제에 상당한 도움을 제공한 것으로 나타났다. 두 차례의 대규모 자산매입정책은 그 정책들을 시행하지 않았을 때보다 미국의 산출 수준을 거의 3% 증대시켰으며, 민간 고용을 200만 개 이상 늘렸다.

물론 대규모 자산매입정책 효과에 대한 이러한 측정은 주의해서 다뤄져야 한다. 하지만 제반 증거들을 균형 있게 해석해 보더라도 중앙은행의 채권 매입은 디플레이션 위험을 경감시키고 한편으로 경제 회복에 유의미한 지원을 제공했다는 결론이 도출된다.

전통적인 정책에 비해서는 효과와 지속 가능성을 확실하게 측정하기 어렵다고 하더라도, 앞서 말한 증거들에 비춰볼 때, 비전통적인 통화정책 수단들은 그동안에도 그러했고 앞으로도 금융완화를 제공하는데 효과적일 것이라는 결론을 내리는 게 합당하다.

용어

- level of output : 산출량의 수준. 산출량이란 주로 국내총생산^{GDP}을 의미한다. 버냉키는 양적완화의 부양 효과에 힘입어 경제활동이 활발해지고 물가 상승세가 유지됨으로써 미국 내 총생산 규모가 더욱 빠르게

증가했음을 역설하고 있다.
- nontraditional policy : 비전통적 통화정책. 금리를 인상하거나 인하하는 전통적인 통화정책에 대비되는 개념이다. 금융위기 직후 연준은 정책금리인 연방기금금리 목표치를 0~0.25% 수준까지 인하했다. 더 이상 금리를 인하할 수 없는 하한선$^{\text{zero lower bound}}$에 도달한 것이다. 따라서 이때부터 연준은 채권을 매입해 장기금리를 직접 인하하는 한편, 금리를 장기간 인상하지 않을 것임을 약속하는 포워드 가이던스 정책을 사용했다. 양적완화와 포워드 가이던스는 중앙은행들이 시행해 온 대표적인 비전통적 통화정책 수단들이다.

원문

I will focus now on the potential costs of LSAPs.

One possible cost of conducting additional LSAPs is that these operations could impair the functioning of securities markets. Conceivably, if the Federal Reserve became too dominant a buyer in certain segments of these markets, trading among private agents could dry up, degrading liquidity and price discovery. As the global financial system depends on deep and liquid markets for U.S. Treasury securities, significant impairment of those markets would be costly, and, in particular, could impede the transmission of monetary policy. For example, market disruptions could lead to higher liquidity premiums on Treasury securities, which would run counter to the policy goal of reducing Treasury yields. However, although market capacity could ultimately become an issue, to this point we have seen few if any problems in the markets for Treasury or agency securities, private-sector holdings of securities remain large, and trading among private market participants remains robust.

번역 그러면 대규모 자산매입정책에 수반되는 잠재적인 비용을 논해 보자. 첫째, 대규모 자산매입정책이 채권시장의 기능을 저해할 수 있다. 만약 연준의 매수세가 채권시장 특정 부분에서 지나치게 지배적일 경우 민간의 거래가 위축되고 유동성과 가격 발견 기능을 떨어뜨릴 수 있다. 글로벌 금융시스템은 깊고 유동성이 높은 미국 국채시장에 의존하고 있기 때문에 이 시장에서 발생하는 상당한 장애는 부작용을 일으킬 수 있으며 특히 통화정책의 파급을 저해할 수 있다. 예를 들어 시장 왜곡은 미국 국채에 대한 유동성 프리미엄을 높일 수 있다. 이는 국채 수익률을 낮추려는 정책 목표에 반하게 된다. 하지만 비록 시장의 수용력이 궁극적인 이슈가 될 수는 있다 하더라도, 그동안 우리는 국채와 기관채 시장에서 거의 문제를 발견하지 못했다. 민간은 여전히 대규모의 채권을 보유하고 있으며, 민간시장 참여자들의 채권 거래도 여전히 왕성하다.

해설 미국 국채시장에 전 세계의 자금이 몰려드는 이유는 크게 두 가지이다. ① 미국의 달러화가 제3국들 간의 교역에도 광범위하게 사용하는 기축통화(또는 준비통화)이기 때문이다. 따라서 많은 나라는 안정적인 무역거래와 외환시장 운영을 위해 일정 수준의 달러화를 항상 보유하려고 한다. 그리고 그 달러화의 상당 부분은 미국 국채에 투자된다. ② 기축통화를 미국 국채로 보유하려는 것은 미국 국채시장이 고도로 발달했기 때문이다. 버냉키가 말했듯이 미국 국채시장은 유동성이 매우 풍부하다. 유동성이 풍부하다는 말은 사고팔고자 하는 사람이 많아 거래가 매우 활발하며, 따라서 가격의 왜곡이 적으며, 언제라도 사고팔고자 할 때 적정한 가격에 거래할 수 있다는 것을 의미한다.

그런데 만약 연준이 유통 국채를 과도하게 매입하면 거래될 수 있는 국채의 양은 극히 제한될 수밖에 없다. 이는 가격 왜곡과 거래 위축의 상승작용을 일으키며 시장을 악화시킨다. 언제든지 적정한 가격에 거래할 수 없는 채권은 매력이 떨어진다. 따라서 금리가 올라가게 된다. 이로 인해 발생한 금리 상승분을 '유동성 프리미엄'이라고 한다. 이 경우 미국은 외국인에게 더 높은 이자율로 돈을 빌릴 수밖에 없다. 버냉키 의장이 언급했듯이 이는 양적완화정책에 내포된 잠재적인 부작용이다.

> **원문** A second potential cost of additional securities purchases is that substantial further expansions of the balance sheet could reduce public confidence in the Fed's ability to exit smoothly from its accommodative policies at the appropriate time. It is noteworthy, however, that the expansion of the balance sheet to date has not materially affected inflation expectations, likely in part because of the great emphasis the Federal Reserve has placed on developing tools to ensure that we can normalize monetary policy when appropriate, even if our securities holdings remain large. In

particular, the FOMC will be able to put upward pressure on short-term interest rates by raising the interest rate it pays banks for reserves they hold at the Fed. Upward pressure on rates can also be achieved by using reserve-draining tools or by selling securities from the Federal Reserve's portfolio, thus reversing the effects achieved by LSAPs. The FOMC has spent considerable effort planning and testing our exit strategy and will act decisively to execute it at the appropriate time.

번역 둘째, 연준이 대차대조표를 추가로 대거 확대하는 경우 '연준이 나중에 적절한 시기가 되면 부드럽게 부양정책에서 빠져나오는 출구전략을 수행할 수 있을 것'이라는 대중의 신뢰를 저해할 수 있다. 하지만 연준의 대차대조표 확대정책에도 불구하고 지금까지 인플레이션 기대심리가 형성되지 않았다는 사실을 주목할 필요가 있다. 비록 연준의 대차대조표가 계속 대규모로 유지되더라도 향후 적절한 때에 통화정책을 정상화할 수 있는 수단들을 개발하고 있다는 사실을 연준이 (시장에) 중점적으로 강조해 온 결과다. 특히 연준은 지급준비 예치금에 지급하는 이자율을 인상함으로써 단기 시장금리에 상승 압력을 가할 수 있으며, 보유 채권을 매각해 지급준비금을 줄여나가는 정책을 통해서도 기존 양적완화 효과와 정반대로 금리에 상승 압력을 가할 수 있다. FOMC는 출구전략을 수립하고 실험하는데 상당한 노력을 기울여 왔으며, 적절한 때가 되면 단호하게 실행에 나설 것이다.

용어

- balance sheet : 대차대조표. 연준의 양적완화는 화폐를 발행해 채권을 매입하는 정책이다. 이 경우 연준의 부채에 해당하는 은행 지급준비금과 연준의 자산에 해당하는 채권 보유액이 함께 증가한다. 이런 이유로 양적완화정책을 '대차대조표 확대 정책'이라고도 부른다.

원문 A third cost to be weighed is that of risks to financial stability. For example, some observers have raised concerns that, by driving longer-term yields lower, nontraditional policies could induce an imprudent reach for yield by some investors and thereby threaten financial stability. Of course, one objective of both traditional and nontraditional policy during recoveries is to promote a return to productive risk-taking. Moreover, a stronger recovery is itself clearly helpful for financial stability. In assessing this risk, it is important to note that the Federal Reserve has substantially expanded its monitoring of the financial system and modified its supervisory approach to take a more systemic perspective. We have seen little evidence thus far of unsafe buildups of risk or leverage.

번역 셋째, 대규모 자산 매입은 금융안정을 저해할 수 있다. 예를 들어 일부에서는 연준이 장기금리를 낮게 몰고 감으로써 일부 투자자의 불건전한 수익yield 추구를 유도해 금융안정을 위협할 수 있다고 우려한다. 당연히 전통적이든 비전통적이든 경제회복정책은 생산적인 위험 감수 태도를 촉진하려는 목적이 있다. 게다가 강한 경제 회복은 그 자체로 금융 안정에 도움이 되는 게 분명하다. 이 위험을 따질 때에는 연준이 금융시스템에 대한 모니터링을 대폭 강화했다는 사실을 함께 감안하는 게 중요하다. 연준의 금융감독도 더욱 시스템적인 측면을 강조하는 쪽으로 개선됐다. 지금까지 우리는 위험과 레버리지가 불안전하게 축적되는 증거를 거의 발견하지 못했다.

용어
- reach for yield : 수익률을 높이기 위해 행하는 투자자들의 다양한 위험 감수 행위를 말한다. 연준의 양적완화정책은 장기 시장금리를 인하함으로써 국채 투자자들의 수익률 yield 을 떨어뜨린다. 따라서 국채 투자자들은 더 높은 수익률을 얻기 위해 주식, 회사채, 정크본드, 임대주택 등 다양한 수익 자산을 사들이게 된다.
이 책에서는 이 같은 움직임들을 '수익률 사냥' hunt for yield 이라고도 표현했다. 버냉키 의장은 이 대목에서 'reach for yield'가 양적완화정책의 핵심 목표 중 하나라는 점을 분명히 밝히고 있다. 'reach for yield'가 반드시 나쁜 것만은 아니며, 오히려 경기를 부양하는 바람직한 효과를 낳는다는 이유에서다. 버냉키 의장은 '불건전한 수익률 추구행위' imprudent reach for yield 는 나쁜 것이라고 보고 있으나, 건전성을 따지는 기준은 객관적으로 존재하지 않는다. 오로지 연준의 재량적 판단에 달려 있을 뿐이다.
- productive risk-taking : 생산적인 위험 감수. 경제 주체들의 자신감

이 지나치게 저하된 경우에는 어떠한 위험도 감수하지 않으려는 태도들이 나타난다. 과도한 안전 추구는 소비와 투자를 극도로 위축시키며 경제를 과도하게 침체시킨다. 이러한 환경에서 양적완화는 돈을 빌리는 비용을 이례적으로 낮게 떨어뜨림으로써 경제 주체들의 위험 감수 행위를 정상적인 수준으로 끌어 올리는 역할을 한다는 게 버냉키의 주장이다. 이렇게 해서 복원된 위험 감수 태도는 경제에 생산적인 역할을 한다. 그러나 부양이 과도해지고 위험 감수 행위가 지나치게 되면 '불건전한 수익률 추구행위'가 발생하게 된다.

원문 A fourth potential cost of balance sheet policies is the possibility that the Federal Reserve could incur financial losses should interest rates rise to an unexpected extent. Extensive analyses suggest that, from a purely fiscal perspective, the odds are strong that the Fed's asset purchases will make money for the taxpayers, reducing the federal deficit and debt. And, of course, to the extent that monetary policy helps strengthen the economy and raise incomes, the benefits for the U.S. fiscal position would be substantial. In any case, this purely fiscal perspective is too narrow: Because Americans are workers and consumers as well as taxpayers, monetary policy can achieve the most for the country by focusing generally on improving economic performance rather than narrowly on possible gains or losses on the Federal Reserve's balance sheet.

번역 넷째, 향후 금리가 상승할 때 연준이 예상치 못했던 규모의 손실을 볼 수 있다는 점도 잠재비용으로 꼽힌다. 광범위한 분석 결과에 따르면, 순수하게 재무적인 측면에서만 놓고 볼 때 연준의 자산 매입은 납세자들에게 돈을 벌어 줄 것이며, 이는 연방정부의 적자와 부채를 줄여줄 가능성이 매우 높다. 아울러 통화정책이 경제를 회복시키고 소득을 증대시킴에 따라 미국의 재정에 미치는 이익은 상당할 것이다. 어쨌든 간에 이렇게 재무적인 관점에서만 바라보는 시각은 너무 협소하다. 국민은 납세자인 동시에 일하는 사람이고 소비자이기 때문이다. 따라서 통화정책의 초점을 연준의 재무제표에 미치는 손익에 편협하게 맞추기보다는 경제 활동을 개선하는 쪽으로 폭넓게 바꿀 때에만 국가에 최선의 결과를 얻을 수 있다.

해설 중앙은행의 자산매입정책은 이자가 없는 화폐를 발행해서 이자를 버는 채권을 사들이는 정책이다. 즉 비용은 거의 없이 수익(세뇨리지 : 주조차익)만 나는 행위이다. 실제 연준은 1, 2차 양적완화를 통해 사들인 대규모의 채권에서 막대한 이익을 냈으며, 이 가운데 상당액은 연방정부에 납부해 연방 재정 개선에 큰 역할을 했다.
연준은 향후 채권을 다시 매각하고 통화를 환수하는 출구전략에 나서야 하며, 이 경우 수급 악화로 인해 채권금리가 상승(채권 가격 하락)하게 되면 연준은 큰 손실을 볼 수밖에 없다. 그러나 버냉키는 앞서 연방정부에 미리 납부해 놓은 주조차익을 감안하면 그 손실을 무시할 수 있다는 점을 우회적으로 밝히고 있다. 연준은 특히 채권 매각에 따르는 손실이 발생하더라도 회계상으로는 적자를 내지 않도록 하는 장치를 마련해 두었는데, 당시 버냉키 의장은 이 부분에 대해서는 말하지 않았다. 편법 논란을 불러일으킬 필요가 없다고 봤을 것이다.

원문 In sum, both the benefits and costs of nontraditional monetary policies are uncertain; in all likelihood, they will also vary over time, depending on factors such as the state of the economy and financial markets and the extent of prior Federal Reserve asset purchases. Moreover, nontraditional policies have potential costs that may be less relevant for traditional policies. For these reasons, the hurdle for using nontraditional policies should be higher than for traditional policies. At the same time, the costs of nontraditional policies, when considered carefully, appear manageable, implying that we should not rule out the further use of such policies if economic conditions warrant.

번역 종합해 볼 때, 비전통적 통화정책의 비용과 효익은 분명하지 않다. 그것은 때에 따라서 바뀔 수 있다. 경제나 금융시장의 상황이라든가, 앞서서 연준이 행한 자산 매입의 규모 등에 따라 달라질 것이다. 게다가 비전통적 통화정책은 전통적 통화정책에는 없었던 비용이 잠재돼 있다. 따라서 비전통적 정책을 사용하는 데 대한 기준은 전통적 통화정책보다 까다로워야 할 것이다. 동시에, 신중하게 접근할 경우 비전통적 통화정책의 비용은 관리 가능해 보인다. 이는 곧, 타당한 경제 조건이 조성됐을 경우에는 그러한 정책을 추가로 더 사용하는 것을 배제해서는 안 된다는 것을 의미한다.

해설 버냉키 의장의 연설 다음 달 FOMC는 제3차 양적완화를 결정했다. 당시 FOMC는 제3차 양적완화의 목표를 "고용시장 전망의 상당한 회복"으로 설정했다. 다만 매달 시행하는 양적완화의 규모는 그 정책의 비용과 효익을 꼼꼼히 따져 조절하기로 했다. 버냉키 의장이 이날 연설에서 양적완화의 비용과 효익을 설명하는데 상당한 시간을 할애한 것은 양적완화에 수반되는 이익이 비용에 비해 크다는 점을 역설하기 위한 것이었다. 이를 통해 버냉키 의장은 연준 내부의 양적완화 반대론자들뿐 아니라 양적완화에 대해 비판적인 정치권 및 국민 여론을 설득하고 있는 것이다.

원문 Notwithstanding these positive signs, the economic situation is obviously far from satisfactory. The unemployment rate remains more than 2 percentage points above what most FOMC participants see as its longer-run normal value, and other indicators--such as the labor force participation rate and the number of people working part time for economic reasons--confirm that labor force utilization remains at very low levels. Further, the rate of improvement in the labor market has been painfully slow. I have noted on other occasions that the declines in unemployment we have seen would likely continue only if economic growth picked up to a rate above its longer-term trend. In fact, growth in recent quarters has been tepid, and so, not surprisingly, we have seen no net improvement in the unemployment rate since January. Unless the economy begins to grow more quickly than it has recently, the unemployment rate is likely to remain far above levels consistent with maximum employment for some time.

<u>번역</u> 긍정적인 신호들에도 불구하고, 경제 상황은 만족스러운 것과는 명백히 거리가 멀다. 실업률은 장기적인 정상수준을 2%포인트 이상 웃돌고 있고, 경제 활동 참가율이라든가 비자발적 파트타임 취업자 수 등을 보더라도 노동력의 활용도는 매우 낮은 수준에 머물러 있다. 게다가 고용시장의 개선 속도는 고통스러울 정도로 더디다. 전에 나는 '앞으로 경제 성장세가 장기 추세 속도보다 더 빨라져야만 그동안 우리가 봐왔던 실업의 감소세가 지속할 수 있다'는 점을 언급한 적이 있다. 사실 최근 여러 분기 동안 성장은 미적지근했으며, 놀라울 것도 없었으며, 지난 1월 이후 실업률은 실질적으로 개선되지 않았다. 만약 경제가 지금까지 보여왔던 것보다 더 빠른 속도로 성장하지 않는다면, 얼마 동안 실업률은 완전고용 수준보다 훨씬 높은 상태에 머물러 있을 것이다.

<u>해설</u> 당시 미국의 국내총생산은 미국 경제가 완전가동됐을 때에 산출할 수 있는 수준(잠재GDP)에 못 미치고 있었다. 만약 미국의 경제성장률이 잠재성장률과 같은 수준 또는 그보다 낮은 수준으로 성장하는데 머문다

면 미국 경제는 영원히 잠재수준에 도달하지 못하게 된다. 이 경우 실업률도 완전고용 수준으로 떨어지지 못하게 될 것이다. 따라서 GDP가 잠재수준으로까지 높아지고 그래서 완전고용을 달성하기 위해서는 경제성장 속도가 일정 기간에 잠재성장률보다 높아져야 한다. 이 같은 고속성장을 버냉키 의장은 '탈출 속도'escape velocity라고 불렀다.

버냉키 의장의 "성장 가속론"은 같은 해 3월 26일 연설에서 구체적으로 언급된 바 있다. 당시 연설에서 그는 '오쿤의 법칙'(성장률이 높아지면 실업률이 하락한다는 사실을 입증한 이론)을 인용해 "실업률을 1%포인트 떨어뜨리기 위해서는 미국 경제가 잠재성장률보다 2%포인트 더 높게 성장해야 한다. 따라서 미국의 잠재성장률이 2%라고 가정할 경우 경제가 연간 약 4%의 속도로 성장해야 한다"고 밝힌 바 있다.

용어

- people working part time for economic reasons : 경제적 이유로 인해 파트타임으로 일하는 노동자들. 즉 비자발적 파트타임 취업자를 말한다. 본인은 풀타임으로 일하고 싶지만 그러한 일자리를 찾을 수 없어 어쩔 수 없이 파트타임을 하고 있는 사람들이다.

원문

In light of the policy actions the FOMC has taken to date, as well as the economy's natural recovery mechanisms, we might have hoped for greater progress by now in returning to maximum employment. Some have taken the lack of progress as evidence that the financial crisis caused structural damage to the economy, rendering the current levels of unemployment impervious to additional monetary accommodation. The literature on this issue is extensive, and I cannot fully review it today. However, following every previous U.S. recession since World War II, the unemployment rate has returned close to its pre-recession level, and, although the recent recession was unusually deep, I see little evidence of substantial structural change in recent years.

번역 그동안 FOMC가 취해왔던 정책 조치와 경제의 일반적인 회복 메커니즘을 고려할 때 우리는 더 큰 고용회복 성과를 기대할 수 있었을 것이다. 이런 기대에 못 미치는 고용회복세에 대해 일부에서는 금융위기가 경제에 구조적인 상처를 입혔기 때문이라고 주장하면서 추가적인 통화완화정책을 시행해도 실업에는 효과를 미치지 못한다고 말한다. 이 이슈는 워낙 광범위한 사안이어서 이 자리에서는 완전하게 거론할 수는 없을 것이다. 그러나 제2차 세계대전 이후 발생한 수차례의 경기 침체 뒤에는 실업률이 매번 침체 이전 수준으로 떨어졌었고, 비록 이번 침체가 이례적으로 깊다고는 하지만, 최근 수년간 미국 경제에 상당한 구조적 변화가 있었다는 증거도 거의 없다.

해설 고실업이 구조적이냐 경기순환적이냐를 둘러싼 논의는 연준 내부 매파와 비둘기파 간의 핵심 쟁점이 돼왔다. 이는 추가적인 양적완화가 효과를 낼 수 있을 것이냐에 관한 논쟁으로 연결된다. 버냉키 의장은 고

실업은 구조적인 문제가 아닌 경기순환적인 문제이며, 따라서 완화적 통화정책으로 경제 성장 속도를 높이면 실업을 줄일 수 있다는 주장을 하고 있다. 연준 내부 부양론자들의 논리다. 반면 매파 진영에서는 고실업을 구조적 문제로 보고 있다. 이는 경기와는 무관하기 때문에 부양정책을 써봐야 실업이 줄어들기는커녕 인플레이션만 일으킨다고 주장한다.

원문 Rather than attributing the slow recovery to longer-term structural factors, I see growth being held back currently by a number of headwinds. First, although the housing sector has shown signs of improvement, housing activity remains at low levels and is contributing much less to the recovery than would normally be expected at this stage of the cycle.

Second, fiscal policy, at both the federal and state and local levels, has become an important headwind for the pace of economic growth. Notwithstanding some recent improvement in tax revenues, state and local governments still face tight budget situations and continue to cut real spending and employment. Real purchases are also declining at the federal level. Uncertainties about fiscal policy, notably about the resolution of the so-called fiscal cliff and the lifting of the debt ceiling, are probably also restraining activity.

번역 더딘 회복을 구조적 요인 탓으로 돌리기보다는, 나는 최근의 다른 여러 가지 난관들로 인해 성장이 발목을 잡혔다고 보고 있다. 첫째는, 그동안 주택시장이 개선 신호를 보여 왔기는 하지만 여전히 낮은 수준에 머물러 있다는 점이다. 이 때문에 지금 주택시장은 통상 경기 회복 국면이 지금 수준에 이르렀을 때에 비해 훨씬 미진하게 경제 성장에 기여하고 있다.

둘째는, 재정정책이 경제 성장에 중대한 방해 요소가 되고 있다는 점이다. 주정부와 지방정부가 경제 성장을 저해하는 중요한 요소가 돼 버렸다. 최근 세금 수입 증가에도 불구하고 주 및 지방 정부들은 여전히 재정이 빠듯해 실질 지출과 고용을 줄여나가고 있다. 연방정부 차원의 실질 지출 역시 감소하고 있다. 이른바 재정절벽과 연방정부 부채 한도 상향 여부에 관한 불확실성 등도 경제 활동을 억제하고 있다.

해설 버냉키는 통화완화정책의 효과를 떨어뜨린 배경 중 하나로 재정정책의 문제를 들고 있다. 버냉키는 그동안 "통화정책은 만병통치약이 아니며, 따라서 정부와 의회도 재정정책의 불확실성을 해소하고 효율성을 높여야 한다"고 주장해 왔다. 하지만 이날 버냉키의 연설은 "당분간은 재정정책의 불확실성으로 인한 성장 부진을 일부라도 상쇄하기 위해서라도 추가적인 완화정책이 필요하다"는 점에 더 방점을 두고 있다.

원문 Third, stresses in credit and financial markets continue to restrain the economy. Earlier in the recovery, limited **credit availability** was an important factor holding back growth, and tight borrowing conditions for some potential homebuyers and small businesses remain a problem today. More recently, however, a major source of financial strains has been uncertainty about developments in Europe. These strains are most problematic for the Europeans, of course, but through global trade and financial linkages, the effects of the European situation on the U.S. economy are significant as well.

It seems clear, based on this experience, that such policies can be effective, and that, in their absence, the 2007-09 recession would have been deeper and the current recovery would have been slower than has actually occurred.

번역 셋째, 일부 주택 구매 희망자 및 중소기업에 대한 엄격한 대출 조건은 오늘날에도 여전히 문제로 남아 있다. 높은 대출 문턱은 회복 초기의 경제 성장을 가로막는 중요한 요소였는데, 지금도 대출 조건이 엄격해서 집을 사려는 사람들과 중소기업에 문제가 되고 있다. 게다가 최근 들어서는 유럽 문제가 가장 중요한 금융불안 요인으로 작용하고 있다. 이는 당연히 유럽인들에게 가장 심각한 문제이겠지만, 유럽의 상황은 미국 경제에도 역시 중요하다.

그동안의 경험으로 볼 때 비전통적인 통화정책은 효과적일 수 있다. 따라서 그 정책이 시행되지 않았을 경우 2007~2009년의 경기 침체는 더 깊었을 것이고, 최근의 회복은 더 더뎠을 것이라는 점이 분명해 보인다.

용어

- credit availability : 신용 접근성. 금융은 크게 두 가지 요소로 구성된다. 하나는 질적 요소인 가격 즉 이자율이다. 그리고 다른 하나는 양적인 요소인 접근성^{availability}이다. 접근성은 '은행 문턱'으로 쉽게 표현할 수 있다. 금리가 아무리 낮더라도 접근성이 떨어지면 대출이 활성화될 수 없다. ① 은행들의 지급준비금 사정이 빠듯해 대출 여력이 많지 않은 경우, ② 은행들이 부실을 우려해 대출을 꺼리는 경우, ③ LTV/DTI 규제 등으로 은행들의 대출을 제한하는 규제가 가해지는 경우 금융 접근성이 떨어진다. 버냉키 의장이 지적한 문제는 두 번째 경우에 해당한다.

원문 As we assess the benefits and costs of alternative policy approaches, though, we must not lose sight of the daunting economic challenges that confront our nation. The stagnation of the labor market in particular is a grave concern not only because of the enormous suffering and waste of human talent it entails, but also because persistently high levels of unemployment will wreak structural damage on our economy that could last for many years.

번역 비록 우리가 지금 정책 대안을 놓고 비용과 효익을 분석하고는 있으나, 이때 우리는 우리나라가 직면하고 있는 벅찬 난관들을 결코 간과해서는 안 될 것이다. 고용시장의 부진은 특히 깊은 우려 사항이다. 그로 인한 엄청난 곤경과 인간 재능의 손실 때문만이 아니라, 지속되는 고실업이 결국에는 우리 경제에 구조적인 상처를 입힐 뿐 아니라 수년에 걸쳐 지속될 것이기 때문이다.

해설 버냉키 의장 본인은 아직은 미국의 고실업이 구조적 문제가 아니라고 보지만, 이런 고실업이 장기간 지속된다면 일자리를 잃은 노동자들이 보유한 기능이 시대에 뒤떨어지게 될 것이며, 이로 인해 고용주들이 원하는 기능에 못 미치게 되는 구조적인 실업 문제를 낳을 것이라고 우려하고 있다. 버냉키 의장이 경제성장률을 잠재수준보다 더 높은 수준으로 빨리 끌어올려야 한다는 이른바 '성장 가속론'을 주장하는 것도 이런 판단에서 비롯된 것이다.

원문 Over the past five years, the Federal Reserve has acted to support economic growth and foster job creation, and it is important to achieve further progress, particularly in the labor market. Taking due account of the uncertainties and limits of its policy tools, the Federal Reserve will provide additional policy accommodation as needed to promote a stronger economic recovery and sustained improvement in labor market conditions in a context of price stability.

번역 지난 5년간 연준은 경제 성장과 고용 창출을 지원하는 역할을 해왔다. 앞으로도 특히 고용시장의 추가적인 진전을 얻어내는 것이 중요하다. 통화정책 수단에 잠재된 불확실성과 한계를 염두에 두면서 연준은 더 강한 경제 회복과 고용시장 환경의 지속적인 개선을 위해 물가안정의 맥락 속에 필요한 부양정책을 추가로 제공할 것이다.

해설 경제 성장에 가속도를 내기 위해 추가부양책을 제공하겠다는 뜻을 의장 개인이 아닌 '연준'의 이름으로 약속하고 있다. 이는 같은 달에 앞서 발표된 FOMC의 성명서 내용과 일치한다. 추가 부양책 동원에 관해 FOMC 내부에서 의견이 모였음을 알 수 있다. 다만 이날 버냉키 의장이 시사한 추가 부양책이 단지 저금리 약속기간을 연장하는 것인지, 아니면 제3차 양적완화를 가동하는 것인지는 분명치 않았다. 하지만 우리는 이날 연설의 논리 구성을 통해 "성장 가속을 위해 당장 제3차 양적완화가 필요하다"는 메시지를 읽을 수 있다.

| 어바웃어북의 경제·경영서 |

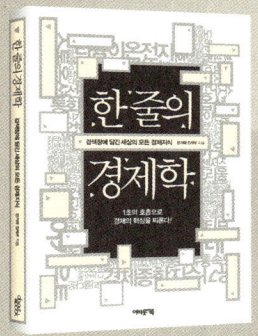

검색창에 담긴 세상의 모든 경제지식
한 줄의 경제학
| 한겨레 경제부 지음 | 14,000원 |

단 한 줄의 호흡으로 경제의 급소를 찌른다!

스마트폰과 태블릿PC의 작은 액정과 인터넷 검색창에 익숙한 세대에게 장황한 설명 방식은 더 이상 적합하지 않다. 어렵고 생소한 경제용어를 책 제목처럼 '한 줄'로 풀어낸, 이른바 '검색창 세대형' 경제용어사전. 단 1초의 호흡과 정확한 단어 사용으로 머리와 입 주변에서 표류하는 수많은 경제상식들이 읽히는 순간 독자의 머릿속에 가지런히 놓이게 된다.

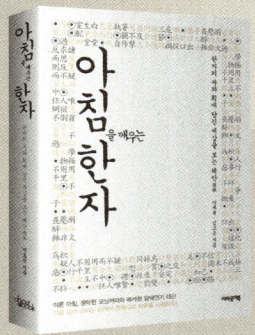

한자의 부와 획에 담긴 세상을 보는 혜안
아침을 깨우는 한자
| 안재윤, 김고은 지음 | 14,000원 |

문화체육관광부 선정 '우수 교양 도서'
아침에 읽는 漢子(한자) 한 자가 삶의 품격을 높인다!

인과(因果), 분배(分配), 집착(執着) 등 일상에서 흔히 사용하는 생활한자에서부터 옥불은하(玉不隱瑕), 화광동진(化光同塵) 등 동양 고전에 나오는 주옥같은 옛글에 이르기까지 드넓은 한문의 바다를 종횡무진 횡단하며 한자에 담긴 삶의 이치를 현 세태에 맞춰 재미있게 풀어본다.

초일류 거부를 만든 부자 DNA
세계 슈퍼 리치
| 최진주, 남보라, 문향란 지음 | 16,000원 |

부의 피라미드 맨 꼭대기를 점령한 0.00001%
이들을 억만장자로 만든 특별한 유전자를 살펴본다!

멕시코 통신 재벌 카를로스 슬림, 자라의 아만시오 오르테가, 삼성을 글로벌 기업으로 만든 이건희, '검색 공룡 구글'을 밀어낸 바이두의 리옌훙……. 부(富)의 피라미드 맨 꼭대기에 서 있는 0.00001%의 슈퍼 리치 40인의 삶과 성공 전략을 추적한 탐사기록! 이 책은 한 사람의 인생 역정이 응축된 짧은 평전이자, 생물처럼 진화를 거듭하는 기업 이야기이며, 전 세계 부의 흐름을 알 수 있는 바로미터이다.

| 어바웃어북의 경제·경영서 |

기업 경영에 숨겨진 101가지 진실
| 김수헌, 한은미 지음 | 16,800원 |

**특종 발굴의 명수 경제전문기자와 베스트 애널리스트가 파헤친
기업 공시, 회계, 금융, 주가에 얽힌 속내**

셀트리온 공매도 세력 죽이기 작전, 최대주주가 참여하지 않은 유상증자의 검은 내막, '알박기' 1년 만에 두 배 수익 극동전선 유상감자의 마술, 신준호 회장 대선주조 '먹튀' 사건의 전모, LG유플러스 자사주 소각……. 140개의 열쇠로 기업 경영과 주가의 비밀을 푼다!

지도로 포착한 부의 대이동
세계 경제권력 지도
| 송길호, 김춘동, 권소현, 양미영 지음 | 22,000원 |

**문화체육관광부 선정 '우수 교양 도서'
경제 지축을 놓고 벌이는 국운(國運)을 건 경제권력 전쟁이 시작되었다!**

경제권력 전쟁에서 처참히 패배한 유럽! 그리스, 이탈리아, 스페인을 무너뜨린 붕괴의 도미노는 어디를 향하고 있는가? 시진핑의 '양극화 처방'은 중국 경제에 '재앙'을 몰고 올 것인가? 세계 도처에서 일어나는 변곡의 순간을 150여 개의 지도와 인포그래픽, 일러스트로 포착한 이 책은 경제권력이 이동하는 좌푯값을 구하는 나침반이 되어줄 것이다.

아이디어 큐레이터가 엄선한 비즈니스에 영감을 주는 제품 이야기
아이디어 퍼주는 스푼
| 조현경 지음 | 16,800원 |

**창의력 스트레스에 지친 두뇌를 위한 링거 한 병
전 세계 별난 제품들로 아이디어를 수혈한다!**

저자는 다양한 아이디어를 수집, 선별해 새로운 가치를 부여하는 아이디어 큐레이터다. 저자 주변에는 늘 신기하고 재미있는 제품들이 가득하다. 전 세계를 뒤져 수집한 제품 이야기들이 저자에게는 아이디어를 퍼주는 마법의 스푼이 된다. 아이디어 고갈로 머릿속이 바짝바짝 마를 때면 저자를 찾아가 묻는다. "요즘 재미있는 물건 없어요?" 아이디어에 대한 갈증으로 정처 없이 정보의 바다를 항해하는 사람들에게 저자는 이 책을 권한다.

| 어바웃어북의 경제·경영서 |

그래픽으로 파헤친 차이나 파워의 실체
중국 업계지도
| 김상민, 김원, 황세원, 강보경 지음 | 23,000원 |

**전 세계 기업의 숨통을 움켜쥔 중국,
중국 경제와 중국 산업에 대한 가장 생생한 라이브 중계!**

세계 초일류 기업을 셀 수 없이 많이 보유한 나라 중국, 만리장성을 넘어 전 세계를 장악한 중국 기업의 모든 것을 분석한다! 휴대폰, 자동차, 반도체, 디스플레이, 철강, 기계, 조선, 석유화학, 엔터테인먼트 등 40여 개 업종의 글로벌 시장과 중국 시장의 현황, 그리고 그 속에 포진해 있는 중국 기업과 한국 기업의 고군분투가 그래픽을 만나 한층 실감 나게 전달된다.

유망 창업과 투자처, 시장의 흐름을 포착하는 나침반
대한민국 유통지도
| 한국비즈니스정보 지음 | 22,000원 |

**대한민국 1,000만 예비창업자와 600만 자영업자
그리고 각계 비즈니스맨들이 꼭 알아야 할 산업별 유통 혈맥**

시장의 가격은 수요와 공급이 아닌 유통이 결정한다. 유통은 시장의 흐름을 포착하는 나침반이자 사업의 성패를 좌우하는 열쇠이다. 이 책은 농·축·수산물, 가공식품, 의약품·패션, 가전, 휴대폰, 자동차, 에너지에 이르기까지 우리 생활에 밀접한 56가지 아이템을 선정하여 생산에서 판매, 소비에 이르는 유통의 모든 과정을 그림으로 일목요연하게 풀어냈다.

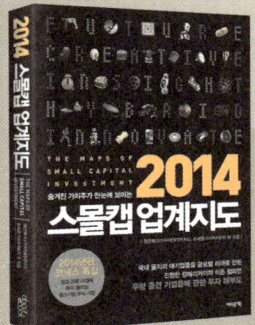

숨겨진 가치주가 한눈에 보이는
2014 스몰캡 업계지도
| 정근해, 손세훈 外 지음 | 22,000원 |

**국내 굴지의 대기업들을 글로벌 리더로 만든 진정한 킹메이커이자 히든 챔피언
우량 중견 기업들에 관한 투자 해부도**

고성장이 기대되는 33개의 유망 산업을 선별하고, 각각의 업종이 어떻게 돌아가는지를 한눈에 보여주는 산업구조도(밸류 체인)를 통해 '숨어 있는 강소기업'을 찾아 분석한 투자해부도. 해당 업종의 국내외 시장을 전망하고 비즈니스맨들이 꼭 알아야 할 이슈를 다양한 인포그래픽으로 설명하고 있는 이 책은, 업종별 대표기업과 유망기업(스몰캡기업)을 뽑아 그들의 경영 실적과 지분 상황 및 시장점유율까지 면밀히 살핀다.